中国社会科学院
老年学者文库

张 铠 著

美国中国史研究

社会科学文献出版社
SOCIAL SCIENCES ACADEMIC PRESS (CHINA)

目　录

前　言

（一）承接任务

1988 年，为了了解国际上中国史研究的最新动态，中国社会科学院历史研究所的领导遂将"美国中国史研究"作为我所的重点科研项目，并鼓励笔者来承接这一课题的研究任务。

美国是当代国外中国历史研究的中心。美国的学者又大多能以较为开放的态度吸纳各国的学术研究成果。因此，透过美国学者的中国史研究，大体上可以了解到国外研究中国史的一般动态。

历史所的领导也着重对笔者解释，历史所设置"美国中国史研究"这一重点研究课题，就是为了使我们历史所的研究工作能紧跟国际学术界的研究步伐，并使我们历史所的研究工作能更具开放性和更具现代的形态。领导希望笔者能以历史唯物主义作为完成该课题的指导思想，以全球史的视野为研究的出发点，以中外关系史为连接中国史和世界史的主渠道，以生产力的发展水平为中美经济形态比较研究的基础，并吸收与利用在当代世界史学界盛行的年鉴学派、计量历史学派和"轴心时代"理论基本研究路径和各学派所提供的数据和资料，尤其要深思各学派对不同国家和民族社会发展模式的总结性论述，而最终要研究在人类从前工业社会向现代社会过渡的转型时期，中华民族在世界上所处的实际的历史地位，进而探讨历史上中国的盛衰过程和原因。在该课题的整个研究过程中，应始终坚持批判"西方中心论"和"中国社会停滞论"，以及形形色色对中华民族历史和文明发展进程的歪曲和污蔑。

　　而这一研究课题的主旨即是通过 11～14 世纪中华文明在欧洲的传播进程，证明上述时代中国的生产力和科学技术发展水平远远高于同时代的欧洲，而且欧洲只是在全面吸收中华文明成果的基础上，借助"后发优势"，才实现了从"落后"到"先进"的跨步，由此说明欧洲率先实现"工业革命"并非欧洲内部独有的"现代性"所促成的。

　　美国人自然知道，美国实际上是脱胎于欧洲。而欧洲所以能实现从"落后"到"先进"的跨步，是因为欧洲在相当程度上吸收了中华文明的成果。而美国立国后能快速发展，离不开从欧洲借鉴的中华文明因素，因此美国在中国面前并没有傲慢的理由。这应当是美国学者研究中国历史的一个重要起始点。

　　习近平主席访欧期间曾讲道："任何一个国家的今天都来自昨天。只有了解一个国家从哪里来，才能弄懂这个国家今天怎么会是这样而不是那样，也才能搞清楚这个国家未来会往哪里去和不会往哪里去。"①

　　我们落实"美国中国史研究"这一课题的研究，实际上是对习近平主席访欧的上述讲话进行通俗性解读。笔者认为，只有把历史上中国的国家形象充分展示出来，才能让当代的西方人认识到中国崛起的真正原因。

　　所领导把这样重大的研究任务交给笔者来完成，这是对笔者的极大信任。所以从那时起的 30 多年间，笔者一直在默默从事有关"美国中国史研究"这一课题的研究和写作。

　　所领导对笔者的研究工作给予了热情的鼓励和帮助。为了使笔者有机会了解国外中国史研究的学术动态和收集到相关的研究资料，所领导又为笔者创造条件，使笔者有机会先后前往美国、西班牙、意大利等国和我国台湾、香港、澳门等地进行学术考察。

　　到目前为止，在笔者 86 岁的年纪上，笔者还自信，经过多年的爬坡，笔者已经较好地完成了我们历史所当年下达给笔者的研究任务。

---

　　① 《习近平外交演讲集》第 1 卷，中央文献出版社，2022，第 124～125 页。

在已经完成的 9 篇论文中，除新近完稿的《"中国皇后"号开辟直达中国贸易航线的时代背景及其历史意义——兼论广州城市国际形象之塑造》《龙的脊梁，龙的魂——华工在美国参与建成中央太平洋铁路 150 周年纪念》这两篇尚未正式发表的论文外，其余的 7 篇论文完全得以在我国学术界的专业论文集中发表。

另外，在"附录"中，笔者还选登了《11~14 世纪中华文明在欧洲的传播》《欧洲中国观的历史演变》这两篇专论欧洲中国史研究的文章献给读者，以便于和美国的中国史研究进行比较研究。

也就是说，目前笔者已完成了 11 篇论文的写作，共约 20 万字。

（二）过程中对该课题的一些规律性认识

第一，美国的中国史研究具有两个鲜明的特征：一是随着美中关系的加强而获得发展的新动力；二是美国学者的"中国观"随着美中两国综合国力的消长而不断变化。

第二，美国学者的"中国观"大致可归纳为以下三种类型：

（1）承认与美国文明不同质的中华文明的存在价值并尊重中国独立发展的权利；

（2）以"西方中心论"为出发点，对中华文明采取否定的态度；

（3）在承认中国古代文明价值的同时，认为到近代，中国社会已处于"停滞"的状态，唯有全盘接受西方社会的发展模式才能使中国走向"现代化"。

上述三种观点在美国不同历史时期的中国史研究中，曾不时交叉再现，或某种观点经充实、提高后，发展成一种具有主导趋向的新观点，从而体现出美国中国史研究中的连续性和阶段性相互交错的特征。

第三，从 20 世纪 70 年代以降，费正清所倡导的"冲击－反应"模式和列文森所主张的"传统－近代"模式不断遭到批判。从"西方中心论"到"中国中心观"的跨步成为当代美国中国史研究中的主要发展趋势。

可以说，反思与批判精神成为推动当代美国中国史研究不断前进的动力之一。

第四，在美国有关中国史的研究领域方面，美国学者已开始侧重于中国地方史的研究，借此研究方式着重观察中国社会内部的动态变化；同时也有相当多的美国学者致力于对中国历史长期发展趋势的探索，为寻找对中国历史发展进程产生决定性影响的因素开辟道路。

第五，近年，随着中国改革开放事业的成功发展，美国的中国史研究者开始思考如何重新界定历史上中国的经济发展的模式和特点。

在不能再把中国社会长期发展趋势定位为"停滞"状态的情况下，部分美国学者开始发展一种"新理论"，即认为历史上中国的经济发展的主要特征是"只有增长，而无发展"。这种观点实则仍是认为中国社会中不能"内生地"孕育出"现代性"。

第六，紧接着上述研究阶段，随着中国经济的跨越式发展，中国的生产总值业已跃居世界的第二位。这不能不极大地震动美国研究中国问题的学者，并促使他们对美国过往的中国史研究进行反思和批判。

此时，在加利福尼亚州不同的大学中，那些从事中国社会经济史研究的中青年学者先后出版了多部专著，对当年中国经济史研究中的主流理论和观点提出了具有批判性的见解。这些学者后来被统称为"加州学派"。

其中，彭慕兰所著的《大分流》（原书名为《大分流：欧洲、中国及现代世界经济的发展》）一书集中体现了这一学派的观点，因此他也成为这一学派的代表性人物。

该书的突出特点是，以18世纪的中国长江三角洲与英国相应地区的某一类物质或商品的发展水平作为指标，进而对上述两地的具体发展水平进行比较研究，并得出如下的结论：从社会发展的整体水平来看，那一时代的中国事实上已并非全面落伍于像英国那样的西方强国，而且中国与欧洲国家发展的"快"与"慢"，不能不考虑到"偶然性"这一因素。我们认为这是美国加州学派学者在研究中国经济长期发展趋势方面的一个新的跨步。

第七，在《大分流》出版后的十余年间，又有几部研究中国历史的重要著作问世，诸如李伯重的《中国的早期近代经济：1820 年华亭 – 娄县地区 GDP 研究》（2010）、王国斌与罗森塔尔合著的《大分流之外》（原书名为《大分流之外：中国与欧洲经济变迁的政治》，2011）、李中清与梁晨等合著的《无声的革命》（2013）等。上述著作对于前引的《大分流》一书中所提出的问题进行了更加深入的研究，并表现出一种再认识的趋向。

加州学派的成员王国斌与罗森塔尔合著的《大分流之外》出版后，引起了学术界的广泛关注。两位学者与彭慕兰一样从事经济史的比较研究，但他们在研究课题的时空范围上却有差异。彭慕兰把中国的长江三角洲和英格兰作为比较对象；《大分流之外》则把欧洲和中国各作为一个整体来进行比较研究，英格兰在他们的著作中只作为一个特例，偶尔才提及。

此外，《大分流》一书所涉及的时间范围，主要在近代早期（1600 ～ 1900），特别是 1800 年前后；而《大分流之外》认为中国和欧洲的"大分流"发生在 1000 年前后。

《大分流之外》着重指出，欧洲和亚洲在 1000 ～ 1500 年的发展有一个重大差别，即欧洲存在众多相互竞争的小国，而亚洲只有中国这样一个超级大国屹立在东方，中国的政治和经济影响力在该地区无与伦比。这种地缘状况，对于欧洲和中国的政治和经济的演变都起到巨大的作用。

尽管在中国和欧洲的历史上，统一与分裂曾交替出现，但是中国始终沿袭统一帝国的模式发展，而欧洲却经历了更长时段的分裂。旷日持久的战争使欧洲陷于贫穷，但这些冲突与竞争在无意之中催生了欧洲资本密集型的生产方式。相反，中国在长期的和平和统一的环境之中孕育了一个庞大的统一市场，并从劳动分工中获益。在欧洲，直到 1750 年之后，资本密集型的机器生产才显露出一些优势。在此之前，清朝统治者的经济发展理念却已成为全世界各个地区的共识，即重农、薄赋、不干预国内贸易。因此，在以往的中欧比较研究方面，许多传统的观点事实上缺乏充分的历史依据。

由于《大分流之外》将欧洲与中国置于一个更大的解释框架之内，加之与价格理论、政治经济学理论相互配合，因此，与传统的研究相比较，该书能够更加透彻地讨论"欧洲为什么成功，中国为什么失败"这一问题，并得出一些具有创新性的结论。

这充分表明，将经济学理论与中国和欧洲历史的专业知识相结合，能够产生更杰出的经济史研究著作。此外，该书的两位作者分别是中国史研究和欧洲史研究的专家，同时又都受过良好的经济学和历史学的训练，所以他们能够从不同的角度和不同的领域，以共有的广阔视野和问题意识来进行研究。这充分表明，将经济学理论与中国和欧洲历史的专业知识相结合，能够产生更成功的经济史研究成果（此处参阅李伯重先生的观点）。

第八，美国史学界的右倾趋势的生成与发展，兼论《"中国皇后"号开辟直达中国贸易航线的时代背景及其历史意义——兼论广州城市国际形象之塑造》与《龙的脊梁，龙的魂——华工在美国参与建成中央太平洋铁路 150 周年纪念》这两篇论文的现实意义。

当下，以"加州学派"为代表的部分史学家找到中国史研究新的努力方向，但美国部分史学家的"右转"已发展成为一种不能不严肃对待的趋势。

随着中国的发展，美国国内唱衰中国的噪声出现，"中国社会崩溃论"的鼓噪更是不绝于耳。此外，当代的美国"智者"除了对中国的国情做出妄论之外，对中国的发展道路和发展方向更是进行了无端的臆断，其"主旋律"即是渲染由于历史上中国是个所谓的"停滞"社会，因此中国缺乏发展成现代国家的内生动力和方向性。尤其是美国的"上层""政客"更无耻地叫嚣，宣称中国现代化所取得的伟大成就是由美国所"再造"。

这是中华民族必须严肃对待的挑战。为此我们写了《"中国皇后"号开辟直达中国贸易航线的时代背景及其历史意义——兼论广州城市国际形象之塑造》和《龙的脊梁，龙的魂——华工在美国参与建成中央太平洋铁路 150 周年纪念》这两篇文章。

第九，关于《"中国皇后"号开辟直达中国贸易航线的时代背景及其历史意义——兼论广州城市国际形象之塑造》。

该文论述的是美国建国初期，由于美国生产力发展水平低下，而且从中国进口生活日用品和实用物资的渠道又遭到英国殖民者的阻断和封锁，美国人民的生活倍加困苦，所以美国人寄希望于遥远而富有的中国对美国予以支持。在北美人集资打造了"中国皇后"号，并在中国与美国之间开通了直接航线之后，大批的中国茶叶和瓷器以及其他生活日用品和实用物资才开始源源不断进入美国寻常百姓家。良种鸡自中国引进，使一般人能吃上肉食；稻米、大豆试种成功，不但使一般民众饮食无忧，而且让美国开始向周边国家和地区出口大豆。在上层阶级居民的家中已摆放着中式家具，落地窗上悬挂着中国丝绸窗帘，墙上粘贴着中国民间的年画、剪纸或是对联。手摇中国折扇的少女在客厅中悠闲地喝茶；迈步出门的主妇定要高举从中国引进的遮阳伞；铺着石板的街道上，中国的轿式马车来来回回。所有实用的物品，所有家居的器物，所有贵妇佩戴的首饰，莫不来自中国。好像整个小城不知不觉间已变成了"中国"。那么是谁使美国变成了"中国"的模样？请骄傲自大的"美国人"不要忘记"中国皇后"号开辟直达中国的贸易航线的那个时代。

第十，关于《龙的脊梁，龙的魂——华工在美国参与建成中央太平洋铁路 150 周年纪念》。

1861～1865 年的美国内战以北方胜利而告结束。为了资本主义的快速发展，美国的当务之急是必须"重建"南方。

为此，美国人最重要的使命则是建成沟通横跨美国东西两端的大铁路。而筑路工人的奇缺，则成为筑路的关键性难题。在当时的美国，只有移居到美国的苦力（亦即华工）才能堪负此重任。

对于华工建成中央太平洋铁路的奉献，2015 年 9 月 23 日，习近平主席出席西雅图侨界举行的欢迎大会，他深情地回顾了华人建设美国中央太平洋铁路的那段可歌可泣的历史："150 年前，数以万计的华工漂洋过海来到美国，参与建设这条横跨美国东西部的铁路。他们拿着简陋的工具，在崇山峻岭和绝壁深谷中逢山开路、遇水搭桥，以血肉之躯铺就了通往美国西部的战略大通道，创造了当时的工程奇迹，带动了美国西部大开发，成为旅美侨胞奋斗、进取、奉献精神的一座丰碑。"①

据史载，华工的奉献和牺牲使中央太平洋铁路工程的完工期限从预计的 12 年，提前了整整 7 年。华工的血汗与牺牲促进了美国经济的全面发展。1860 年，美国工业产值尚居世界第四位，到中央太平洋铁路建成后的 1880 年，美国工业的产值已跃居世界第一位。可以说，华工开发美国西部和建成中央太平洋铁路的伟大功绩为美国当年的崛起和腾飞做出了历史性的贡献。

因此，上述这段华工参与修建中央太平洋铁路历史，也生动地表明中美关系从来都是"互补性"的，从来不存在一方对另一方的"恩赐"，更不存在谁"再造"了谁。

当人类跨入 21 世纪，中国人民历经百年的奋斗，终于踏上中国特色社会主义新时代的征程。但美国人不应忘记百余年前的华工对美国发展的贡献，要常常想一想，什么是龙的脊梁，什么是龙的魂。

第十一，关于奋斗在太平洋学会国际秘书处的中国精英以及他们对美国的中国史研究中的右倾思潮的批判。

在抗日战争全面爆发之后，由于日寇和蒋介石集团的严密封锁，中国人民伟大抗战的辉煌战绩不能向外部世界及时报道，我党的当务之急就是要使世界人民能够尽快听到我党、我国人民的抗战声音。为此，我党委派杰出的党员陈翰笙、冀朝鼎、王毓铨、唐明照等干练的年轻知识精英前往美国，并要求他们在那里尽快开辟出一块国际民族统一战线的阵地。

陈翰笙他们凭借对党的忠诚、爱国的热忱，以及他们个人的才华和

---

① 习近平：《在西雅图出席侨界举行的欢迎招待会时的讲话》，《人民日报》2015 年 9 月 25 日，第 2 版。

人格魅力，很快即得以加入国际上闻名的民间学术组织——太平洋学会，进而成为太平洋学会下属的国际秘书处的精英成员。陈翰笙更是荣任太平洋学会会刊《太平洋事务》的副主编。他充分利用该刊物所具有的国际性和广泛的宣传功能，使其成为阐释和宣传我抗日斗争成就的窗口。

美国著名的记者爱德华·斯诺刚从延安访问后回到美国，并立即写出了举世闻名的《西行漫记》。由于陈翰笙的不懈努力，终于争取到在1938年6月的《太平洋事务》上发表斯诺《西行漫记》的重要片段。在延安遭到日寇封锁的年代，在整个世界都渴望知道中国人民抗战信息的紧要关头，《西行漫记》的发表在国际上引起了轰动。

当时世界上爱好和平的人们都渴望获知中国八路军的抗日信息，却得不到现时战况的报道。当时陈翰笙给在山东莱芜养病的王毓铨打电话，询问山东游击战的情况。王毓铨接到陈翰笙的电话后，带病赶回纽约，并与陈翰笙连夜写出《鲁南一个典型的游击区》这篇长文。在当时的社会背景下，这篇报道山东八路军与日寇进行游击战的实况报道受到爱好和平的人们的热烈欢迎。

在20世纪上半叶，美国的学术界正是右翼"学者"占据上风的时期。在美国的中国史研究中弥漫着一种种族主义的偏见。漠视中国历史发展的独立性，无视和贬低中华民族对人类的历史贡献，已成为一种趋势。尤其是美国政界的一些丑类更想利用中国正处于民族危亡之际，而策划"东方慕尼黑"阴谋，欲与日本军国主义分子相勾结，把中华民族推向灾难的深渊。这种趋势不能不引起太平洋学会国际秘书处的中国精英们强烈的警觉和愤怒。于是他们在美国思想文化战线上展开了一场针对美国右翼反动思潮的反制和论战。

针对美国史坛用"欧洲中心论"的史观，污蔑中国的历史是一部"停滞"的历史，因此中国不可能发展成现代国家。为了回击美国右翼史学败类的妄言，另一位在美国参加太平洋学会国际秘书处活动的中国学者冀朝鼎用英文写作并于1936年出版《中国历史上的基本经济区与水利事业的发展》一书，由此开创了中国区域经济史研究的先河。他以翔实的史料论证了我国不同区域的经济发展特点和差异，及其形成原因，由此总结出导致各经济区域中心地位转移的"铁的法则"，即政治权力和区域经济之间的紧密关系：历史上中国随着经济区域的变动出现分裂与混乱，直到新的经济区域崛起，国家才又恢复统一。

该著作雄辩地向世界表明，历史上中国绝不是一个"停滞"的社会，恰恰相反，中国社会内部充满矛盾运动，而且按着自己特定的运动规律发展。在该书中，冀朝鼎还阐明了他的史学思想，而最富有启发性的有两点：一是他认为对当代的中国根本性的问题必须进行历史性的探索才能有更深刻的认识；二是他主张在历史研究中应当去发现那些左右中国经济发展的主要趋势。

与冀朝鼎同时在太平洋学会国际秘书处工作的另一位历史学家王毓铨也在《太平洋事务》上先后用英文发表了《中国历史上地租的增长与王朝的衰亡》和《中国社会科学之发展》等多篇论文。这些文章都是通过对中国社会内部的深刻变化来说明中国社会的性质和特点，从而对中国社会"停滞论"提出批判。由于王毓铨的文章都有详尽的数据作为文章的支撑，很难被持异议者反驳，所以他的著作一直具有很大的社会影响，特别是至今仍常为研究中国经济史的西方学者所引用。近年，台湾学者又将他的这些著作译成中文再度发表。

太平洋学会还在洛克菲勒基金会的赞助下，推行了一项"中国历史计划"，即将中国正史中有关政治与社会经济的纪事文字摘录出来后，再译成英文加以注释出版。当时参加这一计划的，就有王毓铨，他负责翻译、注释秦汉史部分。尤其是王毓铨还利用美国古钱博物馆的丰富馆藏，用英文写出《中国早期货币》一书。

李约瑟曾指出，金属币常常被用来说明"激起传播"这个主题。依照传统的说法，铸币源于公元前7世纪吕底亚并迅速东传，渐至希腊城邦和波斯文化区。但是王毓铨在上述著作中论证出，中国最早的铸币几乎可追溯到商，即公元前9世纪中国已有刀币，前8世纪又铸有铲币。王毓铨这部著作的贡献之一就是通过中国货币早期发展的历史来证明，中国铸币是独立于西方而发展起来的。他的这一观点受到李约瑟的重视。

综上所述,可见当年在太平洋学会国际秘书处工作的中国学者虽然人数极少,不过三五位,但他们释放出相当大的能量。在抗日战争期间,中国这些优秀的史学家把中国的历史研究理论、研究方法和观点介绍到美国,从而为中国史学界赢得了荣誉。特别是他们仅凭借在太平洋学会国际秘书处工作的少数精英却勇于和美国整个右翼史学阵营展开论战,充分显示出他们对自己民族文化的强大自信,同时也为美国的中国史研究留下了值得回忆的一页。

历史上,美国的立国及其历史发展进程与欧洲的历史发展进程相互依存。事实上,要研究美国的历史发展进程则必须研究欧洲的历史发展进程,毕竟美国脱胎于欧洲。纵观欧洲的历史发展进程,尤其是在 11 ~ 14 世纪,由于中华文明的西传,在相当程度上改变了欧洲的生产方式和生产力的发展水平,并由此引发欧洲社会的巨变。因此,在欧洲的历史研究中,中国是欧洲历史学家离不开的重要研究课题。事实上,在相当长的历史时段中,正如欧洲社会对美国社会的影响一样,美国的社会发展也离不开中国的影响。所以要研究中国历史问题,美国的学者就要借鉴欧洲对中国的研究,即以欧洲为师。

在文化上尤其如此。以汉学研究为例,美国的汉学研究紧随欧洲的汉学研究起步、发展。即使是进入 20 世纪,也可看出欧洲的微观汉学研究传统对美国汉学家的深刻影响。而且美国最负盛名的汉学家,有的原来就是欧洲的汉学大师,只是后来才移居到美国并从事汉语教学。因此,美国的汉学研究具有浓厚的欧洲汉学色彩。而这些深受欧洲汉学家影响的美国汉学家,后来又培养了一批具有欧洲汉学研究传统的美国新一代汉学家。所以无论从物质生产领域还是从文化领域,都可以看到欧洲与美国之间的密切联系。所以在分析美国的中国史研究中,必须把欧洲作为一个重要的因素,即在文化的研究中,既要研究文化的多样性,又要注意文化之间的相关关系,也就是"互鉴"。

上面是笔者在落实我们历史所下达的重点科研项目"美国中国史研

究"过程的一个小结。希望我历史所学术评审委员会能对此小结提出批评意见，给笔者的出版资助项目"美国中国史研究"得以改进的机会，并使之能贡献给社会。笔者尤其希望更多的读者通过笔者所写的"口述历史"《太平洋学会的中国精英与美国的中国学研究》，能看到在太平洋学会国际秘书处中工作的中国精英在与美国史学界"右派"的论战中，所表现出来的那种无畏精神和对中华民族文化的伟大的自信。

2015 年 11 月 3 日，习近平主席在第二届"读懂中国"国际会议期间会见外方代表时表示："我们一方面缅怀先烈，一方面沿着先烈的足迹向前走。我们提出了中国梦，它的最大公约数就是中华民族伟大复兴。……中国有坚定的道路自信、理论自信、制度自信，其本质是建立在 5000 多年文明传承基础上的文化自信。"① 这句至理名言给我们以深刻的启示和教育。

我们在 1988 年确立"美国中国史研究"这一课题，其实是抱着一种虚心的态度，希望学习、吸收西方学者研究中国史的新理论、新观点、新方法乃至新工具。那时只要美国学者出版一种带有新意的著作，中国立刻会出版该著作的中译本。同样，中国学者具有新意的著述，也会引起美国学者的注意。一时双方文化交往十分畅通而又密切。

自从 1979 年中美建交，中国在自己的发展轨道上的快步前进，这是抱定"天定命运"的美国所绝不能容忍的。在"结束语"的最后部分我们将对当今的中美关系做一评述。

---

① 《阔步走在中华民族伟大复兴的历史征程上——记以习近平同志为总书记的党中央推进全方位外交的成功实践》，《人民日报》2016 年 1 月 5 日，第 1 版。

美中贸易与美国中国史研究的奠基

美国的中国史研究始于美利坚民族的形成时期并随着美中贸易联系的加强而获得发展的动力。由于在那一时代美中贸易对美国社会有着深刻而广泛的影响，因此引起美国人对东方问题的浓厚兴趣，美国东方学会成立于 1842 年，而美国历史协会成立于 1884 年，就是个有力的证明。本文将介绍美国的中国史研究是如何伴随美中贸易的发展而奠定基础的。

一　美中贸易的早期发展及其对美国社会的影响

早在美国历史上的殖民时期，北美 13 州的人民对遥远的东方帝国——中国已有所感知。

英国人饮用中国茶的习惯在 18 世纪初已传入北美殖民地，到 1781 年北美一般家庭已每日两餐均要饮茶。与饮茶习惯相伴随，中国瓷器也开始输入北美 13 州。茶与瓷器很快成为大宗赢利的商品。

然而根据英国 1651 年颁布的《航海条例》以及其后的有关立法，北美殖民地的商人不能用自己的船只到中国直接采购商品，而只能在伦敦市场上购买中国的茶叶和瓷器。北美 13 州的商业利益控制在英国殖民者的手中。

为了打破英国对东方商品的垄断，北美 13 州的商人开始到荷属西印度的圣埃乌斯塔希亚岛（St. Eustacia）购买中国的茶叶和瓷器，然后运抵新泽西州，再渗入内陆各地。于是走私贸易兴起，而且规模越来越大，至18世纪50年代达到高峰。宾夕法尼亚州1757年合法地从英国进口的茶叶为16箱，而事实上该地每年消费的茶叶在200箱，可见走私贸易的规模。①

在上述历史时期，殖民地的报刊上每每登载出售中国茶叶和瓷器的广告；而且茶叶和瓷器也成为拍卖行和市场上引人注目的成交商品。再如瓷器已列入私人财产的清单以及遗嘱中，即中国的名字逐步为美国人所熟知。围绕中国茶叶和瓷器的进口，北美13州与英国殖民当局展开了激烈的斗争，终至酿成"波士顿倾茶事件"，由此引发了美国独立战争。可以说在这一历史时期与中国直接贸易的愿望和对相关权利的争取，同北美人民反对英国殖民主义的斗争紧密相关，即中国在美国人心目中具有一种象征意义。

美国独立以后，为了突破英国的经济封锁和打开与东方贸易的通道，1784年2月22日"中国皇后"号前往中国并于次年5月返回美国。这是美国与中国的初次接触，对两国关系的发展起了重要的促进作用，特别是对美国。当时美国的报刊上曾有如下评述："该船满载而归，其中那么多商品是我们原本要从欧洲进口的。此举预示着这样一个欣慰的时代：我们终于能从对我们这个新生帝国充满歧视、有如重负的贸易（指与英国的贸易——引者）中解脱出来。"② 可以说，美中贸易增强了美国独立发展的信心。

"中国皇后"号首航25%的利润，刺激了越来越多的美国商人前往中国贸易。1784～1804年，每年前往中国的商船约有22艘；1804～1846年，每年前往中国的商船在30～40艘。美中贸易的规模不断扩大，③ 因

---

① Jonathan Goldstein, *Philadelphia and the China Trade, 1682－1846: Commercial, Cultural, and Attitudinal Effects*, University Park and London: Pennsylvania State University Press, 1978, p. 18.

② Goldstein, *Philadelphia and the China Trade*, p. 31.

③ Goldstein, *Philadelphia and the China Trade*, pp. 20, 34.

此美国联邦政府对美中贸易通过立法给予特惠，如 1787 年规定，对由美国船只经好望角直接运回美国的中国茶叶予以免税。1791 年起对东方商品开始征税，但对直接从广州进口的中国商品仍予以特惠。发展美中贸易已成为美国的基本国策。

在政府的扶持和保护下，美中贸易迅速发展，中国的茶叶、瓷器、南京布（以及用南京布制作的上衣和裤子）、围巾、纸扇、鞋、壁纸和其他手工艺品不断涌进美国市场并在美国社会中造成广泛的影响。

其一，茶叶和瓷器走进美国的千家万户，成为生活的必需品，就其实用程度来看，"几乎相当于面包"，"在我们国家，哪怕境遇贫困，很少有家庭不会因缺少这种令人提神的饮料（茶）而感到极大的不适。种类繁多的茶具（瓷器）幸而质地各不相同，因而尽管进口税很高，还是有一小部分可以为社会上的穷困阶层所获得"。① 丝绸在美国社会上层受到的欢迎这里不再赘言，我们特别想指出的是，中国出产的被称作"南京布"的褐黄色棉织品，由于坚实耐用备受美国人喜爱并成为美国人最常用的纺织品。很多美国人以穿南京布料的衣服为荣。②

其二，中国丝绸、瓷器以及壁纸上的图案、花饰和手工艺品的制作技巧，给美国的艺术家与技工以美学上的启迪。他们开始仿照和复制具有东方风格的绘画和手工艺品。费城等地还仿照中国的风格，甚至用中国运来的原材料，兴建了一批建筑物。很多美国人深信中国人的技艺水平超过了西欧人。③

其三，随着美中贸易的开展，一些美国人开始将部分中国优良的物种引进美国，比如"中国皇后"号带回美国的一种上海公鸡良种，经培育发展成有名的新鸡种（bucks country chicken）；此外美国还引种了中国的水稻、谷物、巢菜（vetch）和黄豆，后者在美国大面积推广并成为重

---

① Jean McClure Mudge, *Chinese Export Porcelain for the American Trade, 1785–1835*, Newark: University of Delaware Press, 1962, p. 124.

② Goldstein, *Philadelphia and the China Trade*, pp. 2 – 3.

③ Goldstein, *Philadelphia and the China Trade*, pp. 37 – 38.

要的出口物。与此同时，美国又在南方做种茶的试验；1830 年美国哲学学会（American Philosophical Society）又建议国会用立法形式推动养蚕业的发展，用以为美国的丝织业奠定基础。①

美国的有识之士认为，唯有引进新物种，美国才能最终摆脱对外国的依赖。② 那一时代的美国人是把美中关系与美国的未来利益放在一起考虑的。

其四，美中贸易带动了美国经济的全面发展。大量美国船只前往东方贸易，刺激了美国造船业的迅速扩展；与中国贸易使费城、波士顿、诺福克、查尔斯顿、萨凡纳、莫比尔和新奥尔良等港口城市日益繁荣；随着中国商品向美国纵深地区销售，美国内陆运输网络也逐渐延展。在与中国的贸易中，一些美国商人聚积了大量财富，然后将其投资于国内产业部门和金融系统，如吉拉德本人拥有 18 艘从事东方贸易的商船，他将盈利投资于美国第一和第二银行，又参与了从费城到哥伦比亚的铁路以及跨越萨斯奎汉纳河第一大桥的建设，同时他还是美国电报系统、汽轮航运等新兴产业发展的重要推动者之一。这类在美中贸易中涌现的巨商成为驱动美国经济全面发展的带头人。③

其五，美中贸易促进了美国西部的开发。在我们述及的时代，美国主要用白银在广州购买中国商品。1833 年以前的 50 年间，有六七千万两白银从美国流入中国。这是美国不胜负担的。于是美国商人开始投身"毛皮贸易"之中，从 1793 年至 1818 年，有 100 余艘美国船只由费城等东部城市驶入西北太平洋水域，捕杀海獭和海豹，然后将毛皮运到广州出售换取白银，再用白银购买中国货物运回美国销售，如此循环不断。④

---

① Goldstein, *Philadelphia and the China Trade*, pp. 41, 74.

② Goldstein, *Philadelphia and the China Trade*, p. 74.

③ Goldstein, *Philadelphia and the China Trade*, pp. 43, 45.

④ Tyler Dennett, *Americans in Eastern Asia: A Critical Study of United States' Policy in the Far East in the Nineteenth Century*, New York: Macmillan, 1922, pp. 4 – 5.

"毛皮贸易"打通了太平洋航线，使美国西部与中国之间建立了直接贸易关系，从而刺激了美国西部的经济发展。这时，美国西进运动正值高潮，一批又一批移民从东部抵达西岸。在西部的开发中，"毛皮贸易"与移民西进运动相辅相成，所以费正清（John King Fairbank）认为美国从东部向西部的扩张是海陆并进的。美中贸易是"毛皮贸易"兴起的动因，由此刺激了西部的发展。费正清据此指出，应把美中贸易视作"美国西进运动不可分割的一部分"，并建议美国研究中国问题的学者要把美国与旧中国的贸易当作第一个研究课题。为此他进一步阐述了美中贸易对美国的重要意义："对整整一代纽约人和波士顿人来说，到广州或上海要比到丹佛或盐湖城更方便也更赚钱。19世纪前半叶，中国这个边疆常常比美国的边疆更吸引人去做生意，这和英国人在18世纪的情形一模一样。"① 完全可以这样说，没有美中贸易对美国社会如此广泛而深刻的影响，美国的中国史研究就不会在美国建国之初便已奠定了基础。现在，我们再看一看，美国的中国史研究是如何伴随美中贸易的发展而起步的。

二 美国中国史研究的奠基

美中贸易引起美国人对中国的浓厚兴趣，他们希望更多地了解中国的情势。但在美中交往之初，美国对中国可以说知之甚少。美国人当时主要通过直接参与美中贸易的船长、商人写出的有关中国的记载来认识中国。比如，"中国皇后"号的财务代理人山茂召（Samuel Shaw）前后四次来华并出任美国驻广州的首任领事，他的日记表述了他对中国的印象及他对中国基本国情的观察。② 此外，威廉·希基1769年访华时，详

① 费正清：《七十年代的任务》，引自《现代史学的挑战——美国历史协会主席演说集（1961—1988）》，中国美国史研究会王建华等译，上海人民出版社，1990，第144、146页。

② Goldstein, *Philadelphia and the China Trade*, p. 31.

十部书籍，共934册，涉及儒家经典、礼仪、医药、农业、语言、针灸、数学和玄学等多项内容。此外还附有若干花籽、谷种、豆种和菜籽。而美方原来期望获得的资料则不在其中，清政府解释说："有关中国民数，各省官员每年例行咨报户部，但并无成书。"中国政府这批赠书成为美国国会图书馆东方语藏书的开始。① 在此之后，耶鲁大学于1878年，哈佛大学于1879年，加利福尼亚大学于1896年相继开始收集和珍藏中文图书。为了开展对中国的研究，耶鲁大学于1876年开始教授汉语。紧步其后，哈佛大学和哥伦比亚大学以及加利福尼亚大学也相继开设汉语课程。上述措施为培养和训练美国职业化的中国问题研究队伍创造了条件，同时也为美国的中国史研究奠定了基础。

三　美国非职业汉学家的中国史研究

在上述历史时期，对中国历史和国情真正有所了解并写出具有一定学术价值的著述的，是那些在中国从事传教、外交乃至商务活动的非职业的中国问题专家。比如裨治文（Elijah Coleman Bridgman），他是美国派往中国的第一个传教士。1831年抵达澳门后，他师从英国新教牧师马礼逊（Robert Morrison）学习汉语并于1832年在广州创办了《中国丛报》（*Chinese Repository*），前后20余年。通过该刊，他向西方介绍了中国历史、文明、民俗和舆地等概况并对中英冲突做了详尽的报道。裨治文是林则徐禁烟运动的目击者，还参加过中美《望厦条约》的签订。他作为历史见证人，将那一时代的重大国际事件写入了《中国丛报》。特别是他还将一些中国朝臣的奏文和中国皇帝上谕的部分内容摘译出来，也选登在《中国丛报》上，使该刊成为西方国家了解中国时事的重要渠

---

① 钱存训：《中美第一次交换出版物》，载中外关系史学会、复旦大学历史系编《中外关系史译丛》第2辑，上海译文出版社，1988，第207～219页。

道。1838 年，林则徐到达广州后，为了解西方国家的动态，请人将《中国丛报》中有关西方国家的报道译成中文，题名为《澳月报》并呈献给道光皇帝。时至今日，《中国丛报》仍是研究那一时代中外关系史最重要的参考资料。裨治文又于 1856 年创办了上海文理学会并任第一任会长。裨治文实为美国研究中国问题的先驱。

又如丁韪良（William Alexander Parsons Martin）1850 年来华传教，曾任北京同文馆总教习，在职 25 年。1898 年他又任京师大学堂的总教习。他所著《花甲忆记》（A Cycle of Cathay）是他在中国几十年经历的总结，内中涉及中国政治、经济、外交、军事和教会等多方面内容，该书 1896 年在纽约出版。此外他还著有《北京被围：中国对抗全世界》（The Siege in Peking: China Against the World）、《中国的觉醒》（The Awakening of China）等多部专著，主要述及义和团事件的始末以及中国人民的反侵略斗争。

上述历史时期，最杰出的美国汉学家当属卫三畏（Samuel Wells Williams）。他于 1833 年来华传教，曾协助裨治文编辑《中国丛报》，后出任美国驻华使馆的翻译、参赞、代办和代理公使。卫三畏的著述甚丰，如《简易汉语教程》（Easy Lessons in Chinese）、《中国地志》（The Topography of China）、《中国总论：中华帝国及其居民的地理、政府体制、文学、社会生活、艺术和历史概览》（The Middle Kingdom: A Survey of the Geography, Government, Literature, Social Life, Arts and History of the Chinese Empire and Its Inhabitants，以下简称《中国总论》）、《我们同中华帝国的关系》（Our Relations with the Chinese Empire）及《中国历史》（A History of China）等多种。其中《中国总论》最负盛名。该书共分上下两卷，1848 年出版；30 年后再版时，补充了大量内容，约占原书的1/3。全书共分 26 章。正如该书副标题所示，这是一部关于中国地理、政府体制、文学、社会生活、艺术和历史的综述。

卫三畏在华期间（1833～1876）正是中国历史上发生剧变的时代，两次鸦片战争和太平天国运动爆发。在这些重大历史事件中，他或者是见证人，或者是亲身参与其事，所以他在《中国总论》中对这些历史剧变的记载具有极高的史料价值。此外，这部著作不仅包含他个人在华43年的经历，同时也包括与他同时代的西方人对中国的普遍看法和有关中国的最新研究成果。所以《中国总论》一书在对中国历史和文化以及综合国情的研究方面，无论在广度上或是在深度上，都是前无古人的。可以说《中国总论》是一部代表着19世纪西方中国研究的最高水平的著述。

卫三畏的史学观点具有明显的双重性。作为一个对汉语及中国古代文明有着精深研究的学者，他对中国灿烂的古代文明的钦慕之心溢于言表。对中国人民，他怀有很深的情感：在他的眼中，从事精耕细作的中国农民与"农艺师"无异；他对中国手工匠人的技艺赞不绝口；论及中国古代科学技术，他高度评价中国人的品德和智慧。① 所以读起卫三畏的《中国总论》的部分篇章会有类似读《利玛窦中国札记》时的那种感受。事实上，他对利玛窦的生平和著作十分熟悉，他认为利玛窦以其传教的技巧、坚韧不拔的精神、学识和策略，应在西方传教士中享有最高的声誉。② 利玛窦对中国历史和文化的评价的很多方面引起了卫三畏的共鸣或他们有着共识。卫三畏无法接受某些西方人对中国的诋毁或轻蔑。在《中国总论》的前言中，卫三畏表明他写作该书的目的就是"剥去常常为外国著者强加给中国人民和文明的那些特点和可笑的不准确的印象"。③

但卫三畏的时代终究已不再是利玛窦的时代。如果说利玛窦在华的传教策略主要是希望在东西方两种不同质的文化之间进行调和，以避免两者的直接冲突和对抗，《利玛窦中国札记》反映了一种文明对另一种处于平等发展阶段的文明的体察和认识，那么卫三畏的《中国总论》则

---

① Samuel Walls Williams, *The Middle Kingdom: A Survey of the Geography, Government, Literature, Social Life, Arts and History of the Chinese Empire and Its Inhabitants*, New York and London: Wiley & Putnam, 1848, chap. xvxxi. 在该书第 2 卷第 833 页著者表述了他对中国人品德的深刻见解。

② Williams, *The Middle Kingdom*, Vol. 2, p. 292.

③ Williams, *The Middle Kingdom*, Vol. 1, p. XIV.

已是推行美国扩张政策的工具。他的《中国总论》在对中国历史与文化的评价上已带有明显的"欧洲中心论"和"白人至上论"的痕迹。

卫三畏来自迅速崛起的美国。19 世纪 30 年代至 40 年代，正值资本主义稳定发展阶段，美国全面吸收欧洲产业革命的成果，使经济腾飞，1860 年美国工业产值已居世界第四位；到 1880 年以后，美国工业产值已跃居世界首位。以美国社会的急剧变化和成就来反观清代中国的迟滞发展状态，于是很多美国人开始接过欧洲盛行一时的中国社会"停滞"论观点。例如，拉尔夫·沃多尔·爱默生在 1824 年写有如下一段笔记："当我们居高临下地对这个愚昧的国家观察得越仔细，它就越显得令人作呕。中华帝国所享有的声誉正是木乃伊的声誉，它把世界上最丑恶的形貌一丝不变地保存了三四千年，它那令人敬仰的单调！它那古老的呆痴！在各国群集的会议上，它所能说的只是——'我酿制了茶叶'。"[1]在那一时代这是具有典型性与普遍性的观点。

卫三畏的观点，与上述那种对中华文明持根本的否定态度，认为中国今天的情况与古代完全相同，从这个意义上认为中国没有历史的观点是有所区别的。他对中国历史和古代文明的个人看法前已有述。此外，他又是个外交官，出于职业的需要曾专门研究过中国的政府体制、法律及作为中国统治者精神支柱的孔子思想。特别对那些与他频繁接触的清政府的官僚们，他更有深入的体察。所以卫三畏认为，中国文明并非从来都不具有活力，而仅仅是由于朝廷的迂腐与保守，实行一种自我封闭的政策，近一个世纪，中国才陷入一种可怕的落后状态。北京朝廷令人无法容忍的傲慢就是中国自我封闭的原因。要想使北京朝廷清醒过来，必须使他们威风扫地，而战争则是唯一的手段。卫三畏把鸦片战争称作世界历史的转折点，就是因为鸦片战争给清廷以沉重教训，使他们开始接受变化中的世界。[2] 卫三畏颇有感触地写道，他初到广州时，被当作

---

[1] 转引自柯文《在中国发现历史——中国中心观在美国的兴起》，林同奇译，中华书局，1989，第 47 页。

[2] Williams, *The Middle Kingdom*, Vol. 2, pp. 550–553.

"番鬼"；1874年，他已陪同美国驻华公使艾忭敏（Benjamin Parke Avery）向同治皇帝呈递国书，而中国已开始考虑引进铁路、电报和工厂。所以卫三畏认为，"近30年他们所得到的教训较之他们自己以前历史上任何一个世纪所得到的教训要多得多"。① 用战争手段来促使中国发生变化的观点表明卫三畏进入了一个"误区"，而且用战争手段解决中外关系问题又造成了卫三畏心理上的失衡。因为战争必然带来灾难，他认为这对于每一个既了解中国朝廷的脾性，而又熟知中国人民的智慧的人，都将是种痛苦。② 惩罚清政府是必要的，但这又势必累及中国人民，这是他不愿意看到的结果。在这里，一位优秀的、坦诚的汉学家的良知和政府外交官员的职业道德这两者处于矛盾和冲突之中。《中国总论》很多章节都反映出作者这种心理失衡的状态。

出于对中国43年的观察和思考，卫三畏在最成熟的时期，提出了对中国未来发展方向的看法，即应当把现政权的保守主义当作一种"安全阀"，用以节制过分或超前引进西方的机器、体制、方法和衣着以及近代欧洲生活的千百种细微内容。如果过快地将它们嫁接在一个腐朽的、落后的文明之上，将会使这一文明陷入解体或崩溃，而不是使这一文明再生。③

综合起来看，卫三畏的中国观基本上包括三方面内容：一是他对中国历史和古代文化抱有一种景仰的态度并给予高度的评价；二是中国已经落伍于时代的潮流，他真诚地相信，只有用西方社会的发展模式来改造中国，中国才能获得新生；三是对中国的改造只能循序渐进，力求避免大的社会震动。

卫三畏对中国所怀有的感情，使美国政府认为他独立承担美国在华的外交使命是不适宜的。当1869年美国驻华公使一职出现空缺时，鉴于卫三畏在华工作的资历和成就，外交界同人纷纷推举卫三畏出任此职。

---

① Williams, *The Middle Kingdom*, Vol. 2, p. 741.
② Williams, *The Middle Kingdom*, Vol. 1, p. 564.
③ Williams, *The Middle Kingdom*, Vol. 2, pp. 738, 739, 742.

但美国国务卿回答说，卫三畏"人太好，天赋极高，不管从哪方面来说，他太无懈可击了，以致不能接受这一任务"。① 这事实上是对他执行外交政策不力的一种委婉批评。

1876年卫三畏返回美国，在耶鲁大学率先开设汉语课程并建立了东方学图书馆，致力于美国中国学学者的培养工作。由于卫三畏在《中国总论》中表述的中国观对其后美国的中国史研究产生了深远的影响，因此他在美国史坛一直享有盛誉。费正清在自己的中国史研究中也得益于这位前辈学者，所以他十分尊重卫三畏并高度评价其学术上的成就，把卫三畏与普雷斯科特、班克罗夫特等并列，尊为在美国最有影响的史学家。②

综上所述，可以看到美国的中国史研究早期阶段有两个鲜明的特征：一是随着美中关系的加强而获得发展的动力；二是美国学者的中国观随着美中两国综合国力的消长而不断地变化。上述两个特征贯穿直至今日的整个美国中国史研究的始终。

这一历史时期，美国的中国观大致可归纳为三种类型：一是承认与美国不同质的中华文明的存在价值以及尊重中国独立发展的权利；二是以"欧洲中心论"为出发点，对中华文明采取全面否定的态度；三是在承认中国古代文明的价值的同时，判定近代中国已处于"停滞"状态，唯有用西方社会模式，采取渐进的方式，才能使中国的文明再生。

上述这些基本观点在美国不同历史时期的中国史研究中时有再现，或经充实、提高，发展成一种具有主导趋势的观点，从而体现出美国中国史研究中的连续性和阶段性相互交错的特征。

此外，从殖民地时代开始直至第一次世界大战之前，美国的中国史

---

① 钱存训：《中美第一次交换出版物》，载《中外关系史译丛》第2辑，第210页，注①。

② 费正清：《七十年代的任务》。引自《现代史学的挑战——美国历史协会主席演说集（1967—1988）》，第133页。威廉·普雷斯科特（William Prescott），美国历史学家，《墨西哥征服史》与《秘鲁征服史》为他的成名之著。乔治·班克罗夫特（George Bancroft），美国历史学家，10卷集的《美国史》使他蜚声史坛。

研究任务主要是由非职业化的传教士、外交官和商人承担的。出于美中双边关系的需要，美国人在对中国历史进行总体研究的同时，更加突出对中国政治史、法制史和外交史的研究；在对中国社会进行一般性剖析的过程中，重点又放在对中国上层社会具有决策权力的显贵人物的研究上；在探讨中国文明实质问题时，他们的注意力往往放在中国思想史的研究上，特别是儒家思想的研究上。美国中国史研究中的上述特点，一直延续到 20 世纪五六十年代。这也是我们认为哪怕研究当代美国中国史研究的现状和发展趋势也一定要做历史追溯的原因。

（本文曾发表在《中国史研究动态》1995 年第 1 期）

美国中国史研究专业队伍的
形成及其史学成就

    在第一次世界大战和第二次世界大战之间，美国中国史研究的重大进展之一，就是科学的、专业化的研究队伍逐步形成。其中，从事微观汉学研究的美国学者在学术上取得很多重要成果。

    同一历史时期，出于国际形势和美国对华策略的需要，美国政府和美国企业集团都日益重视对中国国情的研究并给予研究中国问题的机构以支持和赞助。在这一历史背景下，以费正清为代表的新一代美国中国学学者迅速成长并写出许多优秀的史著。而在太平洋学会国际秘书处工作的中国学者则以他们的杰出史著为美国史坛增添了光彩。

一　美国微观汉学研究的兴起及其成就

    进入 20 世纪，欧洲一些汉学大师将德国人兰克的实证史学思想和中国乾嘉学派精妙的考据学方法相结合，形成了科学的微观汉学研究体系。沙畹、伯希和、马伯乐等，都是这一学派的杰出代表人物。20 世纪初，他们以《通报》为园地，培育和影响了一代又一代的西方汉学家。特别是法国社会学家和汉学家葛兰言（Paul Marcel Granet），在年鉴派的初创时期，他已是这一新兴学术流派的中坚。他在如何用年鉴派的史学方法研究汉学方面做出了有益的尝试。

　　欧洲微观汉学研究的传统对美国的汉学家有着深刻的影响。而且美国最负盛名的汉学家，有的原本就是欧洲的汉学大师，移居美国后，他们一方面继续自己的研究工作，另一方面又从事教学活动，因此使美国的汉学研究具有浓厚的欧洲色彩。例如，夏德（Friedrich Hirth）原是德国的汉学家，1870 年考入中国海关，后在厦门、上海、九龙、淡水、镇江、宜昌和重庆等口岸任职，著有《中国和罗马人的东方》（*China and Roman Orient*，1885）、《古代的瓷器》（*Ancient Porcelain*，1888）、《中国研究》（*Chinesische Studien*，1890）、《论中国艺术的外来影响》（*Uber fremde Einflusse in der Chinesischen Kunst*，1896）等书。1902 年，他应美国哥伦比亚大学之邀，赴美任该校首任汉文教授。此后又著有《中国的铜镜》（*Chinese Metallic Mirrors*，1907）和《周朝末年以前的中国古代史》（*The Ancient History of China to the End of the Chou Dynasty*，1908）等书。另一位同样来自德国的汉学家是劳费尔（Berthold Laufer），他曾在柏林大学和莱比锡大学攻读东方语言。1898 年赴美后，他曾多次率团来中国考察，在中西交通史的研究方面成绩卓著，他的著作如《汉代的中国陶器》（*Chinese Pottery of the Han Dynasty*，1909）、《中国的基督教艺术》（*Christian Art in China*，1910）、《中国与伊朗：中国对古代伊朗文明史的贡献》（*Sino-Iranica: Chinese Contributions to the History of Civilization in Ancient Iran*，1919）等都在史坛上享有盛誉。

　　美国汉学家柔克义（William Woodwille Rockhill）则与夏德合作将赵汝适的《诸蕃志》译成英文，从而为国际学术界做出了奉献。此外他还从事中国宗教和民族问题的研究。另一位在东西方文化交流史方面做出重要贡献的美国学者便是贾德（Thomas Francis Carter）。有鉴于印刷术的发明在人类文明发展史中的关键性作用，贾德从年轻时代起便开始研究中国印刷史。为此，他曾两度来中国进行学术考察，仅第二次来华时，便停留 12 年之久（从 1911 年至 1923 年）。《中国印刷术的发明及其向西方的传播》（*The Invention of Printing in China and Its Spread Westward*，1931）便是他的成名之著。当时国际学术界对于欧洲印刷术是源于德国，抑或是由中国西传的产物，有着不同的看法。贾德则在书中旁征博引，用详尽的史实既阐明了中国印刷术的发明过程，又描绘出印刷术西传的轨迹，因此该书在国际史坛引起强烈反响。1955 年该书由另一位中国史学者傅路特（Luther Carrington Goodrich）做了详尽的校订和增补后，再度出版，可见该书的学术价值。

德效骞（Homer Hasenpflug Dubs）同样也是位汉学大师，1918 年以圣道会传教士的身份来华。他曾将荀子的著述和《前汉书》译成英文。他还经常在《通报》上发表有关中国哲学中有神论和自然主义的研究成果。《古代中国的一座罗马人城市》是其微观汉学研究的一篇代表作。他通过精细的史料分析和推理，论证公元 5 世纪在中国郡县名册中所载明的"骊靬"城，实为罗马人移民点：陈汤于公元前 36 年在中亚与罗马克拉苏军团的百余名游勇遭遇后，将他们掳回中国，"骊靬"就是为他们设置的罗马移民点。王莽登位后将"骊靬"改名为"揭虏"就是明证。① 德效骞的这篇文章曾在国际学术界引起一场争论。李约瑟支持上述看法并认为如果这些被俘的罗马人中间有人懂点军事工程的话，"就可能会有一些零星的知识在中国文化和罗马文化之间进行交流"。② 持相反意见的也不少，我国学者莫任南曾写有《汉代有罗马人迁来河西吗?》一文，谈了自己的否定看法。③ 总之，汉代为什么在张掖郡下置"骊靬"县仍将是涉及中外关系史的一个值得探讨的问题。

这一历史时期，另一位知名的中国学学者是德克·卜德（Derke Bodde）。1931～1935 年，他以哈佛燕京学社研究生身份来中国留学，后又在欧洲汉学研究中心荷兰的莱顿大学深造并获博士学位。他由于热爱中华文明并具有渊博的汉学知识，有条件在众多学者的微观汉学研究基础

---

① 该文载中外关系史学会、复旦大学历史系编《中外关系史译丛》第 4 辑，上海译文出版社，1988，第 364～373 页。
② 李约瑟：《中国科学技术史》第 1 卷，第 2 分册，《中国科学技术史》翻译小组译，科学出版社，1975，第 538～539 页。
③ 该文载《中外关系史译丛》第 3 辑，第 231～238 页。

上，于 1942 年写出《中国物品西传考》一书。卜德在书中指出，从公元前 200 年到公元 1800 年这 2000 年间，中国给予西方的远远胜过了她从西方得到的东西。像丝绸、瓷器、茶叶、纸、印刷术、火药、指南针、漆器、风筝、纸牌、轿子以及柑、柠檬、菊花、茉莉、山茶花、杜鹃花、翠菊、牡丹、银杏等植物和风子油、麻黄碱等药物，都是从中国传入西方的。著者慨叹道："如果没有以上所述的那些发明创造，我们西方的文明将会何等的贫乏，这是不难想象的。"卜德进一步指出，"还有一些中国的发明创造，不仅完全改变了我们的生活方式，而且为整个现代文明奠定了基础。如果没有纸张和印刷术，我们将仍旧生活在中世纪；没有火药，世界可能少受些苦难，但在另一方面，欧洲中世纪穿戴盔甲的骑士们会仍旧占据着护城河围绕的城堡，居于至高无上的统治地位，我们的社会将仍旧停留在封建农奴制状态。……最后，如果没有指南针，地理大发现的年代将永远不会到来。……没有这些发明，迄今为止整个世界仍然是不可知的，甚至包括我们的国家在内"。[①]

作为《中国物品西传考》的姐妹篇，卜德于 1948 年又写了一部《中国思想西传考》（Chinese Ideas in the West），内中着重介绍了中国哲学、政治体制、经济理论、教育思想、科学发明乃至文学艺术对西方的影响。《中国物品西传考》以微观汉学研究成果为基础，而又超出了微观汉学研究的狭小天地，从东西方文化交流的大视角，对于中华文明对西方文明的影响及历史意义做出了规律性的探讨。这种微观研究与宏观研究的有机结合代表了汉学研究的新方向。我们特别想指出的是，从 19 世纪末叶以来，美国的中国史研究中弥漫着一种种族主义的偏见。漠视中国历史发展的独立性，无视和贬低中华民族对人类的历史贡献已成为一种趋势。20 世纪 40 年代中国人民正处在抗日战争的烽火之中，而美国政界中有一股绥靖势力一直在策划"东方慕尼黑"丑剧，阴谋牺牲中华民族的利益，对日本侵略者姑息养奸。在这样一种国际背景下，卜德

---

① 详见《中外关系史译丛》第 1 辑，第 231～238 页。

写出了《中国物品西传考》这样一部歌颂中国人民的创造性、肯定中华民族对人类的伟大贡献的著作，这是十分可贵的。我们还想指出一点，在上述时代的美国乃至欧洲的中国史研究中，中国社会"停滞"论成为主流，中国被当作与外界实行自我隔绝的突出例子。而卜德则大反其道，根据 2000 年来中国与欧洲从未间断的物质与文化的交往这一史实指出，中国从来就不像人们所常认为的那样，是个闭关自守的国家。① 这种观点不能不说是美国中国史研究中的一个突破。针对当时泛滥于史坛的"欧洲中心论"史观，在追述中华文明对西方的影响之后，卜德进一步指出，"我们今天的思想意识和生活方式，不是某一种族的某一单独文明或地球上某一特定地域的产物，而是来自许多地区和人民对人类文明所作的贡献"，这些地区就包括中国。② 考虑到第二次世界大战前后，法西斯主义者往往同时是种族主义者的这一事实，卜德的上述观点是具有严肃的论战意义的。卜德的这部著作也是在教育美国人民一定要从种族优越感的陷阱中拔身，否则世界不可能享有和平。所以卜德在这部著作的结尾部分委婉地告诫那些怀有各种历史偏见的美国人："只有诚实地承认世界各国越来越互相依赖，我们才能为未来在更加美好的社会中过和平生活作好准备。这常常需要我们改变对其他国家人民及其风俗的态度。而这种态度是长期遗留下来的，往往是不合理的。"③ 卜德这种带有批判性的史学观点实际上是和美国独立战争前后那种承认中华文明的价值和尊重中国独立发展的权利的中国观是一脉相承的，同时也预兆了发生在 20 世纪 70 年代美国中国史研究中的那场批判运动。

上面我们综述了两次世界大战之间，在欧洲微观汉学研究的影响下，美国初步形成了一支科学的专业化的汉学研究队伍。他们中的佼佼者多数以微观汉学研究为主。他们的学术成就和贡献主要体现在以下几个方面。其一，他们有很高的汉语造诣并将一些中国经典著作译成英文，从

---

① 详见《中外关系史译丛》第 1 辑，第 210 页。
② 详见《中外关系史译丛》第 1 辑，第 233 页。
③ 详见《中外关系史译丛》第 1 辑，第 233 页。

而使相当一批研究中国问题的学者绕过了语言障碍，直接接触到中国的经典文献，使这些学者可以通过中国史料来研究中国、认识中国。其二，这些学者总结了一套考证、整理和利用中国史料的有效方法，为后继的美国汉学家开通了登堂入室的捷径。其三，微观汉学研究所涉及的课题往往带有一种跨学科性质。特别是涉及中外关系史问题时，这一特征更为突出。哪怕是研究一种物品的传播范围，也必须考证不同地区对该物品的称谓；还要廓清原产地的社会历史背景及经济条件，该物品得以传播的时代氛围，物品传播的路线和范围及其影响，即必须从事历史、地理、经济、文化，以及博物学、语源学、民族学和民俗学诸学科的综合研究，才能得出结论。微观汉学这种跨学科性质，为日后中国史研究中的多学科综合研究树立了范例和积累了经验。其四，虽然微观汉学研究具有很高的学术和学科价值，而且这种研究本身对于研究人员而言具有无限的趣味和魅力，但这项研究终究因研究课题过于狭窄，过于专门化，特别是漠视有关中国政治、经济和社会变化这些重大课题的研究，所以在短期内很难看到社会功能方面的价值。但微观汉学高度精确的研究成果又成为日后有关中国历史宏观研究的基石和支柱。到 20 世纪 70 年代以后，当微观汉学研究与宏观的中国史研究有机结合起来的时候，终于体现出合力的能量和效力。

二　美国中国史研究中的"新生代"

进入 20 世纪，当欧美一些学者在书斋中静静地从事微观汉学研究的时候，另一些史学家却想在更广阔的时代背景下，来探讨中国与西方国家的关系史。例如，英国学者马士（Hosea Ballou Morse）曾任中国海关税务司多年，著有《中朝制度考》（*The Trade and Administration of the Chinese Empire*，1908）、《中华帝国对外关系史》（*The International Relations of the Chinese Empire*，1910 – 1918）等名著。马士以及和他一样致力于中西关系史研究的学者一般都是应用西方的资料，用西方人的观点来研究 19 世纪初期以来的中西冲突，而且一般又按照如下套路来从事写作：贸易体制—海关—冲突—战争—条约。这类史学又被称作"蓝皮书史学"或"通商口岸史学"。

美国的一些学者也循上述模式来研究中西方的冲突。例如，宓亨利（Harley Fransworth MacNair）1912 年来华，曾在上海圣约翰大学任教并为《密勒氏评论报》的特约编辑，1926 年返美后从事教学和写作。他曾与马士合著《远东国际关系史》（*Far Eastern International Relations*，1931），此外他个人还著有《中国近代史选读》（*Modern Chinese History Selected Readings*，1923）和《华侨志》（*The Chinese Abroad，Their Position and Protection*，1924）。后者叙述了中国人移居美国的历史过程以及美国的排华运动，在当时影响颇大，20 世纪 30 年代已有中文译本。

然而"蓝皮书史学"有其严重的局限性，即研究中国与西方国家关系的这些学者缺乏对中国社会和历史的深刻认识，因此他们也不可能对中国与西方关系史中的本质问题做出科学的论断。所以他们的研究模式必然要被突破。而在新的历史时期，把美国的中国史研究推上一个新阶梯的是以费正清为首的一批年轻学者。他们的成长与当时的时代背景密切相关。

事实上，在两次世界大战期间，出于美国不断膨胀的在华利益的需要，美国一些以垄断资本集团为背景的基金会，如纽约卡内基基金会、洛克菲勒基金会和福特基金会都曾赞助过有关中国问题的研究。第二次世界大战前，美国研究中国问题的机构已增至 90 余个。始建于 1919 年的美国学术团体理事会便下设一常务机构以促进有关中国问题的研究。建于 1928 年的哈佛燕京学社很快发展成为美国研究中国问题的重要中心。我国著名学者洪煨莲（1893～1980）曾代表燕京大学参与哈佛燕京学社的筹创工作并在该社引得编纂处工作 20 余年，先后编纂经、史、子、集各种引得 64 种 81 册，为科学利用中国古典文献创造了条件。美国国会图书馆于 1927 年下设中国部，至 20 世纪 30 年代中期，中文藏书已达 135000 册。①

然而美国东亚研究力量还是十分薄弱，各大学致力于这一领域研究的专业学者不到 50 人，这是与远东地区急剧变化的国际形势十分不相称的。费正清在太平洋战争爆发前 6 个月就郑重指出："我们国家面对着亚洲的阴影，美国人将在完全无知的情况下制定对日本和中国的外交政策。"② 因此加强对东亚，特别是对中国的研究，引起美国学术界的极大关注。在这种时代背景下，一批为我们所熟知的中国问题专家，如赖德烈（Kenneth Scott Latourette）、恒慕义（Arthur William Hummel）、欧文·拉铁摩尔（Owen Lattimore）、费正清、戴德华（George E. Taylor）、傅路特、韦慕庭（Clarence Martin Wilbur）、顾立雅（Herrlee Glessner Creel）、宾板桥（Woodbridge Bingham）、毕乃德（Knight Biggerstaff）以及芮沃寿（Arthur Frederick Wright）等便登上了史坛。

上述年轻一代学者大多在 20 世纪 30 年代或 40 年代有来华学习、教书或工作的经历。在汉语的研究上他们都有很高的造诣，能直接利用中国当代文献和古代典籍从事研究工作。在华期间，他们一般在中国知识分子中或在军政界中拥有自己的联系面，因此对中国社会有更深的认识。这些学者无论是在美国还是在中国期间，出于共同的抱负和理想，都保持着密切的联系，相互支持和配合，而且对中国历史和文化的特点往往又有着相同或近似的见解，因此在美国的学术界往往被视作一个"集团"。我们认为他们可以称得上美国中国史研究中的"新生代"。因为在中国问题的研究上，他们有一些共同的特点。

首先，他们承继了马士和宓亨利等前辈学者注意中国与西方国家关系史研究的传统并在这一领域写出许多优秀史著。例如，费正清 1929 年哈佛大学毕业后到英国牛津大学深造，在那里与马士相识。费正清接受

---

① 中国社会科学院情报研究所编《美国中国学手册》，中国社会科学出版社，1981，第 13 ~ 14 页。
② 转引自 Paul M. Evans, *John Fairbank and the American Understanding of Modern China*, Oxford：Blackwell, 1988, p. 65。

了马士关于研究中国海关早期发展史的建议，于 1930 年来华，在清华大学和燕京大学研究中国史。1936 年以《中国海关的起源（1850～1858）》("The Origin of the Chinese Maritime Customs Service，1850 – 1858") 一文获牛津大学博士学位。1941 年，他与邓嗣禹合作，在《哈佛亚洲学报》上发表了《清朝的朝贡制度》("On the Ch'ing Tributary System") 一文，标志着他的学术生涯的新开端。1954 年，费正清又与邓嗣禹、孙任以都和房兆楹等人合编《中国对西方的反应：1839～1923 年的文献研究》(*China's Response to the West: A Documentary Survey，1839 – 1923*)；同年还出版了由他编辑的《中国对西方反应的研究指南》(*Research Guide for China's Response to the West*)。另一位致力于中国与西方关系史研究的名家是赖德烈，他侧重于基督教史的研究。西方国家在中国的传教事业是中国与西方关系史中极为重要的部分。通过研究基督教在中国扩张的历史，既可看到西方国家对华策略的演变过程，也可了解中国的基本国情。赖德烈的主要著作有《基督教在华传教史》(*A History of Christian Missions in China*，1929)、《中国人：他们的历史和文化》(*The Chinese: Their History and Culture*，1934) 和《基督教扩张史》(*A History of the Expansion of Christianity*，1937 – 1945)。后者共 7 卷，其中第 6 卷集中论述了基督教在中国传播的历史。赖德烈的上述著作开拓出一个新的研究领域，所以费正清称《基督教扩张史》为"不朽的著作"。[1] 赖德烈在学术上的成就使他在美国史坛享有盛誉，1948 年他当选为美国历史协会主席。

其次，"新生代"的学者日趋重视中国历史、社会与现实的研究。

两次世界大战之间瞬息万变的国际形势自然会使历史学家反问，他们的研究工作应该向什么领域倾斜。费正清认为传统的汉学研究已不能适应新形势的需要。他从两个方面对传统的中国学研究提出了挑战。首先，他对从事微观汉学研究的学者提出了批评，指出，"历史学家要利

---

① 费正清：《美国与中国》，孙瑞芹、陈泽宪译，商务印书馆，1973，第 334 页。

用语言而不要被语言所左右"。① 这当然是暗指从事考据学的学者。其次，他也不满意于马士等前辈脱离对中国历史特点的揭示，而仅根据西方的资料来研究中国与西方关系的传统方法。费正清尖锐地指出："我们现在的近代远东教程注重于 19 世纪和 20 世纪的外交史……然而怎么能不讨论儒家的国家而妄谈中国的外交政策。"② 所以他倡导要研究中国的制度和社会条件，而当代问题会从历史的研究中得到答案。为了实现这一目标，费正清和那些与他志同道合的学者共同奋斗，终于在 1941 年 11 月创办了《远东季刊》（*Far Eastern Quarterly*），旋即又成立了"远东协会"（Far Eastern Association）。

在这种新的史学思想的推动下，"新生代"在中国历史、社会和现实问题的研究上都取得了初步成果。下面试举数例。

恒慕义为美国公理会教士，1915 年来华后，曾长期从事教学与研究工作。他主编的两卷集的《清代名人传略（1644～1912）》（*Eminent Chinese of the Ch'ing Period, 1644 - 1912*，1943 - 1944）选录了有清一代 800 多位名人并就其生平和社会活动做了概述。恒慕义为完成该书的写作曾查阅 1100 多卷正史和数百卷"笔记"，同时还利用了国外的有关档案资料，特别是在行文中间一一注明史料的出处，因此，该书不仅是部名人的传记辞典，而且为研究整个清代的历史洞开了大门。胡适在为该书写的前言中认为，《清代名人传略》是一部具有开拓性的著作，不但外国人在此之前从未写出过类似的著述，即使中国的史家也没有完成可以与恒慕义这部传略相比的作品。由于该书内容广泛，所以无论从事清代政治史、文化史和知识阶层研究的，抑或从事中外关系史研究的学者，都能从这部传略中获益。所以胡适认为这是一部在任何地方也不会再找到的最详尽、最优秀的有关清代历史的著作。③ 费正清也把《清代名人传略》当

---

① 转引自 Evans, *John Fairbank and the American Understanding of Modern China*，p. 62。
② 转引自 Evans, *John Fairbank and the American Understanding of Modern China*，pp. 60 - 61。
③ A. W. 恒慕义主编《清代名人传略》，中国人民大学清史研究所《清代名人传略》翻译组译，青海人民出版社，1995，第Ⅴ页。

作研究清代历史的主要参考书，并认为该书"是我们研究现代中国早期的一个重要里程碑"。①

傅路特于 1943 年完成《中华民族简史》（*A Short History of the Chinese People*）一书的写作。傅路特认为中华民族是个富有智慧的民族，虽然没有形成完整的科学研究方法，但在天文、历法、数学、医药、工程、建筑、舆地诸方面都有杰出成就。此外，中国人在管理、调控社会生活方面有着丰富的经验，连美国副总统华莱士都表示对王安石和王莽的改革可以有所借鉴，而"常平仓"体制更给美国当代经济学家以启发。所以傅路特认为向美国人民全面介绍中国历史是完全必要的。② 此外，在西方国家的著述中，《中华民族简史》率先报道了安阳考古发掘中的重大发现，从而使西方人对中华文明的灿烂成就有了新的认识。由于该书至今仍有其学术价值，所以于 1951 年、1959 年多次再版。

韦慕庭在中国社会研究方面是位先驱者。他于 1932 年来华学习汉语，后著有《中国的乡村政府》（*Village Government in China*，1934）和《前汉时代中国的奴隶制（前 206～25）》（*Industrial Slavery in China During the Former Han Dynasty, 206 B. C. – A. D. 25*，1943），按费正清的评价，后者"对汉代社会作了一个杰出的分析"。③

顾立雅 1930 年作为哈佛燕京学社研究生来华进修。他更侧重中国现实问题的研究，著有《中国的诞生：中华文明形成时期考察》（*The Birth of China: A Survey of the Formative Period of Chinese Civilization*，1936）、《为华北而斗争》（*The Struggle for North China*，1940）和《变化中的中国：对中国现状和过去的真实描述》（*Changing China: A Factual Account of China as It Is and as It Was*，1942）等书。

在民族和边疆问题的研究方面拉铁摩尔最负盛名。他早年致力于东

---

① 费正清：《美国与中国》，第 333 页。
② L. Carrington Goodrich, *A Short History of the Chinese People*, New York: Harper & Brothers, 1943, p. X.
③ 费正清：《美国与中国》，第 329 页。

方学研究。1922 年曾到新疆考察，著《通向西域的荒漠之路》（*The Desert Road to Turkestan*，1929），引起国际学术界的注目，并于同年获美国社会科学研究会的奖金，赴东北进行学术考察。1931 年，他的《满洲：冲突的发源地》（*Manchuria: Cradle of Conflict*）一书出版，使他成为举世公认的研究中国边疆问题的专家。1932 年以后，他出任太平洋学会（The Institute of Pacific Relations）会刊《太平洋事务》（*Pacific Affair*）的主编。

综上所述，可以看到由于费正清这一代人的努力，在中国问题的研究方面，特别是在中国历史的研究方面，美国学界取得了长足的进步。费正清是"新生代"的核心，有鉴于他在推动中国问题研究方面的建树，韦慕庭称他为"美国中国学的教父"。①

然而我们必须客观地看到以下几点。其一，20 世纪 30 年代至 40 年代还只是"新生代"的成长期，直到 50 年代或 60 年代，"新生代"才进入成熟时期，他们不断推出史学新著，在美国史坛上如日中天，成为主流学派。其二，"新生代"在中国与西方关系史的研究中，由于更贴近中国历史与社会，所以他们的研究成果与"蓝皮书史学"的代表作相比较，已经有所超越，这是他们成功的方面。但"新生代"的史学家又有他们自身的历史局限性。首先，如前所述，他们在华期间与部分中国人建立了联系，甚至发展为朋友关系。但这部分中国人大多与这些美国学者一样是在智能方面有着高度发展的知识分子，而且几乎都接受过西方教育。由于"新生代"接触的社会面过于狭小，因此，他们不能以广阔的视野来观察和分析中国社会问题。其次，在两次世界大战期间中国学者对中国历史的研究，尤其是用马克思主义史学观点研究中国历史仍在起步阶段，对中国历史重大问题尚未能做出全面的、科学的回答，因此尚未对美国的中国史研究造成较大的影响。所以美国年轻一代中国史学者的中国观仍以"西方中心论"为基本出发点，特别是卫三畏的史学思想对他们影响至深，即在承认中国古代文明的价值的同时，判定到近

---

① 转引自 Evans, *John Fairbank and the American Understanding of Modern China*, p. 46。

代中国已处于"停滞"状态,唯有仿照西方的社会模式、采取渐进的方式,中国才能再生。所以他们认为 19 世纪初以来的中国历史进程基本上是对西方冲击做出回应的历程。由于上述两点局限性,"新生代"的中国史研究带有一种明显的过渡性质,即当他们以批判的精神刚刚超越自己的前辈学者之时,他们这一代又开始被他们的后继者所批判。费正清这一代学者没能赋予美国的中国史研究以现代的形态。

三 旅美华人学者在中国史研究方面的成就

欧文·拉铁摩尔任《太平洋事务》主编后,非常希望有位熟悉亚太地区问题的专家参加《太平洋事务》的编辑工作。于是他向他的中国友人、著名学者陈翰笙发出邀请,这样,1936～1939 年,陈翰笙作为《太平洋事务》的编辑,在纽约的太平洋学会国际秘书处工作了三年。

20 世纪 30 年代,《太平洋事务》在国际上是颇有影响力的学术刊物。陈翰笙作为该刊的编辑,巧妙地使它成为展示中国人民抗日战争实际情况的一个窗口。陈翰笙与斯诺是挚友,由此 1938 年 6 月《太平洋事务》发表了斯诺《西行漫记》的片段。由于国民党当局的封锁,当时世界人民对于中国共产党领导下的中国人民抗战的情况尚不十分了解,所以斯诺的文章在亚太地区引起很大反响。此外,作为《太平洋事务》的撰稿人,陈翰笙在该刊先后发表了《中国"模范省"的乐土》(1936)、《中国内蒙政策评述》(1936)、《征服与人口》(1937)以及《中国的南海与福建、广东社会状况》(1939)等多篇文章。这些作品加深了太平洋沿岸各国人民对中国抗日战争和中国国情的了解。也是在上述历史时期,陈翰笙用英文写作的《工业资本与中国农民:中国烟草种植者生计研究》(*Industrial Capital and Chinese Peasants: A Study of the Livelihood of Chinese Tobacco Cultivators*,以下简称《工业资本与中国农民》)一书在太平洋学会的赞助下在美国出版。

　　近代外国资本向中国的渗透究竟对中国社会的经济发展起到什么作用，这是个长期有争论的问题。《工业资本与中国农民》（中译本题为《帝国主义工业资本与中国农民》）一书根据著者与王寅生、张锡昌和黄国高等人 1934～1935 年对中国所有美种烟草产区的 3 个省 127 个村以及产烟区 6 个典型村 429 户的调查资料，雄辩地指出，作为国际托拉斯典型的英美烟草公司对中国农村的渗透和剥削，造成了中国人民的灾难。对于外国资本的入侵所造成的后果，陈翰笙也做出了科学的回答："在半殖民地半封建的中国，工业化以及随之而来的工业原料作物的发展，一般总是导致农民生活水平下降，对于中等农民和贫穷农民说来，尤其是这样。"至于什么是中国的前途和希望，陈翰笙明确表示："只有一个独立民主的中国，工业化才能够带来它所期望的社会福利，使占人类近四分之一的人们的生活水平得到提高。"①

　　《工业资本与中国农民》一书是用社会学观点研究中国近代史的典范。事实上，陈翰笙通过该书把我国 20 世纪 30 年代社会史的大论战扩大到国际史坛上，使外国学者听到了中国史学家的声音。该书 1939 年一经发表，便立即引起国际学术界的注意。1941 年该书由殿生文男和小田博分别由英文译成日文出版。

　　另一位在美国参加太平洋学会国际秘书处活动的中国学者便是冀朝鼎。他用英文写作并发表于 1936 年的名著《中国历史上的基本经济区与水利事业的发展》（*Key Economic Areas in Chinese History as Revealed in the Development of Public Works for Water Control*）一书开创了中国区域经济史研究的先河。冀朝鼎以翔实的史料论证了我国不同区域的经济发展特点和差异以及它们形成的原因，由此总结出导致各经济区域中心地位转移的"铁的法则"，即政治权力和区域经济之间的紧密关系：中国随经济区域的变动而出现分裂与混乱，直到新的经济区域的崛起，国家才又恢复统一。②

---

① 陈翰笙：《帝国主义工业资本与中国农民》，陈绛译，复旦大学出版社，1984，第 iv 页。
② 详见冀朝鼎《中国历史上的基本经济区与水利事业的发展》，朱诗鳌译，中国社会科学出版社，1981，第 2 页。

冀朝鼎的这部著作同样应视作 20 世纪 30 年代中国社会史论战的一部分。它雄辩地向世界表明，中国绝不是一个停滞的社会，恰恰相反，中国社会内部充满着矛盾运动，而且按照自己特定的运动规律发展着。在该书中，冀朝鼎也阐明了他的史学思想。最富有启发性的有两点：一是他认为对当代的中国根本性问题必须进行历史性的探索，才能有更深刻的认识；二是他主张在历史研究中，应当去发现那些左右中国经济发展的主要趋势。[1]

现任中国社会科学院历史研究所研究员的王毓铨 20 世纪 30 年代时也曾在太平洋学会国际秘书处工作，并且也是《太平洋事务》的撰稿人。他在该刊先后用英文发表了《中国历史上地租的增长与王朝的衰亡》和《中国社会科学之发展》等多篇论文，至今仍常为研究中国经济史的西方学者所引用。近年台湾学者又将上述两篇论文译成中文发表。

太平洋学会还在洛克菲勒基金会的赞助下，推行了一项"中国历史计划"，即将中国正史中有关政治与社会经济的纪事文字摘录、集中起来，再译成英文并加以注释后出版。当时参加这一计划的，有中国学者冯家昇，他承担了辽金史的翻译工作。其最终成果就是冯家昇与魏特夫合写的《中国社会史：辽代（907～1125）》（K. A. Wittfogel and Chia-sheng Feng, *History of Chinese Society: Liao, 907 – 1125*, 1949）。王毓铨也应邀参加了"中国历史计划"，负责翻译、注释秦汉史部分。此外，王毓铨还利用美国古钱博物馆的丰富馆藏，用英文写出《中国早期货币》（*Early Chinese Coinage*）一书。李约瑟曾指出，金属币常常被用来说明"激起传播"这个主题。依照传统的说法，铸币源于公元前 7 世纪的吕底亚并迅速东传，渐至希腊城邦和波斯文化区。但是从王毓铨所写的这一著作中可以看到，中国最早的钱币几乎可追溯到商，公元前 9 世纪中国已有刀币，前 8 世纪又铸有铲币。王毓铨这部著作的贡献之一就是通过中国货币早期发展的历史证明了中国铸币是独立发展起来的。他的这

---

[1] 详见冀朝鼎《中国历史上的基本经济区与水利事业的发展》，第 2 页。

一观点受到李约瑟的重视。[1]

除"中国历史计划"外，太平洋学会还组织了有关中国近代工业史的研究工作。王毓铨参加了这一工作，重点收集有关张謇兴办实业的资料，后由北京大学陈振汉接续这一课题的研究。

综上所述，可见太平洋学会在推动美国的中国史研究方面做了许多有益的工作。据统计，在20世纪50年代以前，美国出版的有关亚洲的书籍中有一半是由太平洋学会出版或得到它的赞助的。[2] 特别是在太平洋学会国际秘书处工作的中国学者，虽然他们人数很少，却释放出相当大的能量。两次世界大战期间，当右倾保守主义的"新康德主义"弥漫于美国史坛之际，中国旅美学者的优秀史著不但把中国学者对中国史的研究方法和观点介绍到美国，从而为中国史学界赢得了荣誉，同时也为那一时代的美国史坛增添了光彩，而且直至今日他们的著作仍为美国的中国史学者所重视。他们事实上是当今活跃在美国史坛上的那些寓美华裔学者当之无愧的先驱。

（本文曾发表在《中国史研究动态》1995年第7期）

---

① 李约瑟：《中国科学技术史》第1卷，第2分册，第561页。
② 《美国中国学手册》，第14页。

从"西方中心论"到"中国中心观"

——当代美国中国史研究的发展趋势

当代美国中国史研究的本质特征之一就是它的反思与批判精神。20世纪60年代末至70年代初，在主要针对以费正清为代表的"冲击－反应"模式和以列文森为代表的"传统－近代"模式而开展的批判运动中，美国的中国史学者经过整整一代人的努力，终于完成了从"西方中心论"到"中国中心观"的跨步，从而实现了美国中国史研究中一次质的飞跃。当前美国的中国史学者又在20世纪70年代业已取得的成果的基础上，为使美国的中国史研究具有现代的形态而不断努力。

二战后，美国已成为国外最重要的中国问题研究中心。美国中国史学者在广泛吸取国际学术界最新研究成果的基础上又有所创新，因此我国史学工作者关心美国的中国史研究现状是十分自然的。本文主要介绍什么是当代美国中国史研究的主流和发展趋势。美国的中国史研究中一直以明清以来的历史为主要内容，这就决定了我们论述的重点。

一 费正清与列文森时代的中国史研究

美国史学界一般认为费正清为中国史研究中"冲击－反应"模式的代表人物，列文森为"传统－近代"模式的一代宗师。这两个学派在20

世纪五六十年代进入鼎盛时期，成为美国中国史研究中的主流学派。

费正清高度评价中国历史文化的重要性，并认为"中国的悠久历史可能代表了有组织人类历史的三分之一"，然而中国文化又是"伟大历史文化中最杰出而又最隔绝的文化"。① 根本原因是"钦定的儒家思想的宏伟构思把道德和政治结合了起来，并且把社会秩序和宇宙秩序融为一体"，由此形成了同心圆式的分成等级的世界体制。中央政权高居地方官僚统治之巅。在基层，靠宗族关系和绅士集团的忠诚来维系中央政权对地方的控制。这种忠诚是儒家学说的产物，因此，费正清认为"只有通过儒家学说，才能理解中国传统的政治形态"。②

儒家学说维护着帝国的秩序，帝国的权力又"包容和利用了文化"。于是国家、社会和文化这三者结为异常超绝的统一体。和平和秩序支持着王朝的统治，但也使中国社会陷于一种长期停滞的状态。

文化传统是抗拒变革的。以儒家学说为基础构筑的政治体制非但不能完成社会形态的自我更新，相反，会产生一种强大的惰性扼制力，"使中国革命变革有痉挛性，有时在内部抑止住了，有时还带有破坏性"。③

那么什么力量才能打碎中国固有的社会秩序，从而推动中国迈向近代社会呢？那就是西方的冲击。根据费正清的观点，19 世纪以来，中国历史变化的根本内容，就是西方对中国社会的不断冲击以及中国社会对这些"冲击"所做出的"反应"。这就是"冲击－反应"模式的主要内容。费正清与邓嗣禹出版于 1954 年的《中国对西方的反应：1839～1923 年的文献研究》（*China's Response to the West: A Documentary Survey, 1839 - 1923*）一书，就是用这种模式对中国 19 世纪的历史做了典型的描述：在中国这个古老社会与居于统治地位并处于工业革命推动之下的西方国家的

① 费正清：《七十年代的任务》，引自《现代史学的挑战——美国历史协会主席演说集（1961—1988）》，中国美国史研究会王建华等译，上海人民出版社，1990，第 138～139、130 页。
② 费正清编《剑桥中国晚清史（1800—1911）》上卷，中国社会科学院历史研究所编译室译，中国社会科学出版社，1983，第 27 页。
③ 费正清：《伟大的中国革命（1800—1985）》，刘尊棋译，国际文化出版公司，1989，第 7 页。

接触中，在政治、经济、社会、意识形态和文化诸方面，西方文明"对古老的秩序进行挑战，展开进攻，削弱它的基础，乃至把它制服。中国国内的这些进程，是由一个更加强大的外来社会的入侵所推动的。她的庞大的传统结构被砸得粉碎……经过三代人的更替，旧秩序已经改变模样"。①

费正清这种用"冲击－反应"模式来研究和解释 19 世纪以来中国历史变化历程的方法在美国的学术界有着广泛影响。当时费正清在哈佛大学执教，所以他和他的追随者被称作"哈佛学派"。与以费正清为代表的"哈佛学派"遥遥相对的，是在加利福尼亚大学形成的以约瑟夫·列文森（Joseph Levenson）为核心的另一中国问题研究中心。列文森有关中国思想史的名著《梁启超和近代中国的思想》（*Liang Chi-chao and the Mind of Modern China*，1953）和《儒教的中国及其近代的命运》（*Confucian China and Its Modern Fate*，Vol. Ⅰ，1958；Vol. Ⅱ，1964；Vol. Ⅲ，1968）使他在美国史学界声名大噪。列文森的史学思想，既可追溯到"哈佛学派"，又有他自己的新发展，使他成为"传统－近代"模式的代表人物。

列文森对中国思想史有着精细的研究，由此形成对儒家学说的系统观点。他之所以用"传统"与"近代"这两个词来区分中国漫长的历史年代，是因为他认为 19 世纪西方文明影响中国之前与其后，是两个截然不同的时代。从公元前 3 世纪直至 19 世纪初，以儒家学说为准则建立起来的政治体制使中国一直处于一种和谐、平衡的停滞状态。儒家的人文主义只能构成一种固定的、静态的世界秩序，与为科学理性所支配的现代社会格格不入。根本性的变化不可能从中国社会结构自身中产生，只能源于外界的刺激。所以儒家思想只具有历史上的意义。列文森的一句名言即是，儒家思想"只有归途而无出路"。②

列文森对中国古代文明有一种极深的仰慕之情，所以他为中国的衰

---

① 柯文：《在中国发现历史——中国中心观在美国的兴起》，林同奇译，中华书局，1989，第 2 页。

② Joseph Levenson，*Confucian China and Its Modern Fate*，Vol. Ⅰ，Berkeley：University of California Press，1958，p. XVI.

落感到惋惜。然而中国并非没有前途的。列文森认为西方文明在改变中国历史的方向上可起到双重作用：一方面，西方文明促成中国传统社会的解体；另一方面，西方文明又为中国向近代社会的发展提供了可资仿效的楷模。总之，在列文森提出的"传统－近代"模式中，"传统"与"近代"两者之间是绝对对立的。中国要想由传统社会跨步到近代社会，那么只有接受西方文明的改造。

用"冲击－反应"模式研究中国历史的美国学者与用"传统－近代"模式剖析中国社会的美国专家在研究的侧重点上有所区别。前者主要研究中国的传统制度、本土叛乱、省一级的发展以及中央政府和省一级的统治人物（诸如总督、巡抚和军阀等），并引导人们研究中国对西方冲击所做出的反应。后者侧重研究中国的思想史，即"内在的"世界。他们感兴趣的是中国人在怎样看待处于不断变化中的世界以及中国人对这类变化的反思。然而两者又有诸多的共同特征。

首先，他们都没有摆脱19世纪业已形成的以"西方中心论"为出发点的中国观的影响，判定中国是个"停滞"社会，只有用西方社会的发展模式改造中国，才能使中国实现近代化。其次，用"冲击－反应"及"传统－近代"模式研究中国史的学者都把"文化与价值观念的差异"视作中国与西方国家之间冲突的根源。所以其研究的视角也主要集中在文化层面上，因而对中国广泛时空内所发生的社会与经济方面的深刻变化注意不够，这也就是用上述两类模式研究中国历史的美国学者视中国为"停滞"社会的重要原因。最后，无论是费正清还是列文森，抑或他们的追随者，在区分什么是"停滞"社会与富有生命活力的社会，以及什么是"传统"与"近代"等方面，采用的都是西方的尺度。他们都把西方社会的发展道路当作整个人类的必然发展之途，即西方人把自己的经验普遍化了。这种忽视前资本主义社会形态的多样性和复杂性的研究方法，必然导致片面性并带有明显的目的论倾向。

从上述三个方面来看，"冲击－反应"模式与"传统－近代"模式虽然各有研究的侧重点，但其基本的历史思维却又是近似的，即"带有明显的 19 世纪烙印，而且集中体现了整整一代美国史学家中狭隘主义思想的核心"。①

用"冲击－反应"和"传统－近代"模式来研究中国历史的方法在 20 世纪五六十年代盛极一时，是与当时的时代氛围密切相关的。第二次世界大战以后，美国在国际事务中的影响不断扩大。在部分美国知识阶层的意识形态中，西方价值观念的优越感空前膨胀，他们不时想到"白人的责任"。中国革命的成功，无疑成为美国政府必须正视的新问题。如何将中国重新纳入西方世界的轨道，成为美国统治阶层对华决策的基础。而"冲击－反应"与"传统－近代"模式在客观上恰恰迎合了美国决策者对华战略思想的需要。因此，在 60 年代末方兴未艾的历史反思潮流中，富有批判精神的詹姆斯·佩克（James Peck）已尖锐指出，费正清和列文森等倡导的"近代化理论"，"并不只是一种根据不足然而无害的理论构架，而是美国的主要中国问题专家用来为美国战后在亚洲的政治、军事、经济干涉进行辩解的意识形态构架"。② 在上述历史背景下，以"西方中心论"为出发点构筑的"冲击－反应"模式和"传统－近代"模式受到越来越严厉的批评。使美国的中国史研究具有一种现代的形态，已成为美国中国史学者的普遍要求。

二 从 "西方中心论" 向 "中国中心观" 跨步

20 世纪 60 年代末至 70 年代初，无论是美国国内还是国际上，都发生了许多重大的变化。特别是亚非拉民族解放运动风起云涌，最终导致世界性的殖民体制的瓦解。非西方国家的历史发展进程受到普遍关注。而且越是深入研究西方殖民主义者入侵前的广大非西方国家的历史，人

① 柯文：《在中国发现历史——中国中心观在美国的兴起》，第 50 页。
② 柯文：《在中国发现历史——中国中心观在美国的兴起》，第 84 页。

们越能发现每个社会在时空上都是独一无二的个体，那种关于人类历史进程有目的、有方向、有目标的思想被认为具有深厚的西方色彩，从而受到怀疑。于是，一些学者开始从全新的角度来探索前资本主义时代非西方国家的发展道路，并把研究的重点从集中在外部因素的影响上转到研究社会内部发展的动力上。美国国内的社会震荡也十分有利于上述学术思潮的发展。越南战争的失败、伊朗人质事件、民权运动以及水门事件等，使相当一部分美国人对美国"领导"世界的能力及西方价值观念的优越性认识发生了动摇。年轻一代的美国中国史学者开始反思：能否界定唯有欧洲和美国代表的资本主义体系才是理性化的社会结构，而中国只是接受上述社会结构及其价值观念影响和改造的"客体"？因此，重新认识自己的研究对象已成为美国中国史学者所追求的直接目标。美国新成长起来的一代中国史学者已开始抛弃他们前辈所持的种族优越感和心理状态，满腔热情地致力于"在中国发现历史"，即他们开始认识到中国历史首先为中国自身的发展规律所决定，所以应当从中国社会内部来寻找中国历史前进的动力和诸相关因素。这种研究中国历史的新趋势就是人们所常说的"中国中心观"或"中国中心取向"。[1] 我们认为美国的中国史学者正在逐步抛弃"西方中心论"的理论框架，开始用"中国中心观"来研究中国历史，这是一次质的飞跃。

20 世纪 70 年代以来，美国学者以"中国中心观"研究中国历史取得引人瞩目的成绩并集中反映在下面四个论文集中，即约翰·海格尔主编的《中国宋代的危机与繁荣》（John W. Haeger, ed., *Crisis and Prosperity in Sung China*, 1975）；魏斐德与卡罗林·格兰特合编的《中华帝国晚期的冲突与控制》（Frederic E. Wakeman, Jr. and Carolyn Grand, eds., *Conflict and Control in Late Imperial China*, 1975）；施坚雅主编的《中华帝国晚期的城市》（G. William Skinner, ed., *The City in Late Imperial China*,

---

[1]　美国学者柯文《在中国发现历史——中国中心观在美国的兴起》一书对这一转变过程有着详尽的论述。该书是我们的主要参考文献。林同奇为该书写的"译者代序"也给我们许多启发。

1977）和乔纳森·斯彭斯和约翰·威尔斯合编的《从明到清：17 世纪中国的征服、地区与延续性》（Jonathan D. Spence and John Wills, eds., *From Ming to Ching: Conquest, Region and Continuity in Seventeenth-Century China*, 1979, 以下简称《从明到清》）。

通过上面四个论文集，我们可将美国中国史研究的新进展概括为以下三个方面。

其一，以"中国中心观"为出发点的史学家为了深入而具体地重新研究中国历史，缩小了研究单位，开始从事地方史的"个案"研究。在地方史的研究中，他们的重点又放在经济史和社会史的研究上。① 由于这些学者已立足于中国社会的内部而且采取了动态与变化的视角来看待中国的历史发展进程，因此他们看到了与他们的前辈学者根本不同的社会图景。在他们的笔下，"明末到民初的中国社会提供了一幅充满运动与变化的画面。老态龙钟、步履蹒跚的中国，等待着充满活力的西方进行干预并注入新的生命的这种陈词滥调，不见了。呈现在我们眼前的中国再也不必为他人赐予历史而感恩戴德，它完全可以独立创造自己的历史"。② 美国学者对中国社会特点的这种新认识事实上是对中国社会"停滞"论的一种批判。在当代，尽管欧美学者在对中国社会发展特点及规律的认识上观点并不一致，但用"停滞"论研究中国社会的著作的的确确已罕见了。

其二，当代美国学者在中国史研究中，除十分注重经济与社会因素的作用外，又开始致力于中国社会内部逐步形成的诸多长期发展进程的研究。魏斐德在为《中华帝国晚期的冲突与控制》一书撰写的前言中，概括了美国学者这方面的新见解："社会史家开始逐渐认识到，从 16 世纪中叶到 20 世纪 30 年代整个时期构成连贯的整体。学者们不再把清代看成过去历史的再版，也不认为 1644 年与 1911 年是异常重要的界标，

---

① 我们特有另文对此详加论述。
② 柯文：《在中国发现历史——中国中心观在美国的兴起》，第 169 页。

他们发现有若干历史过程，绵延不断横跨最近四个世纪一直伸延入民国时期。长江下游地区的城市化，力役折银，某种区域性贸易的发展，民众识字率的提高以及绅士队伍的扩大，地方管理工作的商业化——这一切在晚明出现的现象又推动了若干行政与政治方面的变化，这种变化通过清朝继续发展，在某些方面直到二十世纪初期的社会史中才臻于成熟。"①《从明到清》一书的前言阐述了类似的观点：按照传统的史学思想，根据朝代的变化，整个 17 世纪被分作"明"和"前清"两个阶段，结果造成了一种无法逾越的概念上的障碍。这主要是由于研究者重视制度的结构胜于长期发展趋势，关注帝国官僚机构所面临的紧迫问题而轻视造成这种紧迫问题的社会环境。然而如从更广阔的视野来研究明清时代的历史，那么应当把 17 世纪当作一个整体来研究。明清两代的内在联系所具有的重要性超过了王朝嬗变本身的重要性，即王朝虽已转换，然而中国社会内部的长期发展趋势并没中断。通过"长时段"的研究可以发现，明清两代之间存在内在联系，使许多习惯于用王朝划分中国历史的学者感到十分惊讶，并被视为中国史研究中的一个重要成果。②

对中国社会内部长期发展进程的研究引发美国中国史学者对于中国近代始于何时的讨论。目前比较有代表性的观点有三种：第一，海格尔提出的，中国近代的开端孕育于 8 世纪、9 世纪、10 世纪这三个世纪，即所谓的"唐-宋过渡时期"；③ 第二，魏斐德在《中华帝国晚期的冲突与控制》一书前言中提出的，中国近代始于 16 世纪中叶；第三，最后一种观点，是约瑟夫·弗莱彻在费正清主编的《剑桥中国晚清史》第二章中提出来的，中国近代肇始于 18 世纪。④ 当然，对于上述观点中国学者自有不同的看法。吴承明先生曾含蓄地指出："国外有人把中国近代史

---

① 柯文：《在中国发现历史——中国中心观在美国的兴起》，第 170 页。

② Jonathan D. Spence and John Wills, eds., *From Ming to Ching: Conquest*, *Region and Continuity in Seventeenth-Century China*, New Haven and London: Yale University Press, 1979, pp. XI, XVII.

③ John W. Haeger, ed., *Crisis and Prosperity in Sung China*, Tucson: University of Arizona Press, 1975, p. 4.

④ 费正清编《剑桥中国晚清史（1800—1911）》上卷，第 41 页。

的起点提前到 18 世纪以至 16 世纪，也许失之偏急。"① 关于中国近代史的起点，不同的学者会有不同的看法。我们这里想指出的是，美国学者关于中国社会内部存在长期发展进程或长期发展趋势的研究，具有重要的理论意义。因为这一理论肯定了中国社会是在按照自己的方向和规律向前发展的，尽管王朝在变换，但中国社会内部的长期发展进程不曾中断。中国历史的内在连续性的揭示，使在西方沿袭已久的所谓中国历史"循环"论失去了存在的基础，也为寻找对中国历史产生决定性作用的长期变化模式开辟了道路。

其三，费正清曾指出："把中国广大国土作为一个整体来研究，历来成为风气，今天依然如此。"② 然而 20 世纪 70 年代以后，以施坚雅为代表的一些美国学者在中国区域史的研究中，一方面揭示出在漫长的历史岁月中，中国无论在时间上或空间上，都处于动态的发展之中；另一方面又揭示出中国内部不同区域之间存在巨大的差异，从而在自然史与经济史综合研究的基础上，提出了宏观区域系统理论。由于这一理论在美国学术界具有趋向性影响，③ 所以我们做一重点论述。

施坚雅认为，直到 19 世纪帝国晚期，中国并没有形成一个单一的、完整的全国性城市系统，而是形成了东北、华北、西北、长江上游、长江中游、长江下游、东南沿海、岭南和云贵共 9 个宏观区域。从地缘上来看，重要的河流与盆地的地理特征明显反映在每个宏观区域系统上。在区域系统内部，凡交通便利、资源丰富和人口集中的地方便形成中心地区。从中心地区到边缘地区，交通、资源和人口等条件呈递减的趋势。当中心地区经济发展、人口渐趋饱和状态，人口、资金和技术开始向边缘地区转移，于是边缘地区进入迅速发展时期，甚至人口增长的速度高于中心地区。但当自然条件的变异以及疫病的肆虐造成区域系统经济衰

---

① 吴承明：《中国近代经济史若干问题的思考》，《中国经济史研究》1988 年第 2 期。
② 费正清主编《剑桥中国晚清史（1800—1911）》上卷，第 17 页。
③ John King Fairbank, *China: A New History*, Cambridge, M. A.: Belknap Press of Harvard University Press, 1992, p. 436.

退之时，受其冲击最大的又首先是边缘地区：人口流失，土地荒芜。接着，在宏观区域内部的调整时期，整个区域在经济上处于一种平衡状态。这也可以说是这一区域经济再次"起飞"的准备或孕育时期。但宏观区域经济的兴衰周期往往是相当漫长的，而且这种区域周期性变化在中心地区的中心城市的兴衰上得到集中的体现。例如，在华北区域，从8世纪到13世纪就出现了典型的周期性变化。在经济起飞阶段，以开封为中心的交通网络系统开始形成，区域市场繁盛，人口激增（从2000万人增至3300万人）。到区域经济衰退时期（蒙古人南下是重要因素），开封市场瓦解，区域城市几乎绝迹，到经济衰退的谷底时期，人口已下降至1100万人。中心城市开封人口仅及9000人。其后，以扬州、杭州和苏州为中心的宏观区域也都经历了类似的周期性变化。^① 各个宏观区域的自然条件各异，因此其内部经济发展的特点和规律、人口的历史、社会与政治的"张力"亦不同，从而显示出各宏观区域不同的发展速度，就此形成了中国广大腹地内部不同宏观区域之间的差异性与不平衡性。

施坚雅宏观区域理论非常强调城市的发展在区域发展中的关键作用。在城市发展中，如上所述，他又对中心城市的作用赋予极大的重视。中心城市一般坐落在人口与资源得天独厚的地方，以这样的中心城市为中轴发展起来的城市系统与宏观区域的形成及该宏观区域的特征密切相关。根据中心城市的作用方式，施坚雅把中国宏观区域的形成分为两大类：一类是中心城市将它的能量不断向四周扩散，直到这一宏观区域的边缘地带，即这种宏观区域是由中心城市辐射而构成的，以成都为中心的长江上游区域、以广州为中心的岭南区域以及以沈阳为中心的东北区域都属于这一类型；另一类是由若干个地区性的自主的经济区聚合成一个宏观区域，而每个自主的经济区又有自己的中心城市，长江中游区域、东南沿海区域以及云贵区域都属于这一类型。^②

---

① G. William Skinner, ed. , *The City in Late Imperial China*, Stanford: Stanford University Press, 1977, pp. 16 – 17.

② Skinner, ed. , *The City in Late Imperial China*, p. 16.

无论是辐射类型的或是聚合类型的宏观区域，内部都有一个由大城市、中等城市、小城市直至农村构成的等级空间体系。在这里施坚雅并不把城市当作离散的、孤立的单位来讨论，而是把城市与农村看成一个有机的整体。在他的宏观区域理论中，小农的自给自足的"天地"并不是农村，而是基层市场共同体。这里既是农产品和手工业产品向城市流动的起点，也是农村生产和生活所必需的物质向下流动的终点，所以小农并不是生活在一个封闭的环境里的，相反，他们的主要活动空间在基层的集市乃至整个宏观区域。由于城乡之间存在有机的联系，所以在王朝兴盛时期，宏观区域的社会、经济、政治都处于发展阶段，农村则呈现一种"开放"的态势；当由于王朝的衰落，宏观区域的社会、经济、政治都陷入衰退状况，农村则呈现一种"闭锁"的态势。也就是说，农村也随着整个宏观区域的变化，在空间上和时间上经历着周期性的变化。①

施坚雅的宏观区域理论是基于中国广大腹地内部存在巨大差异这一根本性认识才提出来的。然而事实证明，中国 9 个宏观区域之间不仅存在差异，而且各宏观区域之间也有联系。这种宏观区域之间的联系主要是通过各宏观区域的城市系统之间的联系体现的，但各宏观区域的城市系统并不是在同一历史时期形成的。黄河西部冲积平原和渭河下游的城市系统历经 5000 年的漫长历史过程，到汉代才形成；华北的城市系统到唐和北宋才建立起来；长江下游城市系统到南宋时才具规模；而其他宏观区域的城市系统直至明清时代才逐步发展成熟。也就是说，各宏观区域的城市系统之间并不存在共时性，再加上前机械运输时代各宏观区域之间的交往十分困难，因此在中国这个农业社会中并没能形成一个单一的、完整的全国性的城市系统。② 然而，发生在中国的"中世纪城市革

---

① 有关中国农村与市场的联系问题，可参阅 G. William Skinner, "Chinese Peasants and the Closed Community: An Open and Shut Case," *Comparative Studies in Society and History*, Vol. 13, No. 3, 1971, pp. 270 – 281。

② Skinner, ed., *The City in Late Imperial China*, p. 249.

命"，却在全国性城市系统的形成以及赋予中国城市以近代的意义方面起到重要作用。"中世纪城市革命"主要表现在经济活动在城市生活中越来越占据主导地位，即城市已不再单纯是政治、军事和行政的中心。官方的市场组织日益衰落；坊市制被取消；出于经济发展的需要，中小城市不断衍生，新兴城市的建设格局开始偏离传统的建城宇宙观；税收和贸易货币化已成为一种趋势；商人数量不断增加、财富激增，其权利随之扩大，而社会和政府对商人的态度已有所软化；为出口进行的商品生产和宏观区域之间的贸易更成为"中世纪城市革命"的重要内容。上述所有这些变化说明，随着区域城市系统的逐步形成以及各区域城市系统之间联系的加强，中国经济已开始出现朝着统一的国内市场的方向发展的趋势。①

首先，施坚雅有关中国宏观区域的研究成果表明，不仅是中国内部各宏观区域之间存在差异，即使是在一个宏观区域的内部，其中心地区与边缘地区之间也同样存在差异。这种观点与因袭已久的把中国视作一个静态的、均衡的"整体"看法形成鲜明的对照。其次，施坚雅认为中国王朝的兴衰固然对各个宏观区域的经济发展有着直接的影响，但各宏观区域又有自己的周期性变化。他的这一研究成果与西方学者习用的以中国王朝的更迭作为判断中国社会发展规律的主要依据的观点是大相径庭的。最后，施坚雅表述了他对中国城市体系的发展脉络以及对中国城市的特征的观点。多年来，马克斯·韦伯依据西方文献和西方城市的发展规律，得出"中国无城市"的结论。此点在西方史学界影响颇深。施坚雅有关中国城市体系以及城乡统一连续体的研究，正如施坚雅自己所说，事实上嘲弄了以往社会科学文献中所表述的那种简单的想象。②

综上所述，可以看到在 20 世纪 70 年代，美国的中国史研究中最大的收获主要表现为三点：第一，对中国社会充满动态的变化全景的重新

---

① Skinner, ed. , *The City in Late Imperial China*, p. 24.
② Skinner, ed. , *The City in Late Imperial China*, p. 258.

认识；第二，对中国社会内部存在按一定方向发展的长期趋势的发现；第三，对于中国广阔空间内存在差异性和发展不平衡性的揭示。

三　20世纪80年代以来美国中国史研究的发展趋势

20世纪80年代以来美国的中国史研究基本上是在70年代研究成果的基础上继续稳步前进的。笔者个人认为，就学术价值而言，应该说那些研究中国地方史和社会经济史的著作最值得注意。而且这两者又常常相互结合，使区域性的社会经济史的研究占有突出的地位。此外，更加值得我们注意的是，区域性社会经济史的研究一般都突破了王朝的界线，而从较长的时段来探讨中国社会内部的变化。又由于很多著者都曾到中国进行过实地考察并广泛地收集了相关的第一手资料，所以20世纪80年代以来美国中国史学者的著述较之70年代的那些研究成果，显得更成熟、更深刻，也更具有力度。然而在史学理论方面，并无被人们普遍接受的那种重大建树。20世纪80年代以来的著述给人一种印象，它们似乎是在更高的层次上对70年代中国史研究中已经提出的那些问题进行论证。至于20世纪70年代美国中国史研究中那些明显的不足之处，在80年代以来的研究中，并未有效克服。这主要表现在以下三个方面。第一，在中国史的研究中，无论是在"横向"还是"纵向"的"个案"研究中，美国学者的成就都十分引人注目。然而研究课题也有越分越细的倾向。这自然使人担忧，美国的中国史研究今后会不会同样出现史学"碎化"的危险。"区分"（differentiation）不能代替"综合"（integration）。因为整体结构终究规定着各个部分的联系及其性质和意义，所以美国的中国史研究若想取得更大的进展，提高中国史研究中的综合能力就成为当务之急。第二，美国的中国史研究从年鉴派的史学思想中汲取了许多有益的成分，但年鉴派史学思想中的缺憾处，对美国的中国史研究同样有所影响，这主要表现在注重社会内部长期发展趋势的研究而轻视政治事件的历史作用。如果说在 20 世纪 70 年代的美国中国史研究中能打破王朝的界线来探讨中国社会内部的长期发展进程，从而为突破中国历史"循环"论找到了正确方向，这是美国中国史研究的一个重大进步，那么，反之，如果过分轻视非经济因素对中国社会发展的制约力，那么在中国史的研究中同样会出现片面性。第三，美国学者在关于中国宏观区域理论的研究中认识到，中国广大腹地内部存在巨大的差异，而且各宏观区域和宏观区域内部的中心地区与边缘地区，无论是在空间上还是在时间上，也都处于动态的变化之中，这比之于把中国视作一个停滞的、凝固的"整体"的观点，无疑是个重大的进展。但上述理论并没能回答各宏观区域之间既然存在巨大的差异，为什么中国历时几千年仍能保持国家的统一。也就是说，对于各宏观区域之间存在的内部同一性，尚缺乏深入的探索。此外，宏观区域理论揭示出各宏观区域内部存在的周期性变化，但没能回答更重要的问题，即为什么各宏观区域在不同的历史时期出现周期性的变化，以及什么因素制约着这些周期性变化。对因果关系的忽视是年鉴派史学思想中的严重缺点，这一缺点对美国中国史研究的影响不容轻看。

美国中国史研究中的不足之处，自然是美国的中国史学者们所普遍关注的。柯文于 1984 年写作《在中国发现历史——中国中心观在美国的兴起》一书，一方面是为了对美国的中国史研究从"西方中心论"到"中国中心观"这一转变历程做出总结；另一方面就是他已经意识到美国中国史研究中的弱点，并且希望通过他的这部总结之作，推动美国的中国史研究更上一层楼，即"借以提高整个领域在进行研究时的自觉性的一般水平"。[①]

如果说柯文通过《在中国发现历史——中国中心观在美国的兴起》一书，在史学思想与方法论方面为美国的中国史研究提出一些值得深思的建议，那么魏斐德则通过他的《伟大的事业：满人在 17 世纪的中国重

---

① 柯文：《在中国发现历史——中国中心观在美国的兴起》，第 1 页。

建帝国秩序》（*The Great Enterprise: The Manchu Reconstruction of Imperial Order in Seventeenth Century China*，1985，以下简称《伟大的事业》）一书，在如何提高美国中国史研究的水平方面做出了新的努力。该书是魏斐德历时 15 年才完成的一部呕心沥血之著，全书分上下两卷，共 1337 页。[①]

《伟大的事业》是部叙事史。在书中，魏斐德不仅对明清王朝更迭的历史过程进行了生动的描述，而且对这一历史巨变的原因也从经济、政治、思想文化、民族关系、社会群体的心理变化以及世界市场的发展趋势等方面进行了多学科的综合研究。该书突出的特点有以下三个方面。第一，将 17 世纪世界范围内的总危机概念引入中国历史研究之中，并通过贵金属运动及"路易十四小冰河期"这两个因素对全球的影响，把中国置于统一的、处于激变的世界背景中，来研究和探索中国的历史发展规律。[②] 第二，把 16 世纪中叶以来在中国社会内部逐渐形成的长期发展进程与明清嬗变的历史事件结合到一起，从社会控制的角度来看待明清政权的更迭：王朝有兴有衰，中国社会内部的长期发展进程以及中国历史的内在连续性并不因此而中断。第三，《伟大的事业》一书并不单纯将明清更迭这段历史看成民族之争或王朝之战，它更强调这是一次以儒家"天下观"和政治理想为出发点、以满汉政治家联盟为核心所推行的政治改革运动。魏斐德认为，就其精神实质来看，它体现的不是北宋那

---

① "伟大的事业"实应译为"大业"、"大事"或"洪业"，系指清最初统治者以儒家的"天下观"为出发点，把实现其对全中国的统治称为他们的"大业"、"大事"或"洪业"。例如，在天聪五年，努尔哈赤致明朝将士的"劝降书"中即写道："苦杀尔等，于我何益，何如与众将军共图大业。"见《大清太宗文皇帝实录》卷 10，中华书局，2012，第 4 页。

② 17 世纪世界范围内的总危机这一概念是英国马克思主义史学家艾瑞克·霍布斯鲍姆（Eric Hobsbawm）于 1954 年率先提出的，主要是指地理大发现以后，美洲大量贵金属涌入欧洲，引起"价格革命"，从而导致工农业生产和贸易的全面衰退。与此同时，欧洲各国连年战争，再加上自然灾害的影响，使欧洲人口锐减、经济萧条。霍氏称 17 世纪欧洲的现实为一场总危机。魏斐德认为影响欧洲生态环境的"路易十四小冰河期"也波及中国，导致自然灾害频发。此外魏斐德还认为中国晚明商品经济的发展，推动中国加入了世界贸易洪流。中国的丝绸等产品换回了大量白银，从而保证了中国商品经济的发展。但"价格革命"引起国际贸易的衰退，使中国白银进口量锐减，从而加重了明末的财政危机。这两个因素与明清嬗变有关。

种动态的理想主义，而是南宋那种谨慎的保守主义精神。这一政治改革运动成功地结束了明王朝的腐朽统治，在 17 世纪的中国重建了帝国秩序，使中国社会内部逐步形成的长期发展进程再度获得活力，同时也使中国较之其他欧洲国家更早地摆脱了 17 世纪总危机的影响，① 从而保证了中国历史发展的连续性。然而儒家的政治理想和社会调控手段是有历史时限性的。当清初规模令人畏惧的帝国大厦建成之时，社会危机已经潜伏着了。到 18 世纪中叶以后，帝国的权力虽然仍强而有力地集中着，但行政管理的边缘与权力中心的联系已经削弱，尤有甚者，整个统治系统已失去了前清时代的活力。当 19 世纪可怕的外部挑战不断出现，帝国解体时刻终于到来。

《伟大的事业》一书将中国历史发展进程与世界历史发展进程相结合，把中国社会内部形成的长期发展进程与引起急剧变化的历史事件相结合，并从社会控制的角度分析了以儒家政治学说为基础的专制政体的历史局限性，这些都代表着美国中国史研究中的新进展。所以该书一经出版立即引起学术界的普遍重视，并于 1987 年先后获得"列文森奖"和"伯克利奖"。美国著名学者周锡瑞称该书为一部"博学的巨著"，对中国 17 世纪危机做出了"具有挑战性的分析"。② 由于魏斐德勤于笔耕，写出了包括《伟大的事业》在内的众多优秀史著，也由于他在教学和社会活动中的献身精神和组织工作的才能，1992 年他被推选为美国历史协会主席。③

综上所述，可以说严肃的反思精神是推动美国中国史研究向现代形

---

① 魏斐德就中国与主要欧洲国家摆脱 17 世纪总危机的年代做了比较研究。他认为中国走出 17 世纪总危机低谷的时间大约在 1682 年或 1683 年，德国基本上在同一时期开始从 30 年战争（1618～1648）的创伤中复兴，至于法国和尼德兰则迟至 17 世纪 90 年代经济才出现转机，而西班牙和英国在 18 世纪 20～30 年代经济才开始回升。详见 Frederic Wakeman, Jr., *The Great Enterprise: The Manchu Reconstruction of Imperial Order in Seventeenth Century China*, Berkeley and Los Angeles: University of California Press, 1985, p. 20.

② 详见 Joseph W. Esherick, "General Meeting of the American Historical Asscciation, 1992"。

③ 有鉴于魏斐德个人在中国史研究方面的优异成就和他在推进美中学术交流方面的积极作用，我们已另写专文《美国学者魏斐德的中国史研究》，《太平洋学报》1994 年第 1 期。

态发展的重要因素。当前美国中国史研究虽然仍以分解性质的"个案"研究为主，但在不久的将来必然会迎来综合研究的高潮。那时，在一些有关中国历史规律的重大问题上，很可能有所突破。切望我国伏案写作的史学界同人，勿忘聆听那身后不断逼近的脚步声。

（本文曾发表在《中国史研究动态》1994 年第 11 期）

国际学术思潮与美国的中国史研究

"全球性"已成为当代历史研究的本质特征。出于对此点的深刻认识，美国的中国史学者以开放的态度不断吸取和借鉴国际学术界的最新研究成果，并尽力做到为我所用，从而使美国的中国史研究取得了引人瞩目的成绩。本文将着重介绍国际学术思潮是如何推动美国的中国史研究朝着现代的形态发展的。

一　年鉴派史学思想对美国中国史研究的启迪

法国年鉴派史学理论与研究方法形成于 20 世纪 20 年代，50 年代以后在国际史学界成为占主导地位的一种学说。60 年代年鉴派思潮大举渗入美国史学界，并成为引导美国学者用新的思维和新的研究方法开拓新的研究领域的推动力。当代活跃在美国史坛的那些中国史专家，无论是否察觉到这一点，都很少有不受年鉴派思潮影响的。尤其在以下四个方面，年鉴派史学思想对当代美国中国史研究起到不容忽视的启迪作用。

第一，年鉴派史学思想中有关人类社会彼此独立且多元的观点推动了美国"中国中心观"史学理论的形成与发展，由此产生了对中国历史特点的新认识。

年鉴派历史学家把一个国家或民族的"总体史"当作研究的最终目标，而人类社会在不同的自然环境和不同质的文明中的发展进程则成为其研究的重点。由于人类生活在不同的地区，遇到的自然界的挑战各异，因而回应这些挑战的方式也多种多样。即每个社会在时空上都是独一无二的，或者说，每个社会都有自己的独特性。

年鉴派史学思想中有关人类社会彼此独立和多元的观点在揭示前资本主义社会形态的多样性和复杂性方面起到关键性作用，同时也推动美国的中国史学者以"中国中心观"来重新研究中国的历史发展规律。著名美籍华人学者何炳棣在具有学科开拓性的著述《中国人口研究（1368～1953）》（Pingti Ho，*Studies on the Population of China, 1368 - 1953*，1959）一书中，揭示出长达 6 个世纪的中国人口发展趋势，使人们开始认识到中国社会内部存在着复杂的变化，1775 年以后人口快速增长以及人口与资源之间的矛盾运动赋予中国历史发展以许多新的特征。这一研究成果启发美国的中国史学者深入到中国内部来重新认识中国的历史特征。孔复礼所著《中华帝国晚期的叛乱和它的敌人：军事化与社会结构（1796～1864）》（Philip A. Kuhn，*Rebellion and Its Enemies in Late Imperial China: Militarization and Social Structure, 1796 - 1864*，1970）一书进一步指出，在清中叶以来日益遭到削弱的传统社会中，业已滋生出"一些新的力量"，如人口的大幅度增长、物价的上扬、商品经济的扩展以及货币化倾向等，这些现象都超出了人们以往对中国社会特点的认识，因而"需要一种新的历史模式用以说明鸦片战争前中国变化的基本过程"。[①] 孔复礼的上述观点在美国的中国史学者中有着广泛影响。重新认识中国的历史特征成为美国学者努力的新目标。有鉴于孔复礼这部著作在"中国中心观"形成过程中的作用，柯文认为该书"标志着美国的中国史研究的

---

① 孔复礼：《中华帝国晚期的叛乱和它的敌人》，谢亮生等译，诗英出版社，2004，第 6 页。孔复礼在中国出版物中常被译成"孔斐力"或"孔菲力"等。笔者在北京图书馆翻阅他赠送的《中华帝国晚期的叛乱和它的敌人》一书时，发现扉页上有他的赠书留言，落款署名为"孔复礼"三个汉字，由此推想他的正式中文名字应为"孔复礼"。

一项重要突破"。①

第二，年鉴派史学家在"总体史"的研究中，特别重视用较长的时间尺度来研究一个国家或民族的长期发展趋势。此点有助于美国中国史学者探索中国社会内部的长期发展进程，进而为突破西方学者习用的中国历史发展"循环论"给予重要启示。

年鉴派史学家在"总体史"的研究中一直把重点放在探索影响人类行为及社会变化的深层因素上。在前资本主义社会形态下，由于生产力发展水平有限，因此自然条件对人类社会的发展构成强大的制约力，它们或造成周期性的社会变化，或促成诸多社会长期发展进程的产生，而且正是这些因素决定了一个国家或民族的发展方向和特点。上述史学思想也影响到美国的中国史研究，它推动美国的学者去探索在自然条件影响下中国社会内部的周期性变化和中国社会内部逐步形成的长期发展趋势。

例如，何炳棣在前引的其关于中国人口的研究中，便总结出帝制晚期人口变化的总趋势（1741～1775 年为中国人口的上升期，1776～1850 年中国人口进入发展的成熟期，1851～1911 年为中国人口的衰变期）。又如，罗伯特·米尔顿·哈特威尔在《750～1550 年中国的人口、政治和社会变迁》（Robert Milton Hartwell，"Demographic、Political，and Social Trans-formation of China，750 – 1550"）一文中指出，在长达 800 年的这一时段内，中国经济在质和量两个方面都发生了重大变化。由于人口的迁移，中国南方成为中国经济发展中最为重要的区域。从物质进步这一角度来分析，中国社会处于直线发展之中；但中国不同的区域经济变化的速度和特点又是不同的，从而又表现为一种周期性的变化。随着人口的迁移与流动以及经济重心的转移和技术成果的扩散，帝国权力结构也发生了重大变化。从中唐至明初，中央权力不断向地方转移。在这一过程中，地方绅士利用中国南方广阔的空间与资源迅速壮大其经济实力，又利用

① 柯文：《在中国发现历史——中国中心观在美国的兴起》，林同奇译，中华书局，1989，第159 页。

科举考试为晋升的阶梯，所以在从地方直至中央的权力机构中，都有体现非身份性绅士利益的代表。正是上述诸种积累性的影响使中国社会发生了许多质的变化。[①] 另一部研究中国社会内部长期发展进程的专著便是珀金斯的《中国农业的发展（1368—1968 年）》（Dwight H. Perkins, *Agricultural Development in China, 1368 – 1968*, 1969）。该书在研究的时段上几乎与哈特威尔的前引文相衔接。珀金斯通过计量研究，对从明开始的 600 年当中，中国的人口、田亩、农作物产量、粮食消费指数、农业技术的改进、水利设施及农产品的商品化等方面进行了系统的分析。他提醒人们注意这样一个事实：在上述 600 年间，中国人口增加十倍，耕地面积扩大四五倍，劳动生产率提高近一倍。他又根据上述数据，总结出一个公式：劳动生产率 =（人均粮食消耗量 × 总人口）/（耕地面积）。其中，人均粮食消耗量是个"常数"，耕地面积扩展有一定限度。由此他得出结论：人口增长是农业劳动生产率提高的主要动力之一。[②] 何炳棣、哈特威尔和珀金斯的上述研究成果，不仅具有独立的学术价值，同时还在美国的学术界起到一种带动作用，突破王朝的界线，从更长的历史时段上来探索中国社会内部所存在着的长期发展进程，一时在美国中国史学界蔚然成风，并为突破中国历史"循环论"找到正确方向。

第三，年鉴派史学家在学科建设中为了实现学科严谨性的理想，为了追求自然科学那种数量上的精确性，异常注重计量研究并用电脑等现代工具处理当代或前统计时代的资料，试图从"量"的角度，加深对一些历史现象的认识。美国中国史学者在上述史学方法影响下，在对中国历史现象进行定量分析方面迈出了新的步子。

---

① 哈特威尔又被译作"郝若贝"。1980 年，他曾参加由中国社会科学院和美国美中学术交流委员会联合举办的"自宋至 1900 年中国社会与经济史"学术讨论会。该文即在他提交的论文基础上改写而成，后发表在《哈佛亚洲研究》1982 年第 42 卷第 2 期。详见 Robert M. Hartwell, "Demographic, Political, and Social Transformations of China, 750 – 1550," *Harvard Journal of Asiatic Studies*, Vol. 42, No. 2, 1982, pp. 365 – 442。
② 德·希·珀金斯：《中国农业的发展（1368—1968 年）》，宋海文等译，伍丹戈校，上海译文出版社，1984，第 5~14 页。

历史上，中华民族有着记录自己历史的优良传统，各种史书浩如烟海，再加上地方志、奏折、户籍、刑事案件卷宗以及谱系资料，所有这些为美国的中国史学者提供了欧洲根本无法与之相比的资料宝藏。所以美国的中国史学者能在计量研究方面做出很多成绩。何炳棣有关中国人口的著作便是一部计量研究的典范。他的另一著述《明清社会史论》(*The Ladder of Success in Imperial China: Aspects of Social Mobility*，1368 – 1911，1962)[①]利用了大量州志、县志、通志、会馆志、院志、宗谱、年谱、文集、笔记以及"登科录"、"同年序齿录"和"履历便览"等资料，通过数量分析，对于中国社会内部的流动性及其范围做出了科学的回答。卷末所附38个图表，可以使读者对于各州府县的进士、举人和生员的数目、出身、教育情况、财产、晋升与被贬、中举人员在总人口中的比例、不同时代及不同地区中举人员的状况等，得出一目了然的印象。此外，著者还依据12226件事例做出27项"个案"分析，用以说明中国社会内部的流动性及其社会意义。珀金斯《中国农业的发展（1368—1968年）》一书，其附录约占全书总篇幅的一半，内含各种统计图表150余个。珀金斯对中国人口、耕地面积、亩产量、农产品的商品率以及劳动生产率等的研究都以定量分析为基础。施坚雅关于中国宏观区域系统的研究也是以定量分析为基础的。

在定量研究中，电脑使用也越来越广泛。例如，张光直试图应用电脑对青铜器饰纹的多样性做出分类。[②] 杨庆堃在《19世纪中国群众行动类型的初步统计》(C. K. Yong, *Some Preliminary Statistical Pattern of Mass Actions in 19th Century China*) 一书中，用电脑对《清实录》中有关群众运动的记载进行了分类，由此对不同类型的群众运动及其性质做出了计量研究。[③] 李中清在他的新著《中国西南部的财政与经济（1400～1800）》

---

① 《明清社会史论》是何炳棣自定的书名，按英文直译应为《中华帝国成功的阶梯：社会流动面面观（1368～1911）》。

② 张光直：《商周青铜器与铭文的综合研究》，台北："中研院"历史语言研究所，1973，第62页。

③ 该文收入 F. E. Wakeman and Carolyn Grant, eds., *Conflict and Control in Late Imperial China*, Berkeley：University of California Press，1975。

（James Lee，*State and Economy in Southwest China*，1400－1800）一书中，用电脑处理了大量中国户籍资料和刑事案件报告，在探讨中国社会结构方面做出了有益的尝试。此外，电脑等先进工具还应用于中国学书目的编制上，如施坚雅曾与百余名专家合作，历时十年，编出《近代中国社会研究论著类目索引》（1973）。总之，对计量研究的重视与电脑等现代技术的应用使美国的中国史研究向着精细与科学的方向发展。

第四，年鉴派史学家对"总体史"的追求导致研究课题和研究领域的不断扩展。这方面有两个倾向十分引人注目：其一，综合研究的倾向；其二，对研究课题"分解"的倾向。上述两种倾向在美国的中国史研究中都可看出明显的表现。

美国中国史研究中的综合研究主要表现在以下两个方面。一是一些学者跨越社会科学与历史学以及人类学与历史学之间的理论鸿沟，将社会科学与人类学的研究方法引进到历史研究当中。像魏斐德的《大门口的陌生人：1839—1861年间华南的社会动乱》（*Strangers at the Gate: Social Disorder in South China, 1839－1861*，1966，以下简称《大门口的陌生人》）一书就是一部用社会史的观点研究外交史的杰作。[1] 施坚雅则用人类学的方法在研究中国宏观区域系统方面取得重要成果。二是实现多学科的综合研究。美国于20世纪70年代发表的有关中国城市的著作，如约翰·威尔逊·刘易斯主编的《共产主义中国的城市》（John Wilson Lewis，*The City in Communist China*，1971）、埃尔文与施坚雅合编的《两个世界之间的中国城市》（Elvin and Skinner，eds.，*The Chinese City Between Two Worlds*，1974）和施坚雅主编的《中华帝国晚期的城市》（Skinner，ed.，*The City in Late Imperial China*，1977）等，就是从事历史学、社会学、地理学、政治学、人类学以及宗教学教学活动的专家们共同协作的产物。这种多学科的综合研究被认为是"一种带有划时代意义的创举"。[2] 1980年，在哈佛大学举

---

[1]　魏斐德：《大门口的陌生人：1839—1861年间华南的社会动乱》，王小荷译，中国社会科学出版社，1988。
[2]　柯文：《在中国发现历史——中国中心观在美国的兴起》，第164页。

办了有关中国历史上食物与饥荒的讲习班。与会的都是在区域系统理论、地理学、水利工程、农业经济学、营养学以及人口学等方面学有所长的专家。会议的组织者莉莲·李（Lillian Li）率直地提出美国的中国史研究应当像年鉴派研究欧洲史时那样，实现多学科的协作。①

与综合研究相呼应的是"分解"性质的研究也在不断加强。美国中国史研究中的"分解"倾向也表现在两个方面。一个是"横向"研究的广泛开展，即把中国分为省、地区、县乃至更小的单位，进而从事地方史的研究。20 世纪 70 年代以来美国学者在中国地方史的研究方面可以说硕果累累。魏斐德关于广东民众运动的研究、周锡瑞关于山东义和团运动及辛亥革命时期湖南与湖北社会动态的研究、詹姆斯·科尔关于浙江"绍兴帮"的研究、希拉里·J.贝蒂关于安徽绅士阶层的研究、波拉切克关于广东南海县的研究、罗关于汉口社会与经济变化的研究、李中清关于中国西南部历史运动的研究等，都是 20 世纪 70 年代以来地方史研究方面富有代表性的成果。

在美国的中国史研究中，"分解"研究的另一个表现，就是"纵向"研究的加强。如果说费正清时代的中国学者所感兴趣的是国家和省一级的上层人物，那么 20 世纪 70 年代以来迅速崛起的一代学者则更注重"由下而上"研究中国社会，即在对中国社会做有层次的纵向分析时，研究的重心已转向基层社会，特别是家族与绅士阶层。

在美国传统的中国史研究中，一般只概括地认为家族与绅士阶层是中国封建专制主义的两个支柱，他们竭尽忠诚地维护着皇权的正统地位并使中国社会陷入长期的稳定与停滞状态。这种简单的认识很快被新的研究成果所突破。1955 年，张仲礼《中国的绅士：他们在 19 世纪中国社会中作用的研究》（Chung-li Chang, *The Chinese Genty: Studies on Their Role in Nineteenth-Century Chinese Society*, 1955）一书面世。张仲礼主要从制度史的角度，对 19 世纪中国的科举考试体制特点、法律基础和绅士阶层所享有的特

---

① 柯文：《在中国发现历史——中国中心观在美国的兴起》，第165页。

权、社会地位、作用，以及绅士阶层内部的等级和绅士阶层与政府的关系等方面进行了全面的论述。他所勾勒出来的"绅士世界"的复杂内容，引起美国学者对中国绅士阶层的注意。何炳棣的《明清社会史论》发表后，在美国学术界引起更大的反响。何炳棣从社会史角度主要论述了四个问题：一是中国社会内部，包括绅士阶层，存在等级与层次的差别；二是不同社会等级与层次之间，可以通过科举与晋升制度实现垂直的流动，也伴生着横向的流动；三是绅士个人的宦海沉浮与家族地位紧密相关；四是社会流动的趋势（透过几个世纪）反映出人口和经济因素的变化。

张仲礼与何炳棣对于中国充满变化与差异的社会图景的揭示，使年轻的一代美国学者开始怀疑，能否将中国社会简单地称为"停滞"的社会。这两位寓美的华人学者启发美国史学家通过研究中国的家族与绅士阶层来进一步廓清中国的社会结构及其特点。

事实上，美国的一些人类学家也已经开始这方面的研究。莫理斯·弗里德曼在其《中国的家族和社会：福建与广东》（Maurice Freedman, *Chinese Lineage and Society: Fukien and Kuangtung*, 1960）一书中，把亲属制度的研究视为探索中国社会的共性与个性共存的途径，并得出家族组织是中国社会的重要特征这样的结论。但在亲属制度何以能将不同的社会集团整合到一起这一问题上，他强调是"信念意识"保持了家族的一致性。他认为家族产生的原因完全在于一种"自然冲动"。形成一个简单家族的愿望，就是家族制度产生的动机。由于排除了经济因素对家族形成与发展的影响，弗里德曼的上述研究带有明显的缺点。其后希拉里·J.贝蒂将对家族的研究与对绅士阶层的研究紧密地结合在一起。她在《面对抗清运动的选择：安徽桐城个案》（Hilary J. Beattie, "The Alternative to Resistance: The Case of T'ung-Ch'eng, Anhwei", 1979）一文中，指出两个引人瞩目的现象。一是贝蒂通过个案研究，发现那些在16世纪或更早年代成为显贵家族者，他们的后裔在清初同样获得了学业或官位上的成功。由此她认识到明清王朝的更迭并未使中国社会内部的长期发展进程中断。二是在传统的中国史研究中，一般认为信奉儒家学说的绅士大都是"效忠主义者"。贝蒂却指出，面对抗清运动，大多数绅士毫无疑问地把地方的家族利益和维持他们长久以来的地位和威信放在忠于覆灭中的王朝这一抽象概念之上。只要新政权像明王朝一样保证他们在地方上的地位和通过考试留给他们一个晋升的渠道，他们就支持新的王朝，"经历了政治和道德危机的桐城绅士表明他们是世界上头脑冷静的现实主义者而不是那种头脑昏热的理想主义者"。① 贝蒂的研究强调了经济与社会因素对家族组织的影响，从而为认识绅士阶层的分立倾向开辟了道路。魏斐德的《大门口的陌生人》一书主要研究两次鸦片战争期间广东地区在西方殖民者的冲击下所发生的社会变化。为此，他同样把注意力放在绅士阶层的分析上。在分析绅士阶层的阶级实质时，他又选取"团练"当作突破口，进而又从纵横两个方面对团练性质的变化做了剖析：从纵向来看，在广东地区每一个单一村的团练就是一个家族，阶级关系与亲属关系融会在一起。及至团练联盟成立，使一个个纵向的团练联合起来，遂使不同家族内部的绅士与绅士之间以及佃户与佃户之间的横向联系，得到加强。当不同家族的绅士们为了他们自身的政治与经济利益相互联手之时，各个家族的佃户开始意识到他们有着与绅士们不同的社会和经济利益，即血缘关系已不再能够模糊阶级关系了。当西方殖民者入侵广东并造成社会秩序混乱时，绅士阶层为了自身利益急于将地方权力控制在自己手中，从而表现出强烈的分立情绪，这时广大农民为了自身利益则开始加入超越家族的秘密结社，这就是红巾军等民间反叛组织产生的时代条件。家族终于分裂。弗里德曼强调，"信念意识"使亲属制度将不同的社会集团整合到一起并能保持阶级的不平等。魏斐德的研究则表明经济因素是造成家族分化的重要原因，而且家族内部潜在的冲突只有社会危机爆发时才显现出来。魏斐德使美国的中国亲属制度研究又有

---

① 原文主标题直译应为"对抵抗的选择"，载斯彭斯和威尔斯合编的《从明到清：17 世纪中国的征服地区和连续性》（Jonathan D. *Spence* and John *Wills*, eds., *From Ming to Ching: Conquest, Region and Continuity in Seventeenth-Century China*, New Haven and London: Yale University Press, 1979）一书。斯彭斯也有译作"史景迁"的。

所深化。及至周锡瑞，他在《改良与革命：辛亥革命在两湖》一书中，又对绅士阶层做了进一步的区分并提出"城市改良主义上层阶层"这一新概念，认为正是这部分人的利益和势力决定了辛亥革命的成果。他的这种新观点引起学术界的广泛注意。① 上述"由下而上"对中国社会进行的有层次的"纵向"研究，使美国学者对中国历史发展特点有了许多新的认识。

无论是对中国社会进行"横向"研究还是"纵向"研究，从总体上来看，研究者都已立足于中国社会内部，他们已是从中国的内部来研究中国，因而避免了他们的前辈们从西方角度分析问题、收集资料而导致忽视中国现实的危险。虽然有的美国学者也为"分解"过细会在美国的中国史研究中出现"史学碎化"现象而担忧，但从当前来看，美国学者的种种"个案"研究开阔了人们的视野，使历史知识有了巨大的增长，"分解"性研究突出了中国社会内部的差异性，为重新认识中国历史发展特点创造了条件。可见"分解"性研究在当前仍具有积极意义。

二 中国科学技术史研究的新进展给予美国的中国史研究以强劲的推动

除年鉴派史学思想外，给予美国中国史研究以新的推动力的，是国际范围内有关中国科技中的研究。李约瑟卷帙浩繁的《中国科学技术史》在国际学术界引起巨大的震动和反响并使中国科学技术史的研究成为国际学术界的研究"热点"。

1982 年以来，先后在比利时鲁汶、中国香港、中国北京、澳大利亚悉尼等地召开了国际中国科学技术史讨论会。在这种热潮推动下，美国的中国科学技术史研究也有新进展，如内森·席文与日本学者中山茂合编了不定期刊物《中国科学》，席文本人还有《中国炼丹术初步研究》、

---

① 详见周锡瑞《改良与革命：辛亥革命在两湖》，杨慎之译，中华书局，1982。

《中国早期数学天文学的宇宙和计算》和《中国的哥白尼》等著作。一些华人学者也投身这一领域的研究，刘惠林将《南方草木状》译成英文并就出版年代提出了个人的看法；黄兴宗从事农业史和生物学史的研究；程贞一致力于音乐史的探索而钱守训在中国印刷史和造纸术的研究方面成绩卓著，并应李约瑟之邀为《中国科学技术史》撰写了《纸与印刷》一章。此外，像罗伯特·G. 坦普尔所著《中国的智慧：科学、发明与创造3000 年》（Robert G. Temple，*The Genius of China: 3000 Years of Science Discovery and Invention*，1986）实为李约瑟《中国科学技术史》的缩写本，它对于一般学者了解李约瑟的专业著述起到了普及和引导作用。再如丹尼斯·特威切尔的《中世纪中国的印刷与出版》（Denis Twitchell，*Printing and Publishing in Medieval China*，1983）和卜德的新著《中国的思想、社会和科学：前近代中国科学与技术的知识与社会背景》（Derk Bodde，*Chinese Thought, Society and Science: The Intellectual and Social Background of Science and Technology in Pre-Modern China*，1991）已把科技史研究与对中国社会的研究结合为一体了。

众所周知，李约瑟写作《中国科学技术史》的最终目的，在于回答为什么近代科学没有诞生于中国。这就是所谓的"李约瑟难题"。然而对绝大多数从事中国史研究的学者来说，重要的是李约瑟等在他们眼前揭示出一个在古代具有璀璨科学成果和独立的科学体系的中华文明。由此很多学者才开始认识到早在 13 世纪，中国已"潜藏着激发经济革命——类似 18 世纪发生的那种经济革命的足够的科学和技术"；"早在14 世纪，中国在一些关键方面与工业革命早期的英国相比，距离相差并不很远"。还有的学者指出，"中国到 16 世纪已经达到了欧洲工业革命之前经济发展水平所不能比拟的程度"。也有的学者认为，"中国正迈进机械动力工业的门槛"。① 对中国社会发展水平的这种新认识对于美国 20世纪 70 年代以前的中国史学者来说是根本不可思议的。中国科技史的研

---

① 详见约翰·默逊《中国的文化与科学》，庄锡昌等译，浙江人民出版社，1988，第 45~47 页。

究成果一方面为历史学家对中国与西方社会发展水平做比较研究提供了一个科学的、客观的参照系；另一方面也许更重要的是中国科技史的研究为把生产力因素直接引进中国社会经济史的研究，洞开了方便之门，也使历史学家对生产力本质有了新的认识，从此他们开始把科学当作一种社会力量来分析自然史与人类史的关系。事实上，一旦历史学家改变了因袭几十年的过于侧重生产关系与土地制度的研究方法，而重新考察生产力发展水平对于生产关系所起到的决定性作用时，的的确确使美国学者发现了中国历史的另一面目：即自宋以来，中国社会一直处于动态的发展之中，而且对于从 11 世纪至 14 世纪中国社会的巨大变化给予了新的评价。马克·埃尔文在《往昔中国的模式》（Mark Elvin, *The Pattern of the Chinese Past*, 1973）一书中，在详尽研究中国 13 世纪农业发展水平（工具、肥料、农作物品种的改良与引进以及水利灌溉系统和农业商品化程度）之后，认为中国拥有当时世界上最复杂的农业并率先提出在宋代中国业已发生"农业革命"的新见解。同样基于对当时中国生产力发展水平以及由此造成的中国社会的巨大变化的研究，埃尔文还认为像在农业领域出现革命一样，在中国交通运输、金融与信贷、市场结构及城市化等领域，同样出现了革命性的变革。[①] 另位我们前面曾提及过的美国学者罗伯特·哈特威尔在其《北宋时期中国铁与煤工业的革命（960～1126）》一文中，力求将科技史的研究与社会经济史的研究有机地结合起来，用以判断北宋社会的发展水平。哈特威尔首先对北宋生铁的产量重新做了计量研究并指出，到 1078 年，生铁年产量已达到 7.5 万吨至 15 万吨之数，这一产量为 1640 年英格兰和威尔士生铁产量的两倍半至五倍。如此高的年产量仅靠伐木烧炭作为燃料是难以为继的。中国人的智慧终于完成了用煤炼铁这一工艺史上的巨大跨步，从而在 11 世纪实现了英国迟至 1540～1640 年早期工业化时期才实现的"煤与铁的革命"。哈特威尔从科学技术史

---

① 详见 Mark Elvin, *The Pattern of the Chinese Past*, Stanford: Stanford University Press, 1973, pp. 113 – 179。

角度研究北宋铁与煤的产量以及用煤炼铁工艺出现的过程，其目的是再现北宋社会的经济发展水平和特点。生铁的大规模生产是为了迎合社会对生铁的广泛需求，而对生铁的需求本身就反映了一个社会的经济发展水平与活力。反之，生铁及其制品投入生产领域又势必引起社会经济更深层次的变化。所以哈特威尔又在《11 世纪中国铁与钢产业发展中的市场、技术与产业结构》以及《中华帝国经济变革的周期：中国东北的煤和铁（750～1350)》等论著中，进一步论述了中国社会中出现的"商品化"、"城市化"及"工业化"这三个新的倾向。[1] 而上述三个倾向一般被认为是"近代"社会所应有的特征。宋代的这些新动向，一些西方学者认为只有六个世纪以后处于近代早期的西欧的变化才能与之相比。因此，约翰·N. 海格尔在其 1975 年主编的《中国宋代的危机与繁荣》一书的前言中，认为中国的近代的开端孕育于 8 世纪、9 世纪和 10 世纪这三个世纪，即所谓的"唐-宋过渡时期"。[2]

上面我们主要谈的是美国学者如何借助中国科技史的研究成果对宋代社会发展水平做出了新的评价。宋以后，中国科学技术仍在发展，但这方面的成就已不像宋代那样集中、辉煌和炫目，所以有些西方学者认为宋以后中国科学技术已陷入发展的迟滞状态。埃尔文就指出："中世纪经济革命没有继续下去，在 1300～1500 年，由于至今尚无法解释的原因，中国经济衰落下去并只能从这种衰落中缓慢地复苏。"[3] 有的美国学者，像费正清，对宋以后中国科学技术缓慢发展的原因给出了自己的分析。他认为科学技术上的超前发展也可能起到滞后的作用。因为一般来看，辉煌的

---

[1] Robert Hartwell, "A Revolution in the Chinese Iron and Coal Industries during the Northern Sung, 960－1126 A. D. ," *Journal of Asian Studies*, Vol. 21, No. 2, 1962, pp. 153－162; "Markets, Technology, and the Structure of Enterprise in the Development of the Eleventh-Century Chinese Iron and Steel Industry," *Journal of Economic History*, Vol. 26, No. 1, 1966, pp. 29－58; "A Cycle of Economic Change in Imperial China: Coal and Iron in North-East China, 750－1350," *Journal of the Economic and Social History of the Orient*, Vol. 10, 1967, pp. 102－159.

[2] John Winthrop Haeger, ed. , *Crisis and Prosperity in Sung China*, Tucson: University of Arizona Press, 1975, p. 4.

[3] Elvin, *The Pattern of the Chinese Past*, p. 102.

成就可能播下"僵化"的种子。这也是中国近代落伍于西方的原因。①

综上所述，中国科技史的研究一方面为美国的中国史学者衡量中国社会发展水平提供了客观的尺度；另一方面又为他们探讨中国近代为什么落在西方国家的后面寻找到新的研究视角。

三　华人学者关于中国史的研究给予当代美国中国史学者以重要、切实的帮助

第二次世界大战以后，寓居美国的华人学者，如何炳棣、张仲礼、萧公权和瞿同祖等都曾在美国史坛名声显赫一时。他们主要研究中国社会史和制度史，但重点已从省一级的研究转向基层行政体制、社会结构和社会阶层以及民间组织的研究。如张仲礼的《中国绅士：关于他们在19世纪中国社会中作用的研究》、《中国绅士的收入》(*The Income of the Chinese Genty*, 1962)，何炳棣的《中国人口研究》《明清社会史论》，萧公权的《中国农村：19世纪的帝国控制》(*Rural China: Imperial Control in the Nineteenth Century*, 1960)，以及瞿同祖的《清代地方政府》(*Local Government in China under the Ching*, 1962) 等，都是美国20世纪50～60年代颇有影响力的代表性著作。由于这些华人学者都是在故国完成早期教育的，因此他们熟悉中国的历史典籍并在整理文献、考证、训诂和校勘史料方面受过严格训练。在美国，他们又吸收了近代西方史学思想，开阔了研究视野，所以他们的史著事实上是"国学"与西方史学的一种综合成果。当美国年轻一代中国学者试图走出一条研究中国史的新路径的时候，这些华人学者的著述给了他们许多启示和帮助。所以美国史学界对这些华人学者的奉献是十分肯定的。柯文曾指出，"这些史家不论

---

① John King Fairbank, *China: A New History*, Cambridge, M. A.: The Belknap Press of Harvard University Press, 1992, pp. 3, 164 – 165.

就数量和影响上说都是美国研究中国史领域的重要组成部分",并认为"他们在开创中国社会、政治与军事历史的研究方面贡献卓著"。① 珀金斯在我们前引的著作中就写道,如果没有许多先驱者,特别是何炳棣在前一段时期的辛勤劳动,他是不敢尝试这项研究工作的。②

在中美关系正常化以前,很多美国学者到中国台湾地区或进修语言或攻读中国历史。仅美国大学在台湾开展的"校际汉语研究规划"这一个项目,就使大约 400 名美国青年在汉语技能方面受到系统训练。中国台湾地区的一些学者旅居美国后,孜孜不倦地著书立说,如张光直在中国考古学与人类学方面的著述、许倬云关于汉代经济的研究,在美国学术界都颇有影响。J. 布鲁斯·雅各布等编的《台湾:英语著述综合书目》(J. Bruce Jacob et al. , eds. , *Taiwan: A Comprehensive Bibliography of English-Language Publications*,1984)反映了美国学者对中国台湾地区研究成果的关注。此外,也有中国台湾地区学者与美国的中国史学者合作,在一些研究项目中做出了成绩。如王业键、肖王国樱和苏永明等参加过珀金斯《中国农业的发展(1368—1968 年)》一书的前期研究工作。珀金斯曾谈道,如果没有王业键为他提供指导和关键性资料,要从成千上万种地方志中找出 1900 年以前的资料几乎是不可能的。③

然而对当代美国中国史研究影响最大的还是中国大陆学者的史学成就。美国史学界对于中国历史学家渊博的知识,考证及整理史料方面的科学态度和严谨精神历来都十分尊重,而且在他们的著作中也已充分利用了我国史学家系统整理的资料。只要翻阅美国史著所附的参考书目,便会得到印证。特别是中国有关社会经济史的研究更给美国年轻学者以极大的启发。④ 很多美国学者都曾谈到中国史学家的研究成果和研究方法对他们的帮助。像周锡瑞在他的《改良与革命:辛亥革命在两湖》一

---

① 柯文:《在中国发现历史——中国中心观在美国的兴起》,"前言"第 6 页、"序言"第 2 页。
② 德·希·珀金斯:《中国农业的发展(1368—1968 年)》,第 7 页。
③ 德·希·珀金斯:《中国农业的发展(1368—1968 年)》,"著者序"。
④ 魏斐德:《关于中国史研究的几个问题》,《广东社会科学》1985 年第 2 期。

书中文版的前言中便指出："把历史在社会和经济生活中的发展和政治生活中的发展联系起来的研究（在根本的社会经济变化中，寻找主要政治事件的根源的研究）这要大大归功于中国的和日本的马克思主义历史学家。尽管我和他们的结论悬殊，但是我从他们那里学到了大量知识。本书绝大部分是根据中华人民共和国出版的研究成果和原始资料写作的。没有这些成果和资料，这本书是难于问世的。"①

的确，美国学者曾大面积地加以吸收和利用中国史学界的研究成果，只要读他们的史著，我们自会心中有数。然而美国学者对中国学者的研究成果并非亦步亦趋的。相反，在借鉴的基础上，他们的研究视角已有所扩展，研究范围也有所拓宽，研究方法上更有所创新。对于中国学者系统整理的资料，他们往往用新的观点加以阐释或用新的工具进行定量分析，使原有的资料发挥出更大的效能。本文第一部分事实上介绍的也正是美国学者如何一方面引进年鉴派的史学思想，另一方面利用中国学者的研究成果，进而在这两者综合的基础上，逐步形成美国中国史研究的个性。

结　语

当代，历史学终于成为一门世界性学科。国际学术界新的思维、新的研究方法可以说层出不穷。本文只概述了对美国中国史研究影响最大的三个因素。客观地讲，日本和苏联的中国史研究对美国学者的帮助不容轻视，希望今后有学者就这方面问题能写专文做一论述。

综观当代美国的中国史研究，可以看到，正是反思精神和开放的态度这两个因素使美国的中国史学者不断迈向新的目标。

（本文曾发表在《中国史研究动态》1995 年第 2 期）

---

① 周锡瑞：《改良与革命：辛亥革命在两湖》，"前言"。

魏斐德的中国史研究

美国社会科学研究理事会主席、加利福尼亚大学东亚研究所所长魏斐德（Frederic E. Wakeman, Jr.）① 教授在现今美国的中国史学者中享有盛誉。这不仅因为他的著述丰硕，显示出他对中国历史的渊博学识，更重要的是他的史学思想和观点代表着当代美国中国史研究的发展趋势。

事实上，我们书写本文的初衷就在于，通过对魏斐德史学思想的研究来认识当代美国中国史研究的现状和特点。此外，"全球性"已成为现代历史研究的本质特征。不同国家的历史学家相互交往日趋频繁；新的学术观点和研究方法、新发表的资料和数据，乃至新工具的应用都迅速国际化。任何一个史学工作者若不及时吸收、借鉴这些最新研究成果，那么他的研究工作必然要落伍于时代。魏斐德与国际社会有着广泛的联系，使他常常得风气之先，敏锐体察到国际学术界各种思潮的变化。在研究工作中，他又持一种开放的态度，对于各个相关学科的最新研究成果，他都能在批判的基础上尽量兼收并蓄、为我所用。所以魏斐德有关中国史的著述不但体现了美国史学界研究中国史的发展趋势，同时也折射出世界范围内中国史研究的一般动态。上述两者对我国史学界无疑都会有所启示。本文将首先介绍魏斐德的治学道路和他在促进美中两国学

---

① 魏斐德为其正式的中文名字。在以往的中文著述中，有直译为"小费雷德里克·埃文斯·韦克曼"的，也有译为"魏菲德"的。

术交流方面的奉献，然后，我们将着重分析魏斐德如何逐步摆脱"西方中心论"的影响，开始从"中国中心观"的角度来研究中国史并最终成为当代美国研究中国史新趋势的代表人物。

一 魏斐德的治学道路

魏斐德1937年12月12日出生在美国堪萨斯城。他的父亲弗雷德里克·埃文斯·韦克曼是位著名小说家，出于职业的需要，他的生活迁居不定，所以魏斐德自幼随父亲在不同的国家和地区就读。美国纽约、墨西哥奎尔纳瓦卡、百慕大、美国圣巴巴拉、古巴哈瓦那、法国巴黎和美国劳德代尔等地都曾留下魏斐德少年时代求学的足迹。1955年，魏斐德进入哈佛大学，专攻欧洲历史和文学，1959年获文学士学位。1960年，他接受了奥古斯塔斯·克利福德·托尔奖学金（Augustus Clifford Tower Fellowship），前往法国，在巴黎政治学院从事苏联问题和政治理论的研究。法国是欧洲的汉学研究中心。正是在法国，魏斐德最终把自己的研究兴趣转到中国历史方面并沿着这条道路坚定地走下去。返回美国后，魏斐德由于十分仰慕美国著名的中国问题专家约瑟夫·列文森（Joseph Levenson）而进入加利福尼亚大学（伯克利分校）攻读远东史，于1962年获硕士学位，旋即于1965年在该校又获博士学位。魏斐德毕业后留在加利福尼亚大学（伯克利分校）任教，历任助教（1965～1967）、副教授（1969～1971）和教授（1971年至今）。其间1967～1968年，魏斐德作为斯坦福中心主任在台北工作两年。魏斐德一经踏入美国史坛，便立即以他出众的才华和史著引起学术界的注意。他的主要著作有《大门口的陌生人：1839—1861年间华南的社会动乱》（*Strangers at the Gate: Social Disorder in South China*，*1839–1861*，1966，以下简称《大门口的陌生人》）、《历史和意志：毛泽东思想的哲学观点》（*History and Will*：*Philosophical Perspectives of Mao Tse-tung's Thought*，1973）、《中华帝国晚期的冲突与控制》（*Conflict and Control in Late Imperial China*，1975）、①
《中华帝国的衰落》（*The Fall of Imperial China*，1975）、《中华人民共和
国的明清史研究》（*Ming and Qing Historical Studies in the People's Republic
of China*，1980）、《伟大的事业②：满人在 17 世纪的中国重建帝国秩序》
（*The Great Enterprise: The Manchu Reconstruction of Imperial Order in Seven-
teenth-Century China*，1985）以及《上海旅居者》（*Shanghai Sojourners*，
1992）等多部。魏斐德还是费正清主编的《剑桥中国晚清史（1800—
1911 年)》第四章"广州贸易和鸦片战争"的撰稿人。此外，魏斐德还
写出许多优秀的学术论文。

由于魏斐德在中国史研究方面的突出贡献，以及他在教学与社会学
术活动中的献身精神和组织工作才干，1992 年他被推举为美国历史协会
主席。

自 1974 年以来，魏斐德曾多次访问中国，为促进美中两国学者的相
互交往，他不遗余力地工作。所以周锡瑞赞誉魏斐德为美中文化交流起
到"关键性作用"。③

魏斐德在中国学术界的影响也不断扩大，并与我国很多学术团体、
机构建立了合作关系。1980～1982 年魏斐德成为北京大学的访问学者；
1985 年被聘为北京大学客座教授；1985～1986 年任上海人民出版社"中
国文化丛书"的编委，1988～1989 年成为北京大学当代中国社会发展研
究中心的顾问；1988 年还当选为上海社会科学院名誉教授。1985 年，他
访问广州，在广东社会科学院做了题为《关于中国史研究的几个问题》
的演说。此外，他的一些著作也陆续被译成中文发表。《大门口的陌生

---

① 该书为魏斐德与卡罗林·格兰特（Caroly Grant）合编的论文集。
② "伟大的事业"，实应为"大业"、"大事"或"洪业"，系指清初的统治者从儒家的天下观为
出发点，把实现其对全中国的统治，称为他们的"大业"、"大事"或"洪业"，如在天聪五
年努尔哈赤致明朝将士的劝降书中有如下一段："若杀尔等，于我何益，何如与众将军共图
大业。"见《大清太宗文皇帝实录》第 10 卷，中华书局，2012，第 4 页。
③ 详见 Joseph W. Esherick，"General Meeting of the American Historical Association，1992"。本章
有关魏斐德生平的论述主要参考这篇文章。

人》作为《中国近代史研究译丛》的一种，1988 年由中国社会科学出版社出版；《叛乱与革命：中国历史中的民间运动研究》发表在中国社会科学院情报研究所编辑的《外国研究中国》1980 年第 4 期；《关于中国史研究的几个问题》刊登在《广东社会科学》1985 年第 2 期；《现代中国文化的民族性探寻》载入由汤一介主编的《中国文化与中国哲学》第 1 册（三联书店，1988）；《1920—1937 年的上海警察》收入《上海：通往世界之桥》一书。费正清等编的《剑桥中国晚清史（1800—1911年）》已于 1983 年由中国社会科学出版社用中文出版，其中第四章"广州贸易和鸦片战争"即由魏斐德撰写，在中译本中署名"小弗雷德里克·埃文斯·韦克曼"的即魏斐德。的确，在已译成中文的魏斐德的作品中，很多是他的名篇，如《大门口的陌生人》。然而该书是魏斐德的早期史著（时年 29 岁），通读该书不可能理出魏斐德史学思想的发展脉络。其他已译成中文的论文也只涉及魏斐德对某一具体问题的观点。考虑到魏斐德在美国中国史学界所具有的代表性，我们将在下文着重分析魏斐德史学思想的发展历程，以期通过对魏斐德史学思想的研究，来深化我们对当代美国中国史研究发展趋势的认识。

二 魏斐德中国史研究的早期阶段

第二次世界大战以后，美国在国际事务中的影响不断扩大。在部分美国知识阶层的意识形态中，西方价值观念的优越感空前膨胀，他们不时想到"白人的责任"。中国革命的成功成为美国政府必须正视的问题。如何将中国重新纳入西方世界的轨道更成为美国统治阶层对华决策的出发点。在中国史的研究中以费正清为代表的"冲击 - 反应"模式①和以利文森为代表的"传统 - 近代"模式在客观上恰恰迎合了美国决策者对

① 费正清当时在哈佛大学执教，因此费正清和他的追随者又被统称为"哈佛学派"。

华战略思想的需要，因而在 20 世纪 50 ~ 60 年代成为美国中国史研究中的主流学派。"冲击 – 反应" 模式主要用于研究中国的传统制度、本土叛乱、省一级的发展和省一级的统治人物，并引导人们研究中国对西方冲击所做出的反应。"传统 – 近代" 模式侧重于研究中国的思想史，这一学派感兴趣的是中国人怎样看待处于不断变化中的世界以及中国人对这些变化的反思。虽然上述两种模式研究的重点不同，但它们都以 "西方中心论" 为出发点，判定中国是个 "停滞" 的社会，只有用西方社会的发展模式来改造中国，才能使中国获得新生。而且用上述两种模式研究中国历史的美国学者都把 "文化与价值观念的差异" 视作中国与西方国家冲突的根源，而忽视在广阔时空内中国社会所发生的深刻变化。

魏斐德曾就读于哈佛大学，以费正清为首的 "哈佛学派" 的观点对他有着潜移默化的影响。列文森是魏斐德的导师，曾把他自己对中国历史特征的系统观点传授给魏斐德。[1] 因此在魏斐德早期有关中国历史的著述中，可明显看出 "冲击 – 反应" 与 "传统 – 近代" 模式对他的束缚。在《大门口的陌生人》一书中，魏斐德同样把西方殖民主义者对中国的入侵以及由此引起的中国人民的反抗运动当作一种文化冲击来论述。按魏斐德当时的观点，中国传统文化是中国这个 "停滞" 社会的象征并造成中国社会的封闭性："直至 18 世纪，这个东方最大的大陆国家在政治上，礼仪上都把活动封闭在自己的范围之中"，"中国在时间、空间上都与这个人类命运的进程相隔绝"。[2] 魏斐德进而指出，这个 "停滞" 的中国仅仅因为鸦片战争，才将 "地区发生的事情编织进了世界历史，中国发生了变化"，由此 "旧的循环的进程突然变成了直线式的发展，……中国不可避免地卷入了世界历史中，这是它以前从未经历过的"。[3] 魏斐德的

---

① Frederic Wakeman, Jr., "Voyages," *The American Historical Review*, Vol. 98, No. 1, 1993, pp. 8, 13.

② 魏斐德：《大门口的陌生人：1839—1861 年间华南的社会动乱》，王小荷译，中国社会科学出版社，1988，第 2 ~ 3 页。

③ 魏斐德：《大门口的陌生人：1839—1861 年间华南的社会动乱》，第 2 页。

上述观点使我们清楚地看到著者对中国的认识仍停留在"西方中心论"这一定式中，即像中国这样的"停滞"社会其内部缺乏推动历史前进的动力，只有西方文明的影响，才使中国突破传统的束缚，发生了与世界同步发展的质的变化。在《中华帝国的衰落》一书关于中国历史特征的研究中，魏斐德仍持类似的观点。在该书的前言中他明白写道："在那些古老文明中最固守己见的就是中华帝国：一个民族是那么为它的文化而自豪，它的后继者似乎不可能承认迅速适应欧洲挑战的必要性。依据那种反响极大、众所周知的历史观点，一种如此积重难返的文明不可能具备打乱自身基础结构的功能，除非整个大厦解体。然而和平的演变是不可能的，一场疾风暴雨式的革命是不可避免的。中国传统文化持续了几千年，这本身就解释了它的整个崩溃的原因。这样一个中国不可能发生根本性的、内部的变革，因此必须由外部的力量来促成其革命。如果这种解释是正确的，那么一个不受干扰的中国将永远只重复它过去原本的模式，将固着在传统之上，永远不会改变自己。"① 他进一步解释说，中国历史发展进程之所以随着王朝的兴衰周而复始地循环不已，关键是中国的商人阶层没有社会保障，更缺乏欧洲市民阶层那种独立精神，甚至没有表述自己利益的新的鲜明的语言。他们往往囿于传统的价值观念，或投资土地，或买得功名，跨入绅士行列，② 所以中国商人不可能成为发展资本主义的先导。由于中国劳动力众多，家庭副业普遍存在，社会无法形成对纺织品的集中需求和改进技术的迫切愿望，因此中国也不具备产生工业革命的客观条件，即中国不可能走上直线发展的道路。③

　　魏斐德在详尽地分析了清朝由盛至衰的过程之后，总结说，尽管清朝曾拥有光辉的历史，但至 19 世纪初，王朝运道已经屈指可数。新一轮

---

① Frederic Wakeman, Jr. and Carolyn Grant, eds., *Conflict and Control in Late Imperial China*, Berkeley: University of California Press, 1975, p. 1.

② Frederic Wakeman, Jr. and Carolyn Grant, eds., *Conflict and Control in Late Imperial China*, pp. 43, 52 – 53.

③ Frederic Wakeman, Jr. and Carolyn Grant, eds., *Conflict and Control in Late Imperial China*, pp. 42 – 43.

王朝循环的史剧之所以没有演出，是因为外来的势力打破了人们所熟悉的王朝循环机制："外部世界和它的历史观冲击着中国。中国的历史主流一直被局限在内陆范围中，虽然它间或地也曾有过泛滥，河水也曾外溢过，但其主流却从未到达过大海。……而现在大海首次汹涌而来。马戛尔尼出使中国是冲击中国的第一个浪头。而 1816 年接续其后的阿美士德爵士访华以及 1839 年的大潮才共同将中国人淹没。"①

综上所述，可明显看到魏斐德在中国史研究的早期阶段仍没能摆脱"西方中心论"理论框架的影响。但在 20 世纪 60 年代末至 70 年代初，无论是国际上还是美国国内都发生了许多重大的变化。国际上，亚非拉民族解放运动风起云涌，最终导致世界性殖民体制的瓦解。于是非西方国家的历史发展进程受到普遍重视。而且，越是深入研究西方殖民主义入侵前的广大非西方国家的历史，人们越发现每个社会在时空上都是独一无二的个体，那种认为人类历史发展进程有目的、有方向的思想被认为具有深厚的西方色彩从而受到批评。很多学者在对非西方国家历史的研究中不仅注意亚洲和非洲国家对西方影响的反应，而且更注重揭示欧洲人向亚非国家渗透前在上述地区社会发展中发生作用的那些因素和力量。这种研究非西方国家历史的新思潮对于美国的中国史研究不能不说也有所触动。当时美国国内的社会动荡也十分有利于上述学术思潮的发展：越南战争的失败、伊朗人质事件以及水门事件等使相当一部分美国人对美国"领导"世界的能力和西方价值观念的优越性信念发生了动摇，② 包括魏斐德在内的这一代从事中国史研究的学者开始抛弃其前辈所持的种族优越感和心理状态，并在对"冲击-反应"和"传统-近代"模式展开批判运动的基础上，开始重新研究中国的历史发展进程，即不再单纯把中国当作接受西方社会影响与改造的"客体"，而致力于

---

① Frederic Wakeman, Jr. and Carolyn Grant, eds., *Conflict and Control in Late Imperial China*, p. 106.

② 可参阅 Frederic Wakeman, Jr., "Voyages," *The American Historical Review*, Vol. 98, No. 1, 1993, pp. 1 – 17.

"在中国发现历史";他们开始认识到中国历史首先为中国自身的发展规律所规定,所以应当从中国社会内部来寻找中国历史前进的动力和诸相关因素。这种研究中国历史的新趋势常常被人们称作"中国中心观"或"中国中心取向"。①

从"西方中心论"向"中国中心观"跨步是美国中国史研究中的一次质的飞跃。魏斐德积极地参与了上述批判运动并在反思中将中国史的研究步步推向深入,由此形成一些新的观点,使他成为当代美国中国史研究新趋势的重要代表人物。事实上,还在他受"西方中心论"影响的时期,在中国史的研究中,他已选取了新的视角,运用了新的研究方法,择取了新的资料,因而取得了一些新的成就。在魏斐德中国史研究的早期阶段,其突出特点可概括为以下几方面。

(一) 跨越社会科学和历史科学之间的理论鸿沟,从社会史角度研究中国历史

魏斐德《大门口的陌生人》一书主要是研究两次鸦片战争期间,广东地区在西方文明冲击下所发生的变化。以往论述鸦片战争的史著,从西方来看,一般采取如下论述模式:贸易体制—海关—冲突—战争—条约。这类史著在西方称为"通商口岸"历史学或"蓝皮书"历史学。从我国的著作来看,往往从正面进行论述,着重于侵略与反侵略两个阵营的对抗和"官、民、夷"三者矛盾的转换。《大门口的陌生人》一书则别开生面,它的研究对象不是国家而主要是社会。它着重揭示的是一个稳定社会在遇到强烈挑战时所做出的回应。

在对广东社会进行动态分析时,魏斐德选取了新的视角,即他注意到在商人和行政机构之外,还有一个广大的华南社会,"在官方历史的表层之下,萌发着民众的恐惧、希望和运动"。② 这就是他研究的重点,也是该书区别于其他同类著作的地方。

---

① 详见柯文《在中国发现历史——中国中心观在美国的兴起》。
② 魏斐德:《大门口的陌生人:1839—1861年间华南的社会动乱》,第5页。

　　为了揭示官方历史表层之下的社会动态，魏斐德把注意力放在社会中的有效实体，即具有一定意义的"群体"的分析上，尤其是把笔触放在对家族与绅士两阶层的分析上。在美国传统的中国史研究中，一般只概括地认为家族与绅士阶层是中国封建专制主义的两个支柱，他们竭尽忠诚地维护着皇权的正统地位并使中国社会陷入长期的稳定与停滞状态。莫理斯·弗里德曼在其颇有影响的《中国的家族和社会：福建与广东》（Maurice Freedman, *Chinese Cineage and Soeeity: Fukein and Kuangtung*, 1960）一书中，把亲属制度的研究视为探索中国社会的共性与个性共存的途径，得出家族组织是中国社会的重要特征这样的结论，使美国的中国家族研究向前迈了三大步。但在论及亲属制度何以能将不同的社会集团整合到一起这一关键问题时，弗里德曼强调的是"信念意识"保持了家族的一致性；他认为家族产生的原因完全在于"自然冲动"和形成家族的"愿望"，从而排除了经济因素对家族形成与发展的影响。魏斐德在《大门口的陌生人》中则通过对"团练"横纵两个方面的分析揭示出家族的阶级属性和绅士阶层政治上的分立倾向。鸦片战争后，面对西方入侵者，朝廷无力支撑庞大的常备军，只好同意由绅士出面组织团练。从纵向来看，一村的团练就是一个家族组织。它既是经济活动中心，也是政治活动中心。在血统集团内阶级关系与亲属关系融会在一起。团练运动促成社会的复兴并成为跨村的地区性合作的关节点。它使一个个分散的村的团练结合为"团练联盟"，使一个个纵向的血缘体联合起来。

　　在团练联盟中，不同家族的绅士与绅士之间以及佃户与佃户之间的横向联系在加强。当不同家族的绅士们为他们自身的政治与经济利益相互联起手的时候，各个家族的佃户开始意识到他们有着与绅士们不同的社会和经济利益。这是从前他们在本家族内所意识不到的，即血缘关系已不再能够模糊阶级关系了。当绅士们利用社会动乱开始把地方上的政治、经济乃至司法管理权握到自己手中，表现出地方主义的分立倾向时，广大农民为了自身的利益开始加入超越家族的秘密结社，从而为红巾军等民间反叛组织的产生创造了条件。至此，家族的阶级属性终于暴露出来，家族也就趋于分裂了。① 魏斐德的研究表明经济因素是家族分裂的重要原因，他的这一研究成果使美国的中国家族制度的研究又向前迈进一步。

在同一书中，魏斐德接续着论述了家族分裂所引起的各种社会力量在政治态度上的变化。在 19 世纪的 50 年代，英国占领军认为红巾军起义会削弱清政府的军事力量，这样与己有利，所以暗中视红巾军为"天然盟友"。但红巾军认为外国入侵者与清政府狼狈为奸，因此他们十分仇视占领军并不断袭击外国商船。于是英国占领军当局改变了态度，开始帮助绅士们的"地方政府"恢复社会秩序。中国的商人和绅士也转变了立场，开始把英国入侵者当作"天然盟友"而不再将其视作种族的敌人。②

清政府为了防止农民起义的扩大，同时也为了遏制正在迅速膨胀的绅士们的分立倾向，在英法联军占领广州期间撤回了对团练运动的支持并与联军之间发展了一种亲密的工作关系，建立起社会保护制度，夷人已被看作一种稳定政治的力量。至此，"西方蛮夷对中国来说，不再是陌生人；在控制问题上，他们是政治上的对手"。③

魏斐德通过上述对广州社会的动态分析，得出一个十分重要的结论："广东的现状是欧洲帝国主义发展到顶峰时在全中国发生的情况的缩影。"④ 他认为，广东在两次鸦片战争期间所发生的社会变动对中国来说是具有普遍意义的。《大门口的陌生人》一书从事的是地方史的研究，表面上看是缩小了研究单位，但实际上并没有减少研究的学术价值和意义。或者说，地方史的研究是总体历史研究的基础和支柱。有鉴于地方史研究的这种重要意义，魏斐德曾向自己的同行发出过"致力于地方史

---

① 魏斐德：《大门口的陌生人：1839—1861 年间华南的社会动乱》，第 122～130 页。
② 魏斐德：《大门口的陌生人：1839—1861 年间华南的社会动乱》，第 170～171 页。
③ 魏斐德：《大门口的陌生人：1839—1861 年间华南的社会动乱》，第 203～205 页。
④ 魏斐德：《大门口的陌生人：1839—1861 年间华南的社会动乱》，第 205 页。

研究"的呼吁。①

　　魏斐德之所以以社会史的观点来研究鸦片战争，是因为他想通过对广东地区典型状态下各社会群体关系的典型变化的研究，引申出对中国社会在西方文明冲击下所做出的反应的普遍认识，即他的兴趣在于在完整的社会背景中，寻找限制和制约着个人或群体做出自觉选择的那些因素，从而表现出魏斐德对结构历史的兴趣和追求。

（二）在中国史的研究中注重经济因素的作用

　　魏斐德曾谈道，他不是一个马克思主义者，但他认为："应该用当代的方法，从当代的角度来研究过去，必须把政治性的现象和社会经济的改变联系起来考虑。"② 事实上，魏斐德在研究工作中已越来越重视经济因素在中国历史发展进程中的作用。在《中华帝国的衰落》一书中，他重点分析了中国南北方经济发展的不同特点以及由此造成的中国社会内部的差异性。此外，他还引用大量中国社会经济史资料来说明历史事件形成与变化的原因，特别是在生产资料的所有制关系对交换、分配和消费三种关系的作用方面，他也进行了一些探索。对于一些重大的历史事件，魏斐德也开始从经济方面寻找原因。最典型的例子就是魏斐德对鸦片战争爆发原因所做出的新解释。众所周知，费正清一直认为鸦片战争主要的原因不在于经济，不在于鸦片贸易，而在于两种文化制度的矛盾，在于中国人不能平等地对待外国人，不能平等地与外国贸易。魏斐德在《大门口的陌生人》中，也基本上持类似的看法。但到魏斐德应费正清之邀，从事《剑桥中国晚清史》第四章"广州贸易和鸦片战争"的写作时，他已得出新的结论："鸦片战争爆发的原因在于经济方面。"③ 这是与费正清的观点根本对立的。费正清曾想弥合他与魏斐德之间的分歧，但双方没能寻找到妥协点。用魏斐德的话来说，于是两人"和气地

---

① 魏斐德：《大门口的陌生人：1839—1861 年间华南的社会动乱》，第 6 页。
② 魏斐德：《关于中国史研究的几个问题》，载《广东社会科学》1985 年第 2 期。
③ 魏斐德：《关于中国史研究的几个问题》，载《广东社会科学》1985 年第 2 期。

分手了"。① 所谓"和气地分手",事实上表明魏斐德在中国史的研究中又跨入一个新的境界。

（三）致力于中国社会内部长期发展进程的研究，为揭示中国历史本质特征找到正确方向

前面我们曾指出,从"西方中心论"向"中国中心观"跨步是当代美国中国史研究中的一次质的飞跃。方法论上的革新促成美国中国史学者对中国历史本质特征的新认识。然而这种新认识并非某一美国学者在某一部具有代表性的作品中阐明的,相反,这是整整一代美国学者集体努力的结果。魏斐德在这一过程中做出了他的突出贡献。1971 年 6 月,为了研究 19 世纪中国对西方做出政治反应表层下的社会变化并力求廓清整个清代的历史,加利福尼亚大学的中国研究中心和美国学术团体理事会下设的中国文明研究委员会联合召开了一次学术讨论会,1975 年出版的由魏斐德和卡罗林·格兰特合编的《中华帝国晚期的冲突与控制》一书,就是这次讨论会的论文汇编。由于与会的年轻一代学者都以动态的和变化的观点来研究中国历史发展进程,因此在他们的笔下,"明末到民初的中国社会提供了一幅充满运动与变化的画面。老态龙钟、步履蹒跚的中国,等待着充满活力的西方进行干预并注入新的生命的这种陈词滥调不见了。呈现在我们眼前的中国再也不必为他人赐予历史而感恩戴德,它完全可以独立创造自己的历史"。② 魏斐德和其他与会的美国学者对中国社会特点的这种新认识事实上也是对那些坚持中国社会"停滞"论的前辈学者的一种批判。

魏斐德和其他与会的学者还发现,从 16 世纪中叶起,中国社会内部开始出现诸多长期发展进程,它们跨越明清两代,直至 20 世纪初期才臻于成熟。这些长期发展进程表现在社会有效实体的衍生和发展过程以及某些行政及政治体制的变化方面,但更集中表现在经济领域中。上述诸

---

① 魏斐德:《关于中国史研究的几个问题》,载《广东社会科学》1985 年第 2 期。
② 柯文:《在中国发现历史——中国中心观在美国的兴起》,第 169 页。

多长期发展进程既是共生的，也是相互影响和相互制约的。在《中华帝国晚期的冲突与控制》的前言中，魏斐德提出了他具有总结性的看法："社会史家开始逐步认识到从 16 世纪中叶到 20 世纪 30 年代整个时期构成连贯的整体。学者们不再把清代看成过去历史的再版，也不认为 1644 年与 1911 年是异常重要的界标，他们发现有若干历史进程，绵延不断横跨最近四个世纪一直伸延入民国时期。长江下游地区的城市化，力役折银，某种区域性贸易的发展，民众识字率的提高以及绅士队伍的扩大，地方管理工作的商业化——这一切在晚明出现的现象又推动了若干行政与政治方面的变化，这种变化通过清朝继续发展，在某些方面直到 20 世纪初期的社会史中才臻于成熟。"①

我们认为，魏斐德关于中国社会内部存在长期发展进程的研究具有重要的理论意义。首先，这一观点肯定了中国社会内部存在按一定方向和规律发展并推动中国历史前进的进程，从而为突破中国社会"停滞"论和中国历史"循环"论找到了正确方向。其次，在当代美国中国史研究中，以实证为基础的"个案"研究蔚然成风而且做出许多扎扎实实的成绩。但终归是整体结构规定着各个部分的联系及其性质和意义，"区分"（differentiation）不能代替"综合"（integration）。即使像美国学者黄宗智有关"过密型增长与过密型商品化"的研究，② 如果离开对中国社会和经济发展的总体认识，那么这一观点的理论价值也将非常有限。事实上，以单位劳动日边际报酬递减为代价换取单位劳动力投入增加的这种"过密化"，仅仅是晚明以来中国社会中共生的多种经济现象的一种体现，它的产生是由多种具有长期发展趋势性质的社会、经济因素综合作用的结果，而且上述各种因素的相互渗透与影响也孕育着对"过密型"增长和过密型"商品化"这一经济现象的突破。也就是说，在美国的中国史研究中，在从事微观研究的同时，加强对中国社会长期发展进

---

① 柯文：《在中国发现历史——中国中心观在美国的兴起》，第 170 页。
② 详见黄宗智《中国经济史中的悖论现象与当前的规范认识危机》，载《史学理论研究》1993 年第 1 期。

程的宏观研究，必将提高美国中国史研究的整体学术水平。所以我们认为魏斐德在这方面的工作带有一定的方向性。

三 《伟大的事业》
—— 魏斐德中国史研究的新进展

《伟大的事业——满人在 17 世纪的中国重建帝国秩序》是魏斐德历时 15 年才完成的一部呕心沥血之著。全书分上、下两卷，共 1337 页。从该书所附参考文献来看，著者罗列了西方 427 位作者 615 部英、德、法、西、葡文著述，以及中国与日本 362 位著者的 439 部中文和日文著述。国内外有关这一历史时期的代表性著作几乎都包括在他的书目中，可见为了该书的写作，魏斐德做了充分的资料准备工作。如果说在《大门口的陌生人》和《中华帝国的衰落》两书中魏斐德对中国历史的认识主要得助于日本、中国台湾地区，特别是旅美华人历史学家的著述，那么在《伟大的事业》一书中他则更多地参考了中国当代历史学家的研究成果。此点对于魏斐德全面、客观地探讨中国历史问题大有助益。

《伟大的事业》是部叙事史。魏斐德不仅对明清王朝更迭的历史过程进行了生动的描述，而且对这一历史巨变的原因也从经济、政治、思想文化、民族关系、社会群体的心理变化以及世界市场发展趋势等诸方面进行了多学科的综合研究。20 世纪 80 年代，当美国的中国史研究中同样出现把整个社会机体割裂开来的史学"碎化"趋势之时，魏斐德的这部叙事史的出版，格外引起史学界的注目并获一致好评。1985 年该书出版，1987 年即已先后荣获列文森奖金（The Levenson Prize）和伯克利奖金（The Berkley Prize）。周锡瑞称该书为一部"博学的巨著"，对中国17 世纪危机做了"具有挑战性的分析"。①

———————————

① Joseph W. Esherick，"General Meeting of the American Historical Association，1992"。

通过《伟大的事业》一书，我们可以看到魏斐德在 20 世纪 70 年代批判运动的基础上，又以开放的态度吸收、借鉴了欧洲最新史学研究成果，使他的中国史研究步步推向深入并形成一些新的思维。

（一）将明清嬗变的历史进程与 17 世纪世界范围内的总危机进程有机地结合在一起，进行综合研究

传统的西方中国史研究，总是把中国当作一个自我封闭的体系。离开世界历史发展总进程，离开世界市场变化趋势来研究中国的历史特点，至今仍带有一种普遍性。而年鉴派的一些学者却在寻找中国与世界之间的联系方面做出了成绩。众所周知，年鉴派历史学家的重要特点之一，就是十分重视研究世界市场的形成过程及其运行规律。通过多年的研究，很多年鉴派史学家越来越发现中国绝非孤立于世界市场发展进程之外的。法国的皮埃尔·肖努（Pierre Chaunu）主要研究以西班牙塞维利亚为中心构筑的世界贸易体系以及该体系兴衰的过程和原因。作为计量历史学派的一代宗师，他精细地收集了西方国家海关档案中所潜存着的有关国际贸易的数据，并试图通过对进出口贸易额的增减、关税的盈缩、进出口货物品种的变化、物价的起伏、金银比价的涨落等同质序列的可重复现象的排列，来确定这些序列的变化幅度、方向和速率，从而揭示世界市场的发展趋势和变化规律。

皮埃尔·肖努曾希望寻找到大西洋贸易与太平洋贸易之间的内部联系，为此他曾对中国—菲律宾—墨西哥这一太平洋上的大三角贸易进行专门研究，并写出《菲律宾和伊比利亚太平洋（16 ~ 18 世纪）》（*Les Philippines et le Pacifique des Iberiques*，*XVI*，*XVII*，*XIII Siecles*）一书。他是以"欧洲中心论"作为研究出发点的，所以他想说明欧洲市场的变化如何引起全球性的反应，其中包括中国如何受到欧洲贸易变化趋势的冲击和影响，以致中国—菲律宾—墨西哥这一太平洋贸易按照大西洋贸易的同一周期而发生起伏和波动。

由于皮埃尔·肖努没有对中国历史做过专门性的研究，他不了解当 16 世纪末欧洲业已开始出现经济衰退之时，我国晚明商品经济恰恰进入新的发展阶段并为太平洋贸易的繁荣发展奠定了物质基础，所以在探讨世界市场发展趋势时，对于为什么"在太平洋贸易各类数据图表中，不存在反映 16 世纪末至 17 世纪初欧洲经济大趋势的典型衰退的历史时期"① 这一关键问题，他表示困惑，即皮埃尔·肖努没能将世界市场与中国市场相互渗透与影响的进程做出规律性的解释。但他却为魏斐德研究中国市场与世界市场相互的联系提供了重要资料来源。

美国学者伊曼纽尔·沃勒斯坦（Immanuel Wallerstein）把整个世界当作研究单位，对于近代资本主义体系的形成及其发展过程提出了他的系统观点并在学术界有着广泛的影响。在《近代世界体系——资本主义农业和 16 世纪欧洲世界经济的起源》和《近代世界体系——重商主义和欧洲世界经济的巩固（1600～1750）》，这两部著作中，他把人类从传统农业社会向近代社会转换的漫长过程描述为欧洲文明的崛起以及由此波及整个世界的进程，即欧洲这个"世界经济体系"一旦形成，便以它为中心，把自己的影响向欧洲以外的世界扩展并逐步把欧洲以外的广大世界纳入世界近代体系之中。这个世界体系就是由欧洲"中心"地带与被卷入该体系的"边缘"地区所组成的。中国处于这个世界体系的"边缘"地区。

美国很多中国史学者都沿用沃勒斯坦的观点来研究中国与外部世界的关系。如美国学者苏耀昌已译成中文的《华南丝区：地方历史的变迁与世界体系理论》以及弗朗西斯·莫尔德（Frances Moulder）的名著《日本、中国及近代世界经济》等都属于这一类著述。中国也有学者试图用该理论来研究民办市场的变化规律和中国在世界市场中的历史地位。②

魏斐德在有关中国市场与世界市场相关关系的研究中持一种独立的立场。他吸收、融会了皮埃尔·肖努等年鉴派学者有关世界市场发展趋

---

① Pierre Chaunu, *Les Philippines et le Pacifique des Iberiques*, XVI, XVII, XIII Siecles, Paris：S. E. V. P. E. N. , 1960, pp. 92 – 101.

② 罗荣渠：《中国与拉丁美洲的历史联系（十六世纪至十九世纪初）》，载《北京大学学报》（哲学社会科学版）1986 年第 2 期。

势的研究成果，又结合他对中国历史特点的认识，魏斐德表示他不完全
同意沃勒斯坦的观点。相反，他选择如下的看法，即不能简单地把中国
看成一个"周边"（"边缘"）国家，不能用沃勒斯坦的观点研究中国历
史，"根本的问题是要真正把中国内部的历史和世界历史结合起来"。①

为了实现上述目标，在《伟大的事业》一书中，魏斐德将明清嬗变
的历史进程与世界范围内的 17 世纪总危机进程有机地结合在一起，进行
了综合研究。②

众所周知，17 世纪总危机这一概念是英国马克思主义史学家、新社会
史学派主要代表人物艾瑞克·霍布斯鲍姆（Eric Hobsbawm）1954 年率先
提出的。这是指地理大发现以后，美洲大量白银涌入欧洲，引起"价格
革命"，并导致工农业生产和贸易的全面衰退。与此同时，欧洲各国连
年战争，再加上气候变化异常，使农业灾害不断，瘟疫接踵而至并造成
欧洲人口的锐减。所以霍布斯鲍姆称 17 世纪欧洲的现实为一场总危机。

17 世纪总危机对当时的欧洲来说是场灾难，但这场危机却在很大程
度上破坏了欧洲旧的封建秩序，从而促进了资本主义的成长，所以霍布
斯鲍姆认为这场危机是从封建经济向资本主义经济总过渡的最后阶段，
并称 17 世纪为"近代社会的转折点"。③

魏斐德把 17 世纪总危机的概念引入中国历史研究当中，他从两方面
把中国历史发展进程与世界历史发展进程作为一个整体来研究。

首先，魏斐德指出出现欧洲 17 世纪总危机的重要原因之一是"路易
十四小冰河期"。它对欧洲持久的侵袭使农作物严重减产，饥荒和疫病
相继而来，农田大面积荒芜，饥民流离失所，农民起义频仍，由此加重

---

① 魏斐德：《关于中国史研究的几个问题》，载《广东社会科学》1985 年第 2 期，第 11 页。

② 魏斐德将《伟大的事业》一书的前言经充实、提高后又写成《中国与 17 世纪的危机》一
文，发表在《中华帝国晚期》（*The Late Imperial China*）1986 年第 6 期。Frederic Wakeman,
Jr., "China and the Seventeenth-Century Crisis," *The Late Imperial China*, Vol. 7, No. 1, 1986,
pp. 1-23. 为了使读者更全面地了解魏斐德有关中国与 17 世纪危机的观点，有些地方我们
将补充一些对该文的论述。

③ Immanuel Wallerstein, *The Modern World-System Ⅱ：Mercantilism and the Consolidation of the Eu-
ropean World-Economy, 1600-1750*, New York：Academic Press, 1980, p. 7.

了"价格革命"所诱发的社会总危机。

魏斐德认为,"路易十四小冰河期"所造成的气候变异是全球性的,它也波及中国,尤其是在北方,农作物生长季节较正常年景缩短两周,自然灾害频发。[①] 可以说,除了明朝统治者政策的失误外,全球性的气候影响也是明末农民大起义的重要因素。[②] 魏斐德的这一研究成果启发我们从全球的观点来研究中国的历史现象。这样更容易使我们区分什么是中国历史发展独有的特点,什么是人类历史发展共有的规律。

其次,魏斐德从17世纪总危机的角度研究了晚明中国商品经济与世界市场贵金属运动之间的关系。他在综合了西方学者有关晚明中国贵金属输入量的众多计量研究成果的基础上指出,那一历史时期大约有20%的美洲白银直接经太平洋(通过菲律宾)输入中国,还有相当一部分贵金属经中亚布哈拉进入中国,即新世界出产的贵金属大约有一半进入中国市场。再加上日本的白银不断输入中国,在17世纪最初30年间,每年有25.0265万公斤白银进入中国。上述数字与晚明中国的白银产量相比较不能不说是个惊人的数量。[③] 事实上,汇聚到中国的白银数量很可能远远高出前引数字。中国与全球金融体系的关联已无可怀疑。[④]

晚明中国商品经济空前发展。充足的贵金融供应则是商品经济持续稳定发展的历史前提。然而中国白银生产有限,所以从国外获取贵金属成为发展我国商品经济的重要保障。最先在欧洲暴发的17世纪总危机造

---

① 魏斐德指出,"路易十四小冰河期"初始阶段,全球气温下降到公元100年以来的最低点,使中国在1626~1640年发生严重自然灾害。他还引用其他西方学者的研究成果,指出1585~1645年中国人口减少40%。中国学者对明朝气候变异也做过研究:"自明万历到崇祯(1573~1644)的71年中,水、旱、饥、疫等灾害就有6年之多"(《中国史稿》编写组编《中国史稿》第6册,人民出版社,1987,第449页)。

② Frederic Wakeman, Jr., "China and the Seventeenth-Century Crisis," *The Late Imperial China*, Vol. 7, No. 1, 1986, pp. 5 - 6.

③ 魏斐德曾估算北京太仓白银入存量由于海外贸易的开展才从平均每年8.625万公斤增至1571年的11.625万公斤。由此可推知白银大量进口对中国经济的影响是举足轻重的。参见 Frederic Wakeman, Jr., *The Great Enterprise: The Manchu Reconstruction of Imperial Order in Seventeenth-Century China*, Berkeley and Los Angeles: University of California Press, 1985, p. 2。

④ Wakeman, Jr., *The Great Enterprise*, pp. 2 - 3.

成美洲贵金属生产的锐减；在欧洲通货膨胀的制约下，国际贸易又大范围萎缩。上述两个因素使中国商品出口量急剧下跌，白银进口量随之猛减。[①]

在"路易十四小冰河期"的影响下，中国北方气候变异，自然灾害频发，农民不断起义。此时，中国南方商品经济的发展又因国际贸易陷入低谷，白银进口量锐减，加重了财政危机，社会动乱随之加剧。由此，魏斐德得出结论：中国像地中海世界一样，经历了17世纪总危机。[②] 气候变异和贵金属进口量锐减这两个因素严重削弱了明朝的统治基础，成为明清王朝更迭的重要原因。魏斐德就这样通过对17世纪总危机对中国影响的研究，把中国内部的历史与世界历史结合起来。

但魏斐德研究17世纪总危机与中国之间关系的出发点，与沃勒斯坦视中国为世界体系中的"边缘"地区的观点有根本的不同。首先，魏斐德是把中国当作一个在经济发展方面具有独自运行规律和机制的独立经济区域来看待的。其次，他并不认为中国只是消极地被卷入世界市场贸易的旋涡之中。相反，他认为海外贸易是中国商品经济发展的必然趋势。大量的白银进口是因为中国商品源源进入世界市场的直接结果。所以他强调，中国市场与世界市场之间存在着的只是一种相互影响的关系，而不是"中心"与"边缘"地带的从属关系。在这方面魏斐德与费尔南·布罗代尔观点相近，即他们都认为地理大发现以前，世界上已存在着几个平行的，主要是独立发展的"世界经济"（world-economy），[③] 其中东亚地区就是一个这样的"世界经济"，它有自己的"中心"和"边缘"

---

① Wakeman, Jr., *The Great Enterprise*, p. 6.

② Wakeman, Jr., *The Great Enterprise*, p. 7.

③ 费尔南德·布罗代尔在其《物质文明与资本主义的再思考》一书中对"economy of the world"和"world-eonomy"做了区分。虽然两者都可译为"世界经济"，但前者是指整个世界的经济而言，即世界市场之意。后者则主要指地球上地区性的经济而言，它本身具有一定的整体性。如16世纪地中海区域的经济可视作"地中海世界经济"。详见 Fernand Brnadel, *Afterthoughts on Material Civilization and Capitalism*, trans. Patricia M. Ranum, Baltimore and London：The Johns Hopkins University Press, 1977, pp. 79 - 85。中国学者也有将"world-economy"译为"经济世界"的（详见《历史研究》1986年第2期，第35~36页）。

地带。中国就处在东亚"世界经济"的中心位置。东亚"世界经济"与欧洲"世界经济"之间并不存在从属关系，只是一种互动关系。这种对中国在世界市场中独立地位的确认是对"欧洲中心论"和以欧洲为中心构筑的"世界近代体系"理论的一个重大挑战。

（二）从控制论的角度阐述明清嬗变的实质内容并为突破西方学者习用的中国历史"循环论"提出了新的理论根据

年鉴派历史学家历来认为，历史发展的长期连续性与短期的政治事件的急剧变化，这两者之间的相互作用，才是历史本质的辩证关系的体现。魏斐德选取明清嬗变这段历史作为他的研究课题，其目的也就在于通过对中国社会内部长期发展进程与政治巨变这两者的相互作用，来揭示中国历史的特征。

在《伟大的事业》一书的前言中，魏斐德称 1644 年李自成攻占北京，崇祯自尽于煤山，而六个星期后，清军已入主中原，这一系列历史巨变为"中国王朝更迭史中最富戏剧性的一幕"。[1] 同时他指出，这种历史巨变有着深刻的背景，即这是 17 世纪商业上的经济危机、明统治秩序的解体和清政治上的加强等因素综合作用的结果。[2] 该书就是围绕这三条主线展开的。

明代商品经济的空前发展对明代社会有着根本性影响，特别是明代中、晚期农产品的商品化带来复杂、不安定的社会全景。[3] 这是因为农作物商品化扩大了交换范围，加速了货币化进程。而中小城镇在商品流通节奏加速的背景下，日趋繁荣并逐步成为贸易与手工业生产的中心。在城市化基础上又形成某种区域性贸易，并由此推动了以出口手工业品换取白银为主的海外贸易。大量进口的贵金属为商品经济的发展提供了保障，并使以力役折银为主要内容的"一条鞭法"的推行成为可能。[4]

---

① Wakeman, Jr., *The Great Enterprise*, p. 1.
② Wakeman, Jr., *The Great Enterprise*, pp. 1 – 2.
③ Wakeman, Jr., *The Great Enterprise*, pp. 604 – 605.
④ Wakeman, Jr., *The Great Enterprise*, pp. 604 – 605, 612 – 614.

事实上，上述这些具有近代特征的长期发展进程代表着中国历史前进的方向，是中国社会中最积极、最富活力的因素。在客观上，这些长期发展进程要求有一个适应其继续发展的环境。

但商品经济的新发展又造成社会矛盾的激化：乡居的绅士阶层在多种经营中，利用知识的优势，易于从新农业技术的应用与农田管理中获利。他们兼营手工产品生产，从市场中攫取了更多的货币，推动土地向经营地主手中集中。① 绅士利用"族长"身份在组织水利设施的维修中为自身谋利，同时又利用政治上的权势将赋税转嫁到一般农民身上。从官场退休还乡的绅士往往取代明初"粮长"的职权，把税收、劳役分配乃至部分司法权握在自己手中，借以鱼肉人民。城居的绅士们已没有必要像乡居的"处士"那样，再保有"仁慈"家长的面目，恣意剥削引起了农民的对抗；绅士们对水利工程的漠视，造成灌溉系统的颓塌，这又直接影响到农民的劳动与生计。② 商品交换刺激了人们的消费欲，商人从新产品制造中获利，社会贫富距离拉大，拜金主义成风，③ 因此社会动荡加剧，使中国社会内部逐渐成熟的那些长期发展进程失去了安定的发展环境。

17 世纪全球范围内的总危机引起国际市场的萎缩，中国丝绸等商品的出口量锐减，直接影响到湖州一带兼营丝绸生产的农民的生计。白银进口量急剧下降，使粮价暴涨、地价上升、佣工工薪提高和银与钱的比价拉大。④ 由此产生严重的经济危机。

面对日益激烈的社会震荡与对抗，绅士阶层的政治精英——东林党人——希望通过中央政府的政治改革以保护他们在地方上的既得利益。然而，浓厚的地方主义色彩使东林党人的政治结社成为超官僚的社会运动（extra-bureaucratic social movements），结果反而削弱了中央调控力量。⑤ 在

---

① Wakeman, Jr. , *The Great Enterprise*, p. 606.
② Wakeman, Jr. , *The Great Enterprise*, pp. 606 – 611.
③ Wakeman, Jr. , *The Great Enterprise*, pp. 614 – 615, 619.
④ Wakeman, Jr. , *The Great Enterprise*, pp. 632 – 634, 636.
⑤ Wakeman, Jr. , *The Great Enterprise*, p. 92.

江南民众反抗运动日益蔓延的情况下，绅士们纷纷组建地方性的自卫武装力量"乡兵"，使分裂势力进一步扩大。① 地方分立与商品经济对统一市场的要求自然是对立的。

在中国社会动乱加剧，急需中央政权发挥调控作用之时，明统治集团已经腐败不堪，宦官专政，党争不断。在中央政权严重削弱的情况下，边疆少数民族力量逐步壮大。民族矛盾的加剧带来军事冲突，迫使明政府增加军事开支。但明统治者奢华的生活、庞大的官僚机构以及皇宫的修建已使国库告罄。皇室派出的矿监非但没能缓解财政危机，反而激起社会各阶层的抗议。全国的税收体制已遭到破坏，驿站规模缩小使帝国的"血脉"梗阻，派出镇压农民起义的军队成为地方势力并使人民望而生畏。② 在这种关键时刻，当17世纪总危机的两个重要因素——"路易十四小冰河期"及贵金属人口量锐减——同时冲击中国之时，明王朝的统治秩序终于在李自成起义和满族入关双重打击下解体。

至于满族之所以能入主中原，魏斐德认为其关键是因为满族在其政权的上升、调整和完善的过程中，始终如一地坚持与那些参加儒家化新帝国建设的汉族政治家结盟，而这些汉人在不同的历史时期起到了恰恰为那一时期所需要的作用；这些汉人政治家的社会背景又与满族征服的不同阶段的特殊需要相适应。③ 比如，满族在东北为实现其"大业"准备的阶段，边境汉人首先协助努尔哈赤取得统治权并使满族统治者实现了意识形态上的儒家化，进而帮助满人仿照明朝六部建立起政治体制。同样，在汉人的帮助下，满族全面引进和吸收了中原地区的先进生产技术和包括使用与铸造西式火炮在内的军事技术。隶属于汉旗的辽宁军人为使北方各省归属满族做出了贡献。④ 事实上，在满族入关前，满族最高统治者在汉族政治家的帮助下已建立起体现儒家政治理想的政权，并

---

① Wakeman, Jr., *The Great Enterprise*, p. 636.
② Wakeman, Jr., *The Great Enterprise*, pp. 13 – 16.
③ Wakeman, Jr., *The Great Enterprise*, p. 19.
④ Wakeman, Jr., *The Great Enterprise*, pp. 19 – 20.

为实现其"大业"做好了物质上的准备。

李自成率领农民起义军攻占北京，使 17 世纪商业上的经济危机、明统治秩序的解体和清政治上的加强这些历史进程突然加快了变化的节奏，并使各种社会矛盾陷入急剧冲突之中。正是在这种中国社会内部长期发展进程与政治巨变的相互作用中，魏斐德寻找到那一时期中国历史变化的规律性表现：中国社会内部具有近代特征的长期发展进程需要秩序力量保证其继续发展。清统治集团由于策略上的成功，终于以中华民族的代表和秩序力量的化身这两种身份出现在中国的历史舞台上。魏斐德对此有详尽的论述。

在北京建立政权的适应时期，满族统治者继续加强与汉族政治家的联盟，即实行的是"双头政治"。[①] 满人以开放的态度和博大的胸怀吸收大批汉族优秀知识分子和前明官吏参加新政权的建设，并在政策与策略的制定上广泛采用了汉族同盟者的建议，使他们实现了崇祯朝那些夸夸其谈者根本无法实现的政治抱负，[②] 就此为满族政权适应北方地区的新形势奠定了基础。在将满汉联合统治模式推向全国的过程中，满族统治者及时吸收江南名士、复社重要成员陈名夏参加新政权，并通过他与江南复社成员建立了联系，经济利益的一致性使畏惧抗清农民起义军的绅士阶层迅速向清政权靠拢。由于争取到江南文人的合作，广大南方几乎兵不血刃地实现了和平的征服，中国商品经济最为发达的地区免遭战争的破坏。[③]

满族统治者成功地结束了明朝的腐朽统治，在 17 世纪的中国重建了帝国秩序，而且清朝在国家的治理上采取了体现南宋那种谨慎的保守主义精神的方针和策略，[④] 使中国社会内部长期发展进程重新获得活力并使中国较之西方国家更早地摆脱了 17 世纪的总危机，[⑤] 因而历经多尔衮

---

① Wakeman, Jr., *The Great Enterprise*, p. 872.

② Wakeman, Jr., *The Great Enterprise*, pp. 20 – 21.

③ Wakeman, Jr., *The Great Enterprise*, pp. 644, 1036.

④ Wakeman, Jr., *The Great Enterprise*, pp. 20, 457.

⑤ 魏斐德就中国与主要欧洲国家走出 17 世纪总危机的年代做了比较研究。他认为中国大约在 1683 年已摆脱了 17 世纪的总危机，德国大约与中国同期复苏，法国与荷兰至 17 世纪 90 年代经济才开始起色，而英国和西班牙则到 18 世纪 20～30 年代经济才回升。详见 Wakeman, Jr., *The Great Enterprise*, p. 20。

摄政和顺治、康熙两代，终于建立起规模令人畏惧的帝国大厦。

通过上面的论述，我们可以看到，魏斐德是从社会控制的角度来看待明清嬗变的历史实质的。按照魏斐德的历史逻辑思维，16 世纪中叶以来在中国内部形成的诸多长期发展进程是中国历史发展的规律性反映并代表着中国历史发展的方向。然而这些长期发展进程并不是和谐、有序的，相反，会带来一系列的社会矛盾和冲突。这就要求中央政权发挥强大的作用，使中国社会内部这些长期发展进程能够延续并带动整个中国社会的进程。明清嬗变的根本原因，从社会控制的角度来看，就是明王朝不再能为中国社会提供秩序保证，因而它退出了历史舞台；清统治者作为一种新生的政治力量，通过满汉联盟在 17 世纪的中国重建了帝国秩序，使中国社会内部的长期发展进程得以延续下去，因而满族才能在中华大地建立起规模空前的帝国。王朝在更迭，但中国社会内部长期发展进程和中国历史内在的连续性并不因此而中断。魏斐德从社会控制的角度来研究明清嬗变这段历史，终于为批判中国历史循环论找到了新的理论根据。

（三）通过儒家政治体制历史局限性的研究指出清帝国潜在的危机

《伟大的事业》一书在充分肯定儒家化的清统治集团取得的辉煌就成的同时，也郑重地指出：儒家的全部政治理想和调控手段都是有历史时限性的。为了说明这一论点，魏斐德将清帝国与欧洲国家做了比较研究：

在 18 世纪的欧洲，实力几乎对等的国家之间，战争连绵不断。在生死搏斗中，这些国家的战争技术和战术思想得到革新。为了适应新形势的需要，专断的行政体制完成了优化过程，为欧洲未来的发展铺平了道路。因此魏斐德称欧洲国家的这种政治变革为"带有目的性的进步"（teleologically progressive）。① 反观清帝国，在清初 200 年间，中国领土的面积虽已为明朝治理范围的两倍，但在征服亚洲腹地的过程中，对手处

---

① 详见 Wakeman, Jr., *The Great Enterprise*, p. 20，注 2。

于相对落后的状况；保持朝鲜和东南亚一些国家对中国的隶属关系也不需要更强大的军事力量。所以中国没有感到有改进军事技术的特殊需要。在经济方面，清政府保守主义的改良促进了经济发展和人口的增殖。[①]在统治者沾沾自喜的同时却没能为经济长期稳定的发展找到真正的出路。所以魏斐德认为清政府的成功仅仅是对中国社会问题的一种"假性解决"（pseudo-solution）。[②] 在清帝国的政治体制方面，雍正朝设置军机处代表着帝国权力集中的最高水平。但当皇权威望达到极点时，官僚的自主精神却在衰退。清在前期依靠相当先进然而又十分传统的体制和技术成功地恢复了政治稳定，但这种权力的集中却未经过一个彻底的合理化过程。特别是沉湎于17世纪重建帝国秩序的巨大成功之中，更使帝国的统治者很难考虑变革制度的必要性。18世纪中叶以后，帝国的权力虽仍强有力集中着，但行政管理的边缘与权力中心的联系已经削弱，尤有甚者，整个系统已失去了前清时代的活力。当19世纪可怕的外部挑战一次又一次出现时，帝国衰落的时刻终于到来，整个政治结构随之解体，"伟大的事业"也以失败而告终。[③]

在《伟大的事业》一书中，魏斐德将中国历史发展进程与世界历史发展进程相结合，把中国社会内部的长期发展进程与急剧的政治变化相结合，并从社会控制的角度分析了明清嬗变的实质内容，进而指出以儒家政治学说为基础的专制政体的历史局限性，所有这些都代表着美国中国史研究的新进展，这也就是我们认为魏斐德的史学思想和观点代表着当代美国中国史研究发展趋势的原因。

"要是"没有西方殖民主义者的入侵，中国社会将按什么样的模式和方向发展，在《伟大的事业》中，魏斐德并没有在这方面做出反事实

---

① 魏斐德曾有专节论述清初短时期内如何使中国的经济迅速恢复到晚明的水平。详见 Frederic Wakeman, Jr., "China and the Seventeenth-Century Crisis," *The Late Imperial China*, Vol. 7, No. 1, 1986, pp. 18 – 19。

② 详见 Wakeman, Jr., *The Great Enterprise*, p. 20，注 2。

③ Wakeman, Jr., *The Great Enterprise*, pp. 1124 – 1127.

的推论。这表明魏斐德把他在该书中所表达的历史逻辑思维仅仅当作他的阶段性研究成果。至于对中国历史发展规律的全面认识，魏斐德则寄希望于中国学者。魏斐德在广州访问时曾谈道，美国年轻一代学者对中国史的研究还只是初步的，"要联系土地制度、租佃制度等问题，不仅要注意到经济的发展，而且要注意到社会的变化，这种全面的工作应该由中国学者来完成，希望你们的研究速度能更快些"。① 我们认为魏斐德的这些话是诚恳的。事实上，要对中国历史发展规律得出更全面的认识，对世界各国的中国史学者来说，都是任重而道远的。

（本文曾发表在《太平洋学报》1994 年第 1 期）

---

① 魏斐德：《关于中国史研究的几个问题》，《广东社会科学》1985 年第 2 期。

费正清的中国史研究

在美国的中国史研究领域，没有任何一位学者能像费正清那样享有如此高的声名和威望。他被视为"中国史研究领域的教父"，甚至被称为"大老爷"或"老太爷"。在长达半个世纪的中国史研究生涯中，他著作等身并开创了"哈佛学派"。他所倡导的"冲击－反应"模式曾在国外的中国史研究中有过广泛的影响。到 20 世纪 70 年代，随着美国的中国史学者逐步完成从"西方中心论"向"中国中心观"的转变，费正清的史学思想受到严厉的批判。但费正清并没因此而消沉，相反，他在晚年振作精神，紧跟时代的步伐，在中国史的研究中实现了自我超越，写出了带有学术总结性的著作——《中国：一部新历史》（*China: A New History*）。

除中国史专家的身份外，费正清还是美国对华政策的主要评论人，并为中美关系的正常和稳定发展提出了一系列富有建设性的建议，至今仍有极为重要的参考价值和现实意义。

通过对费正清史学思想的研究，我们既可理清美国中国史研究的发展历程，又可看出当代美国中国史研究的发展趋势，同时也有利于我们了解什么是中美关系正常化的原则和基础。

一　费正清的"中国情结"与"美国心"

（一）初访中国：费正清中国观的初步形成

1907 年 5 月 24 日，费正清出生在美国南达科他草原一个有着新教传统的家庭。他聪明且富有才智，在中学期间为自己树立了"追求卓越"的人生目标，并很快出人头地，成为"校园中的强人"。①

1927 年，费正清怀着"进入特权阶层的渴望"考入哈佛大学。在校期间，他深受"哈佛传统"的影响，认为知识分子的追求就是"开拓个人前途"。② 所以他如饥似渴般涉猎各种知识。费正清在校期间适逢"黄金般闪光的 20 年代中期"。此前威尔逊总统在任期间极力推行"理想主义"外交，强调美国领导世界的作用并千方百计想把美国的"边疆"推向五大洲的各个角落。在这种时代氛围的影响下，费正清立志成为一名符合"成功标准的西方青年"。③

1929 年，正在费正清开始考虑自己未来的发展方向时，刚刚结束对东方的考察、返回美国的著名学者韦伯斯特看中了他的才华，建议他到英国去研究中国问题。当时费正清对中国问题知之甚少，但他还是接受了韦伯斯特的建议，因为费正清希望成为这一陌生领域中的"先驱"，以迎接高水平的挑战。④

1929 年费正清到英国，就读于牛津大学，其导师就是大名鼎鼎的西方外交势力在中国的代表、"蓝皮书史学"的创始者之一——马士。费正清的中国观深受马士的影响，他称马士为自己"精神上的父亲"。⑤ 在马士的指导下，费正清把早期条约口岸外交制度的核心——中国海关制度当作研究课题。在广泛涉猎英国外交档案的基础上，费正清于 1931 年春完成了《1850～1854 年英国对中华帝国海关起源的政策》一文的写作并获文学硕士学位。

在对中国海关制度的研究中，费正清认识到中国海关制度形成与发展的历史与中国近代历史的沉浮紧密相连，透过中国海关制度源流的研

① 《费正清自传》（以下注释中简称《自传》），黎鸣等译，天津人民出版社，1993，第 12、16 页。
② 保罗·埃文斯：《费正清看中国》，陈同等译，上海人民出版社，1995，第 4 页。
③ 保罗·埃文斯：《费正清看中国》，第 19 页。
④ 《自传》，第 22 页。
⑤ 《自传》，第 27 页。

究可以进一步了解中国历史与社会的特点；另外，费正清还认识到中国海关制度体现了西方国家的在华利益，因此研究中国海关制度不仅具有历史价值，而且具有极强的现实意义，在这一研究领域是大有可为的。当时他便预想："在四五十岁时，或者在死后能获得一点声望和威信。"①

基于上述认识，费正清又将对中国海关问题的研究定为其博士学位论文的主题，从而确定了从外交史和制度史入手，以近代中国为主题，运用中国相关原始资料的努力方向。在20世纪30年代，这种研究方法还是一种全新的尝试。

在英国求学期间，费正清已开始学习汉语。当时他对中国的认识主要来源于西方资料，尤其是英国的资料。正如他自己所说，这是"通过英国人的眼睛来了解现代中国"。无疑，"欧洲中心论"和"白人的负担"影响到他后来研究中国问题的基本倾向。

1932年，为了完成博士学位论文的写作，费正清来到中国进行考察并搜集资料。他途经上海、天津，最后到达北京。当年韦伯斯特建议费正清从事中国问题的研究，其原因之一，就是他在华时已获知130多册的《筹办夷务始末》业已出版。他认为这部中国官方文献能"更清楚地说明东亚的疑难问题"，而且对改写中西关系有着决定性的意义。韦伯斯特还告知费正清，蒋廷黻是这一领域的专家。所以来华后，费正清通过韦伯斯特的介绍求教于蒋廷黻，并开始用那种"把自己推向能力极限的方式"钻研这一庞大的历史文献。② 当时与费正清同在中国的美国人曾善意地嘲笑他这种"远离现实的学究式的历史研究"方式。实际上费正清此时已暗下决心，要在挖掘出更多历史记录的同时，为"建立起一个更充实的近代中国历史观"而奋斗，③ 而为了实现这一目标，他整整奋斗了50年。在研究中国海关制度沿革历史的过程中，从美国"理想主义"的外交思维出发，费正清经常思索如何在中国实施美国的"门户开

---

① 保罗·埃文斯：《费正清看中国》，第15页。
② 保罗·埃文斯：《费正清看中国》，第10页。
③ 《自传》，第97、113页。

放"政策这一问题，即如何在中国的发展中最大限度地实现美国的利益。

拉铁摩尔的理论使费正清受到何种启发，对其中国观的形成又有什么影响呢？

首先，费正清研究中国近代海关的历史，重要目的之一就是考虑如何按照"门户开放"政策的精神实质来进一步扩大美国在中国的利益。中国历史上曾经出现过"华夷共治"的局面，这一事实本身就使费正清受到鼓舞，促使他进一步去探索在近代世界的新形势下，在中国实现"中西共治"的可行性和可能性。

其次，中国北方少数民族入主中原后，他们在实施以儒家治国理念为基础的专制统治的过程中，也极力将具有自己个性的政治理念融入儒家统治体制当中。这促使费正清思考。他认为当代的"夷狄"来自东部边陲以外，他们带来了较儒家文化更为先进的科学技术和价值观念，那么应如何用西方现代化思想对儒家传统提出挑战，这是十分关键的问题。事实上费正清后来提出的影响颇广的"冲击－反应"模式，于他在华时期已在孕育之中。

再次，"华夷共治"的局面是由那些北方少数民族受到草原文化和农耕文化双重影响的"边际领袖"们促成的。于是，费正清在华期间，他已开始考虑，在当代的中国社会中，能否造就出一种既承袭中国传统价值观念又能接受西方现代理念的"精英"，即在中国是否会出现新一代的"边际领袖"人物。

费正清在华期间曾在清华大学短期任教。20世纪30年代，清华大学聚集了一大批中国最杰出的专家和学者，这为费正清和中国知识分子接触并相互了解提供了机会，像梁思成夫妇、金岳霖、章士钊、陶孟和、陈岱孙和周培源等都成了他的友人。这些"把中国文化传统同盎格鲁－撒克逊文化传统很好结合起来的人物"[1]给费正清留下了深刻的印象。他

---

① 《自传》，第126页。

从他们身上看到了他所理解的价值和他们在中国现代化过程中可能起到的作用。后来费正清明确写道，他视中国这类"精英"人物为"美国在中国的有形投资"。①

可能出于他在英国求学时所形成的"最初经验"，费正清来华后虽然被中国古代灿烂的文化所吸引，但他认为"19世纪中国政治的病态提供了对中国文明的了解"。这种观点必然阻碍他深入中国的历史中去探索中国文明的实质。又由于他对历史上西方国家尤其是英国对中国的侵略在一些方面持保留的态度，因此他反对对英国进行道德上的控诉。②他的这种立场自然拉大了他与中国人民在感情上的距离。事实上，费正清在来华后，始终生活在自视高贵的一些白人的小圈子当中，体验着"外国人生活在中国的愉快"。③费正清夫妇为了访胜探古，也曾在中国内地各处旅游，而那时正是中国难民沿各铁路线流离失所的岁月。当埃德加·斯诺目睹内蒙古萨拉齐流亡饥民的悲惨状况时，他震惊了，他用深沉的笔触写道："这是我一生中的觉醒点。"④从此斯诺几十年间将自己与中国人民的命运紧密地联系在一起。而费正清却惬意地这样描述他与夫人的中国之旅："持着美国护照，我们几乎在某种不可接触的保险网中自由旅行。我们是高级的不可接触者。"他们在中国旅游能享受到"审美的欢娱"，⑤其原因正在于西方列强从胁迫中国签订的不平等条约中攫取的在华"治外法权"。费正清自己也承认此点："治外法权的优越性为我们旅居中国4年这一段插曲铺平了道路。"⑥1935年，当北京爆发"一二·九"运动时，斯诺冒着生命危险参加了学生游行并及时向全世界报道了这次运动的全过程。费正清当时正在北京，而且除研究中国问题外，他还在清华大学教书，但他却明显地使自己处于一种十分超

---

① 保罗·埃文斯：《费正清看中国》，第87页。
② 保罗·埃文斯：《费正清看中国》，第25、55、58页。
③ 《自传》，第63页。
④ 刘力群主编《纪念埃德加·斯诺》，新华出版社，1984，第402页。
⑤ 《自传》，第69、79页。
⑥ 《自传》，第156页。

然的地位上，并认为 1935 年是他们夫妇"在北京 4 年田园般生活的鼎盛时期"。①

综上所述，我们可以看到费正清是怀着追求个人事业上的成功这种个人主义的美国价值观前来中国的，以"天定命运"为核心内容的美国"理想主义"外交思想左右了他的研究方向和研究方法。由于他选定的研究课题是鸦片战争以后中国与西方之间的外交关系，而且他错误地认为"19 世纪中国政治的病态提供了对中国文明的了解"，因此他注定不可能对中国文明的本质特征和中国文明发生、发展的历程以及中国文明对中国社会和历史的制约作用等根本性问题得出全面、正确的结论；又由于他不能从白人优越感的偏见中摆脱出来，因此他不可能投身于中国人民的民族解放运动当中。但作为一个美国的自由主义者，他有着温和的改良主义情感。从维护他自己的"一致性"出发，他又不能完全漠视日本对中国的侵略及国民党腐败所造成的中国灾难性的现实生活。因此，怀着一种复杂的心情，他离开了中国。

（二）离延安只有一步之遥：费正清对中国认识的深化

离开中国后，费正清曾到英国进行博士学位论文的答辩。这时他已接受哈佛大学的聘任，作为历史学讲师暨历史、政治、经济的指导教师，由此开始走上成功之途。

然而 20 世纪 30 年代，世界正经历着历史性巨变。无论是在欧洲还是在亚洲，法西斯势力都在疯狂扩张并正把人类投入战争的深渊之中。

但在美国国内，受和平主义思想的支配，"孤立主义"再度成为占主导地位的一种思潮，美国对德、日法西斯的侵略行径始终持一种姑息态度。直到 1941 年 12 月 7 日日本偷袭珍珠港，美国才不得不用战争的手段来保卫自己的国家利益。

这一历史时期国际形势的变化对费正清产生了重大影响。费正清曾有一个信念，即"一个领域的专家就是这个领域的一位旁观者，他们被赋于

---

① 《自传》，第 151 页。

〔予〕某种优惠，观察人间戏剧如何展开，而不会陷入其中难以自拔"。①
但战争使他的人生态度发生了重要变化，他开始从一个"旁观者"迅速
变成一个紧随国际形势变化的"观察家"，而历史知识则成为他分析国
际形势发展趋势的一种重要手段。正如他自己所说的那样："经过努力，
我学会了如何借助于历史研究来考察当前的危机。"② 费正清原来只把历
史当作他追求个人发展的"谋生之道"；在世界爆发了严重危机的年代，
他开始认识到，对于人类生存而言，历史"也是拯救世界之道"。③

　　费正清更以"地缘政治学"理论为出发点，认识到日本法西斯与历史
上入侵中国的"蛮夷"在性质上已完全不同。日本侵略者根本不会再被儒
家文化"同化"，因其目的是实现对中国的永远的奴役与统治。因此，日
本对中国的入侵已直接影响到倡导"门户开放"政策的美国的利益。基于
这种看法，他赞成一种主张美国进行"干预"的政策。针对美国国内广泛
蔓延的"反战"情绪，费正清指出："阻止日本与我们打仗的惟〔唯〕一
方法就是采取强硬的立场。"④ 在珍珠港事件后，他认识到在反对日本法
西斯的斗争中，中美两国人民的利益是一致的，所以他主张加大对中国
的支持，而这种支持也正是在捍卫"我们所了解的那种文明事业"。⑤

　　费正清此时已清醒地认识到，为了赢得对日战争的胜利，必须加强
对国际问题的研究。他是那一时代主张用中国和日本的第一手资料来研
究中国和日本问题的代表性人物。然而当时美国对于远东的研究十分滞
后，研究人员更是凤毛麟角。在哈佛大学，历史系仅允许安排学生个人
的 1/5 时间用在远东课程的学习上，而且二战前，几乎没有一个博士生
以远东史为专业。⑥ 结果出现了这种矛盾状态：在美国急需提出一个系

---

① 《自传》，第 151 页。
② 《自传》，第 206～207 页。
③ 《自传》，第 208 页。
④ 保罗·埃文斯：《费正清看中国》，第 75 页。
⑤ 保罗·埃文斯：《费正清看中国》，第 75 页。
⑥ 保罗·埃文斯：《费正清看中国》，第 67 页。

统的针对中国和日本的政策时，美国人却处于全然无知之中。①

　　费正清敏锐地感觉到，那些少数从事远东问题研究的人员的研究方法非常陈旧，研究范围又十分狭窄，根本不适应当时形势发展的需要。他特别批评那类故步自封的汉学家，说他们"如果不是语言的奴隶，也已成了语言的仆人"。因此他要历史学家"去使用语言，而不是被语言所使用"。② 在研究范围上，他反对那种只注重近代远东外交史而忽视远东国家历史文化传统的研究方法。他问道："怎么能在不讨论儒教国家这个问题的情况下先去论述中国的外交政策呢？"③ 在这种情况下，费正清毅然承担起考察东亚所有方面的义务，即将研究范围扩展到政治、历史、文学和艺术等诸多方面，并将东方文明上溯到 3000 年前来进行系统的研究。在此期间，费正清又积极投身社会活动，并在报纸上发表文章阐述他对时局的看法。在这一过程中，费正清充分显示出他在学术组织方面的才能。正如他自己所说："与其说我是一个研究中国问题的专家，不如说我更是一个谋划自己事业的行家。"④

　　1941 年费正清被美国政府征召，参加为战争服务的学术机构并开始步入"权力的大厦"。⑤ 1942 年 6 月 2 日，费正清被任命为情报协调局驻中国首席代表，并于 8 月 21 日乘飞机前往中国重庆。

　　战争时期的重庆是中国各派政治力量汇集的地方，在这里费正清又重新见到他昔日在北京时就已相熟的中国友人。这些教授们的悲惨处境使费正清大为震惊。他一直把这些受过西方教育的"精英"当作"美国在中国的一项投资和资产"和"美国的教育影响在中国的活的代表"，但当时这些人正面临着"毁灭的严重威胁"。因此，为了美国未来的利益，他要求美国政府尽快给予这些知识分子帮助。⑥

---

① 保罗·埃文斯：《费正清看中国》，第 71 页。
② 保罗·埃文斯：《费正清看中国》，第 67 页。
③ 保罗·埃文斯：《费正清看中国》，第 66 页。
④ 《自传》，第 203 页。
⑤ 《自传》，第 215 页。
⑥ 《自传》，第 241～242 页。

通过与中国这些受过西方教育和具有自由主义倾向的学者的交往，以及对战时中国社会的观察，费正清看到国民党政权已呈现崩溃的征兆。他痛恨国民党陈氏兄弟领导的 CC 派的"极权主义的行径"，[①] 并最终认识到国民党政权"主要是法西斯主义的"。[②] 而且费正清已预见到国民党政权必然灭亡的命运："这个政权已千疮百孔，腐朽不堪，并且没有足够的有识之士来挽救残局，因此，它不过是苟延残喘而已。"[③]

这时，在山城重庆，共产党人的高大形象突然出现在费正清的面前。他被深深地触动了，并动情地写道："我衷心地为他们祝福：盼望他们万事如意。"[④] 费正清还与周恩来相识。费正清后来在回忆录中曾这样写下周恩来留给他的难忘印象："周恩来作为领袖人物才能非凡，初次见面时就打动了我。这是一位英俊潇洒，有着一双黑色大眼睛的伟人。肩负着民众的期望，英姿勃发；悟性敏锐，多谋善断，献身集体主义事业。"[⑤]

通过在重庆和共产党人的接触，费正清对中国政局的未来发展趋向已然心中有数，即他已看出"这股风是朝哪个方向吹的"。这时尽管费正清以及与他同时在重庆的其他美国人"都不可能是共产主义的支持者"，但从美国的实际利益，尤其是从美国的长远利益出发，他们都希望美国政府的决策人能慎重考虑美国未来的对华政策，而应增进对延安共产党人的了解几乎是他们的共识。费正清即指出，美国对延安方面的情况知之太少，"一切有关延安的消息都消失在云雾之中。我们并未认真努力去查明真实真相"。[⑥] 所以他主张在延安设立领事馆，而且不论国民党方面是否愿意，美国都应当在延安派有领事、观察人员并设立空军基地。

费正清对中国时局的判断以及对中国共产党人的评价和对美国外交

---

① 保罗·埃文斯：《费正清看中国》，第 91 页。
② 保罗·埃文斯：《费正清看中国》，第 98 页。
③ 《自传》，第 299 页。
④ 《自传》，第 334 页。
⑤ 《自传》，第 332 页。
⑥ 《自传》，第 334 页。

政策的建议，都表示出这时的他和以前的"不一致性"，即只作为中国时局发展的"旁观者"的立场有了重大改变。保罗·埃文斯认为，费正清此时对中国的概念、美国的政策以及他自己作用的看法，已发生了根本性的转变，即"他带有感情色彩地卷入当代中国事务，超出了纯粹的学术兴趣。如同在他之前几代的外国人一样，他不能长时期地满足于从局外人的角度被动地关注中国事务"。① 然而，尽管费正清同情中国的革命运动、钦佩共产党人的奉献精神并认识到了解延安现状的重要性，但他并没能像斯诺等美国人那样亲自到延安去。这可能受当时客观条件的限制，也很可能归因于他和共产主义保持着一种距离。在迟疑之中，他没有争取前往延安。但无论什么原因，可以说费正清在离延安只有"一步之遥"时没有前往，使他失去了亲身体验和深入了解中国革命的机会。这对费正清来说或可视为他的一大终身遗憾。

1943 年底费正清奉调返回美国。

（三）从麦卡锡时代到中美建交："冲击－反应"模式的提出和对中美关系正常化原则的阐释

返美后，一方面，费正清作为历史学教授，根据他对中国历史与文化的新理解，开始积极推动对中国的地区性研究；另一方面，作为中国问题专家，他又以饱满的热情投身于有关中国问题的政策辩论之中。他的这种双重身份导致两种不同的结果。

在地区性研究中，在费正清身边聚集了十几位朝气蓬勃的青年学者并组成一个研究班，这就是后来以"冲击－反应"模式来界定近代中国历史特征的"哈佛学派"的"摇篮"。②

出于教学活动以及作为研究生导师的实际需要，费正清这一时期尤重目录学和书目等原始资料的积累和整理。他与他的学生、合作者——

---

① 保罗·埃文斯：《费正清看中国》，第 106 页。
② 有关"冲击－反应"模式，笔者已在《从"西方中心论"到"中国中心观"——当代美国中国史研究的发展趋势》（载《中国史研究动态》1994 年第 11 期，第 2～10 页）一文中有过概述，此处不再赘言。

华人学者刘广京并肩努力，历时三年，编成《近代中国：1898～1937 中文著作目录指南》(*Modern China: A Bibliographical Guide to Chinese Works, 1898 – 1937*)，该书共 608 页，内录 1067 种中文著述。此外，费正清又与邓嗣禹、房兆楹和孙任以合作，将涉及"门户开放"政策的 65 种中文文献译成英文，后来以《中国对西方的反应：1839～1923 年文献通论》(*China's Response to the West: A Documentary Survey, 1839 – 1923*) 为名出版。再加上其他诸如中国共产主义运动史等书目的汇编，费正清为哈佛乃至美国从事中国近现代史专题性研究的后继者们奠定了坚实的目录学基础。

在从事教学活动的同时，费正清开始著书立说。结合他对中国历史与文化的理解以及他从政的经验，尤其是他在中国多年的经历，费正清于 1948 年写出《美国与中国》一书。这是一部简明的美国对华政策的发展史。在该书中著者详尽地论述了中国的历史文化特征，并以此作为研究中美关系的前提，因此该书也代表了那一时代费正清的中国观。在此之前，美国没有任何一部涉及中国的专著用近代的方法对中国社会进行过全面的研究；因此《美国与中国》一书一经面世便受到学术界和舆论界的高度重视，一举获得"温德尔·威尔基"奖，并被收入"美国外交政策文库"之中。费正清本人也因这一著作赢得了"美国的中国问题专家"的称号。

在教学与写作之外，费正清还热情地投身于美国关于对华政策的辩论中。

在二战结束后，费正清于 1945 年 10 月到 1946 年 7 月第三次来华，亲眼观察到中国时局的急速变化。到 1946 年，他看到中国共产党的优势地位已经显而易见，其组织能力的强大足以使人感到惊讶。费正清终于得出这样的结论：美国支持蒋介石的政策已经失败，蒋介石不但在自掘坟墓而且要把美国拉下水。所以他回到美国后在他带有批评性的文章中，深刻分析了国民党必然失败的原因以及中国共产党必将胜利的根据。他最大的成功之处在于指出了中国与美国之间存在文化与社会方面的深刻差异，共产主义虽然不适合于美国，但适合于中国。如果不能使美国的对华政策建立在理智的分析之上，而任"爱国主义"的渲染和藻饰甚嚣尘上，听任美国一步步陷入反对中国革命的泥潭，其结果"只能是对我们双方都极不幸"。①

非常遗憾的是，费正清的这种观点当时并没有被政府的决策层和舆论界所接受，相反，却被视为有"亲共"之嫌。中华人民共和国的成立，对于一向标榜着负有领导世界的责任和身负"天定命运"的那部分美国人来说是无法接受的，于是在美国展开了谁应对"丢失"中国负责的大辩论。美国参议员麦卡锡利用这一时机在美国国内掀起了一场反共运动，顿时在美国国内造成一个"大恐怖"时代。

麦卡锡及其追随者试图蛊惑人心，大肆宣传说，国民党的失败和中国人民的胜利是因为在美国国务院内潜藏着一个"亲共的阴谋集团"。费正清首当其冲，被戴上"老牌共产党的辩护士"和"赤色分子"的帽子。更有告密者说费正清是个"共产党"。忠诚委员会的安全部门由此对费正清展开了长达5年的调查，形成一千余页的调查材料，对费正清提出12条指控，并断绝了他和美国国务院的一切联系。虽然这些指控材料并没能证明费正清是所谓"亲共的阴谋集团"的成员以及费正清本人即"赤色分子"，但这种针对费正清的调查运动还是对他造成了巨大的精神压力和心灵上的创痛。费正清后来在自己的回忆录中不无辛酸和痛苦地写道，在"大恐怖"时代人们被迫表示自己的反共立场，一时明哲保身仿佛已变成了人的第二种天性。

在1951年以后的10年中，费正清变得缄默而含蓄。在1952年至1960年，他所发表的论述中国及美国对外政策的文章不足75页。其中，或表示出一种自我批判的倾向，或对美国现行政策做出呼应。在一些文章中更不乏反共的言辞并由此得到保守派的喝彩。从朝鲜战争到越南战争，尽管他已清楚地看到美国的外交政策正一步步走入死胡同，但为了表明他同样具

① 《自传》，第377、380、386、390、392页。

有浓厚的爱国主义精神，他表示支持美国对中国的遏制政策。在台湾问题上，他也一反早年对国民党的批判态度，而开始鼓吹"两个中国"。然而他终究是个中国问题专家。虽然在强大的舆论一致的压力下，他无法率直地表达自己的真实观点，然而美国错误的外交政策，尤其是对中国的遏制政策屡遭失败的现实，在客观上又要求他履行作为学者的职责。在这种两难的情况下，费正清只好用一种斯芬克斯式的暧昧和模棱两可的言辞来曲折、委婉地表达他的意思。例如，论及对中国的遏制时，他认为这是不可避免的，但他又说："如果你欲使中国共产党人像他们重视声誉那样停止试图煽动不发达世界，那么你现实的选择是让他们进入国际交往。"① 那么对中国最终是应当"遏制"呢，还是与之进行"接触"呢？费正清是不下这种结论的。此外，他还发表"我确实没有为政府辩护，而是在谈论中国的历史。我对政府的问题深表同情"及"我并不渴求把自己与政府的政策分离开来。另一方面，我在这里并没有赞成它的政策"② 等言论，这类都是那一时期费正清表示自己立场的典型句式。

费正清的这种表述方式很快便遭到舆论界新的攻击和批评。有人指出："他在能够宣称是属于他自己的思想中，没有一种主要的倾向。"③ 保罗·埃文斯更直截了当地评述说："光有综合和公允，无论怎样圆滑，也不标志着他的学术成就是最佳的，或他的公开辩护是最有说服力的"；"他的观点有点像变色龙似的特性，总是贴近，但又从不与当时占上风的意见完全一致"。④ 埃文斯对于费正清在许多关键问题上同时脚踩两只船的这种"灵活性"给予尖锐的批评。他指出，这种"灵活性剥夺了其史著的解释、论断权，并对他实际上意指的东西造成了大量的混淆，从而强索了一种理性的代价"。⑤ 客观地讲，这种评论是十分中肯的，也是

---

① 保罗·埃文斯：《费正清看中国》，第 299 页。
② 保罗·埃文斯：《费正清看中国》，第 299~300 页。
③ 保罗·埃文斯：《费正清看中国》，第 212 页。
④ 保罗·埃文斯：《费正清看中国》，第 219、384 页。
⑤ 保罗·埃文斯：《费正清看中国》，第 209 页。

切中要害的，但没能指明从费正清那里"强索了一种理性的代价"的是麦卡锡时代以来由"大恐怖"造成的变态的社会，而费正清则是那一特定时代的牺牲品。

20 世纪 60 年代中期以后，美国在越南的失败已成为无争的事实，对中国的遏制政策也毫无效果，冷战已走到尽头。美国不得不面对现实，而调整与中国的关系已成为美国决策者的当务之急。许多美国政治家开始重温费正清那些模棱两可的斯芬克斯式的言论，此时才从中感悟到费正清的真意之所在和其中所蕴含的逻辑力量。1966 年 12 月，美国国务院正式邀请费正清参加由助理国务卿威廉·邦迪领导的"东亚和太平洋事务顾问小组"的会议，这标志着费正清已被正式恢复名誉。联邦调查局从此也停止了对费正清的调查。事实上，在此之前，随着舆论的变化，费正清虽十分谨慎，但已不时表明他对美国现行政策的一些带有批评性的看法。比如，对于美国对越南的大规模轰炸，费正清即持反对的意见。他认为这种轰炸不会改变越南战争的形势，相反会激起越南人民族主义情绪的高涨，"这在中国的文化区域内尤其如此"。显然这是费正清在亲历中国抗日战争后所得出的结论之一。[1] 对于"爱国主义"的聒噪，费正清则凝重地指出："在我赞同支持我国政府的爱国需要的同时，我认为这种支持必须适当地说明我们面对的全部事实。"费正清后来又告诫说："政府也许会使我们承受在爱国旗帜遮蔽下的失败。"[2] 在反战情绪高涨的年代，费正清的上述言论自然会受到欢迎。

政治上的"平反"使费正清在学术领域又重新活跃起来，并不时在媒体上露面，或进行巡回演说，或在《生活》《时代》《大西洋月刊》等广有影响的刊物上发表文章。这些文章后来结集并以《中国：人民的中国和美国》为书名出版。其间，在学术研究方面他着手做两件大事：一是为曾任中国海关总税务司一职的赫德编纂书信集；二是为以他为主编

---

① 保罗·埃文斯：《费正清看中国》，第 305 页。
② 保罗·埃文斯：《费正清看中国》，第 304~305 页。

的多卷本《剑桥中国史》做准备工作。

费正清当选美国历史协会 1968～1969 年度的主席。按照美国历史协会的传统，当该会主席任届期满时，都要发表一次演讲，以资留念。1969 年 12 月，费正清做了以"七十年代的任务"为题的演讲，追溯了美国汉学的发展历程以及历史上中美关系的演化。其中最引人注目的是他对 20 世纪 70 年代国际形势所做出的分析。费正清认为，20 世纪 70 年代，人类将进入一个危机四伏的时代，这是一个促使国家乃至全球进行大改组的年代。世界危机具有某些共同的起因和特征，因此要求人们必须从制度上和思想上来适应新的形势。其中，中国是一个特殊的世界问题，需要特殊地对待。他主张对《孙子兵法》中的格言"知己知彼，百战不殆"赋予现代的意义和解释。具体到中美关系，那就是要了解对方，要了解相互之间具有能动性影响的因素。①

出于在新时期加强美中之间相互了解的需要，费正清在 1970 年 10 月又将经过他修改的《美国与中国》的第三版付梓。在该版的前言中，他明确指出美国插足越南正像以前干涉中国内部事务一样，是"灾难性的，无结果的"，非但不会取得胜利，相反会使美国蒙受更多的耻辱。因为炮舰外交的时代已经一去不复返了。他特别强调说，美国有 1/4 世纪卷入了中国文化区的事务，而且都招致失败，其根本原因是美国不了解东亚地区的历史和文化，而又妄自尊大，常常错误地估计形势。美国要想真正理智地发展太平洋两岸的关系，必须加强对东亚文明发展历程的研究，深刻认识文化差异所蕴含的意义并以此作为制定政策的基础。通过对屡遭失败的总结，便可看到实现中美关系正常化的迹象，遏制主义的终结将为新思维的产生开辟道路。

费正清后来曾向中国赠送《美国与中国》（第三版）一书，并解释说这本书将有助于中国人和美国人发现他们之间的共同点。事实上《美

---

① John King Fairbank, *The United States and China*, Third Edition, Cambridge, M. A.: Harvard University Press, 1971, Preface.

国与中国》（第三版）的问世恰恰迎合了美国民众急于了解中国的需要，也成为美国政府决策者在制定对华政策时的必备参考文献。在于 1972 年 2 月实现对中国的历史性访问之前，《美国与中国》就是尼克松案头最主要的参考书之一。据费正清自己讲，中国领导人在得知尼克松曾阅读过此书之后，也曾翻看此书。

在尼克松访华后不久，费正清也于同年 5 月接受中国政府的邀请又一次访问中国，历时三个月。在他返回美国后，在 1972 年 10 月出版的《外交事务》上，他发表了《新中国与美国的联系》一文。他把造成美中关系中断的主要责任归咎于美国领导人，并指出 20 世纪 40 年代末，美国对中国内政的干涉表明美国领导人由关心中国人民转为关心美国国家利益；对中国的遏制和孤立政策是根据美国对共产主义的恐惧而不是根据理智的判断制定的，这种政策建立在对中国历史和中国革命完全错误的认识之上，因而是错误的、不必要的。由于费正清这次对中国的访问是在"文化大革命"之中进行的，因此对当时中国的社会现实他不可能确切地理解，但他确实相信美国应当与显示出新的"统一和同一性"的中国建立长久的联系，而这种美中关系的改善，其基础应当是承认双方历史与文化的差异性。

正当费正清在学术研究领域和社会地位方面再创辉煌之时，1972 年他已到了退休的年龄。由于哈佛大学校方的一再挽留，费正清一直留任到 1976 年（他 70 岁时）。其间，他在学术上硕果累累，相继出版了教科书《东亚：传统与变革》（*East Asia: Tradition and Transformation*），编辑了论文集《美国与在中国的传教事业》（*The Missionary Enterprise in China and America*），而由他主编的十卷本《剑桥中国史》也在 1976 年宣告完成。在同一年的哈佛大学学位授予典礼上，费正清荣获名誉文学博士称号。1977 年为了表彰费正清在中国史研究中的功绩，哈佛大学的东亚研究中心正式改名为"费正清东亚研究中心"（John King Fairbank Center for East Asian Research）。

1979 年，功成名就的费正清心脏病突发。在他康复后所写的敬告友人的信中，他说他现时只是潜心著述，争取要编完六部书。然而时时萦绕于他心头的最大问题仍莫过于中美关系的未来发展趋势和前景。在他总结中国问题研究 50 年的经验时，他写道："无论我们美国人抑或中国人，都不会轻易地改变自己惯有的行为方式、价值观念以及社会生活方式，双方彼此相互调和的可能性极小。然而，由于现实的需要，我们双方的共同点也在不断地增加。我们必须共同承担起解决全球性问题的责任。"费正清认为中美双方可以获得更多协作的机会。所以他发自内心地呼吁："机不可失，时不再来。我们一定不要失去目下的良机啊！"①

纵观费正清从事中国问题研究的 50 年历程，人们可以看到其学术上的得失、事业上的成败和社会地位的沉浮，莫不与中国紧紧地交织在一起。因此，尽管《费正清自传》这一中文书名十分醒目，但原来费正清将自己的这部回忆录称为"中国情结"（China bound）似更加贴切。笔者在这里所要指出的是，在费正清的"中国情结"之下，跳动着的却始终是一颗"美国心"，这是评价费正清的一个重要基点。

费正清年轻时以一个"开拓者"和"先驱者"的姿态跨入中国史这一研究领域，完全是为了实践"天定命运"这一美国的民族抱负。他选择中国海关沿革史作为他的第一个研究课题，就是为了实现美国"理想主义"外交政策的总体目标。费正清在其题为"七十年代的任务"的演讲中说美国的西进运动塑造了美利坚的民族性格。② 实际上，历史上的这种西进运动精神也塑造了费正清的性格特征，即自觉地把美国的利益时时放在心间，为开拓"新边疆"而奋斗终生。

太平洋战争爆发后，费正清属于最早、最敏锐地看到美国与中国利益一致性的先知先觉类型的学者。其间，他一方面改造了美国传统的、保守的汉学研究并使之成为适合美国亚洲战略需要的具有现代形态的"中国学"；另一方面运用历史知识充满激情地参加美国的政策性辩论，

① 《自传》，第 582、584 页。
② 费正清：《七十年代的任务》，载《现代史学的挑战——美国历史协会主席演说集（1961—1988）》，中国美国史研究会王建华等译，上海人民出版社，1990，第 146 页。

竭尽全力为美国的国家利益出谋划策。在重庆期间，他的确为中国共产党的奋斗精神所打动，然而他充满热情地赞颂中国共产党人实则是因为他已经认识到国民党必然要失败的命运，他希望通过他的激情来感染和影响美国的政策决策人和公众舆论，以便使美国政府尽早放弃对国民党的政治投资，否则有被国民党"拉下水"的危险，而这种结局是与美国的国家利益相悖的。

在麦卡锡时代，尽管他的这种对美国的忠诚和献身精神遭到误解，甚至受到不公正的对待，但他相信他对美中关系的基础和前提的判断是正确的，他相信随着时局的发展，他的"美国心"终将被理解和确认。所以，尽管在舆论的强大压力下他不得不违心地做出一些错误的表态，但他在一些模棱两可的语句中还是微妙地透露出他对美国对华政策的一些批评意见，并对调整美国现行政策的途径和方法做出过许多暗示。时过境迁，他的这种用心终于得到美国朝野的承认，并得到相应的荣誉作为回报。而他对美国国家利益的最大贡献，主要表现在如下两个方面。一是他辛勤地培养了一千多名年轻的中国学学者，其中有一百多人是在他这位"哈佛学派"的良师的指导下完成博士学位论文的答辩的。费正清的学生现在分散在一百多所学院和研究机构中从事中国问题的教学和研究活动，这是美中关系在未来能得到稳定、健康发展的宝贵基础。二是费正清为美中关系的长远发展提出了一系列重要原则。首先，中国是在西方势力范围之外存在与发展了几千年的国家，"它是在根本不同原则上组织起来的成熟的国家"。像中国这样的国家，"它的文化和生活方式是不能予以抹杀的"。对于美国人来说，应当学会面对这样的国家，适时地调整自己的心态，并应清醒地认识到："中国人学会在我们西方世界中生存的世纪已经过去了。现在我们双方必须学会在同一个行星上生活。"费正清语重心长地劝告美国人民，"绝不应该再做过去那样的假设，认为我们能够作为中国的楷模"。① 其次，事实上也许是更重要的一

---

① Fairbank, *The United States and China*, p. 12.

点，美国人之所以从朝鲜战争到越南战争一直犯错误，其根本原因在于他们并不了解中国的历史和文化。费正清曾深刻地指出，"美国人倾向于根据自己的经验看待中国"，像自由主义、资本主义、代议制及个人自由等价值观和制度，"它们并不是中国自身的发展中所固有的东西"。由于美国试图培养中国政治所无力培养的现代性以及试图使中国走美国式的道路，双方的冲突自不可免。① 中美两个在文化方面有着如此巨大差异的国家，根本不可能纳入"一个均质的世界"之中。那么它们要想相互适应，必须加强对文化差异的起源和性质的研究，而历史科学则能起到关键性的作用。费正清认为，中美之间的冲突和误解，能够大致上依照中美双方用现实的历史观点认识自己和对方的程度来减缓，即充分考虑双方不同的历史环境。费正清还认为历史的作用不仅在于了解过去，而且在于从历史的启示中，人们可以预见到未来。在费正清考虑中美关系未来发展前景时，他对历史展望的效力仍坚信不疑。② 他还计划编写一部长达 16 卷的超级专题历史论文集，并认为这是帮助从事这种展望的最好方式。这部论文集费正清似乎并没完成，但《中国：一部新历史》却是费正清留下的一份宝贵的遗产。

二 《中国：一部新历史》
——费正清学术生涯的总结

费正清始终把探求中国的历史发展规律当作他终生的奋斗目标。当他倡导的"冲击—反应"模式在 20 世纪 70 年代受到越来越严厉的批评时，费正清自己也开始认识到他当时的历史思维体系的确存在着局限性。在《七十年代的任务》一文中，他已提出要通过世界史来了解中国，并

---

① Fairbank, *The United States and China*, p. 12.
② 《自传》，第 580 页。

强调比较史学的重要性，同时肯定了跨学科的地区研究的积极意义。①
在《伟大的中国革命（1800—1985）》一书中，他又指出，在美国的中
国史研究中加强地方史的研究是个聪明的办法。② 为了研究 19 世纪中国
对西方做出政治反应的表层下面的社会变化，并力求廓清整个清代的历
史，加利福尼亚大学的中国研究中心和美国学会理事会下设的中国文明
研究委员会于 1971 年 6 月联合召开了以讨论清代的地方控制和社会反抗
为中心议题的学术讨论会。1975 年出版的由魏斐德和卡罗林·格兰特合
编的《中华帝国晚期的冲突与控制》一书，就是这次讨论会的论文汇
编。费正清十分熟悉与会者的研究水平和学术观点。因此，他肯定会意
识到这次学术讨论会的成果，在很多方面将会对他以往的研究体系构成
批评。然而这一学术讨论会恰恰是在他的建议下举行的。可以说直至晚
年，费正清仍愿紧随时代前进，愿为美国的中国史研究多做奉献。"除
非站在前辈人的肩上、面上，人类又如何能向上发展呢?"③ 这是费正清
的名言。他的学术生涯表明他实践了自己的这一座右铭。在主要针对他
的史学观点和"冲击－反应"模式进行批判的运动中，费正清的言行举
止从不失一位学者和长者的风范。即使在他从哈佛大学退休之后，他仍
和学术界保持着密切的联系，随时关心史学界的最新动态。正如斯彭斯
所说，"他（费正清）的影响仍是不可匹敌的"。④《中国：一部新历史》
既是费正清对自己 50 余年学术生涯的深刻反思，也是对美国近 25 年来
中国史研究成果的全面总结。全书贯穿了当代美国中国史研究的两个突
出特征：开放的态度和反思精神。1991 年 9 月 12 日上午，费正清将他亲
自校订的《中国：一部新历史》手稿送到哈佛大学出版社，下午他心脏

---

① 详见费正清：《七十年代的任务》，载《现代史学的挑战——美国历史协会主席演说集（1961—1988）》。
② 费正清：《伟大的中国革命（1800—1985）》，刘尊棋译，国际文化出版公司，1989，第 15 页。
③ 柯文：《在中国发现历史——中国中心观在美国的兴起》，林同奇译，中华书局，1989，第 10 页。
④ Jonathan D. Spence, *Chinese Roundabout: Essays in History and Culture*, New York：W. W. Nordon, 1992, p. 337.

病突发，两天后与世长辞。

《中国：一部新历史》是一部通史。其跨度从史前时期直至 1991 年。费正清写这部著作的目的用他自己的话来说，就是回答为什么"在 11 和 12 世纪，中国与欧洲相比较，它是个超前者，在文明的许多领域居于领先地位，然而到 19 世纪和 20 世纪，中国却远远落后于西方"这一根本性问题。[①] 费正清认为从这一问题的探讨中才能找到中国历史发展的本质特征，而且只有认识到中国历史的本质特征才能找到美中关系平稳发展的基础，所以该书的重点放在第二部分"中华帝国的晚期：1600—1911 年"。

费正清为了回答上述问题不仅做了充分的资料上的准备，更重要的是，他试图绕过他在 20 世纪五六十年代所倡导的"冲击—反应"模式，而从一种当代的、全新的角度来研究中国的历史。他高度评价美国华人历史学家黄宗智的一种观点，即不能照搬欧洲的经验和欧洲经济学家的理论来研究中国问题。[②] 这也说明了费正清写作该书的基本史学思想和史学方法。在以往的中国史研究中，费正清主要侧重中国政治体制和思想史的研究。在这部新著中，费正清则把中国的经济当作研究的重点，诸如人口发展趋势、土地面积的增减、灌溉工程的兴废、投资规模、技术的扩散、新物种的引进、租佃关系的演变以及劳动生产率的变化等，都成为他考察的项目。[③] 在以前的研究中，费正清一向把中国视为一个没有发展与变化的特殊"整体"。在这部新著中，费正清则把中国内部不同经济区域的差异性放到突出的位置来研究，并继《美国与中国》（第四版）之后，对施坚雅的宏观区域理论再次给予充分的肯定。[④] 在中国与外部世界的联系上，费正清一反以前视中国为自我封闭的国度的观

---

① John King Fairbank, *China: A New History*, Cambridge, M. A.: The Belknap Press of Harvard University Press, 1992, p. XVI.

② Fairbank, *China*, p. 169.

③ Fairbank, *China*, pp. 167 – 173.

④ Fairbank, *China*, pp. 11 – 14, 436.

点，特别强调明清时代业已出现中国商品经济与世界市场相互渗透与影响的大趋势，并阐释了"海洋中国"这一新概念。① 对于中国与西方国家的关系，费正清以前主要是从文化差异的角度为西方国家对中国的入侵进行辩解。比如关于鸦片战争，费正清认为鸦片战争爆发的主要原因不在于经济，不在于鸦片贸易，而在于两种文化制度的矛盾，在于中国人不能平等地对待外国人，不能平等地与外国贸易。直到他主编《剑桥中国史》时，他仍坚持这种观点。因此当他邀请另一位美国历史学家魏斐德撰写该书中有关鸦片战争的一章时，由于双方在鸦片战争爆发原因上寻不到"共同看法"，而最后"和气地分手了"。② 但在这部新著中，他却明确指出，中国与西方冲突的背后，是经济因素在起作用，西方国家的经济利益才是鸦片战争爆发的根本原因。在当代，美国社会也遭到毒品大肆泛滥的毒害，所以在这部新历史著作中费正清才改变了过去不敢正视鸦片贸易实质的立场，而公开谴责鸦片贸易的罪恶。③ 费正清的上述史学观点说明他的中国观已经发生了很大的变化。在这部新历史著作中，我们可以看到从史前时期直至当代，中国社会一直处于动态的发展之中，而且越来越显现出在中国社会内部潜存着一种长期发展趋势。这与费正清当年把中国视为典型"东方"社会的观点真是不可同日而语了。由于中国内部的差异性，中国社会出现一种多姿多彩的面貌。这也正是中国区别于西方国家的主要特征之一。上述费正清对中国历史特点的新认识既是对他自己"冲击－反应"模式的反思，也是他希望跟随时代前进所做出的新努力，同时也为他回答近代中国为什么落伍于西方国家这一根本性问题奠定了新的理论基础。

费正清认为，要回答近代中国为什么没有成功地实现工业化从而落伍于西方国家这一根本性问题，绝不能用单一的或一元的观点来做出解

---

① Fairbank, *China*, pp. 191－195.

② 魏斐德:《关于中国史研究的几个问题》, 载《广东社会科学》1985 年第 2 期。

③ Fairbank, *China*, pp. 195－196.

答。① 经济是最重要的层面，但很多问题与社会、政治、文化都有关联，所以也不能用单纯的经济原因来做解释。② 费正清这部新历史著作之所以要从史前时期开始叙述，其中非常重要的原因在于他想揭示出中华民族繁衍生息于其中的生态环境的特殊性。生态环境在许多方面影响到中国的文明特征，同时造成不同区域之间的差异，尤其是中国南方与北方之间的巨大差异。中国南方的水稻经济起源可追溯到史前时期，但其影响却贯穿在整个中国历史进程中。虽然水稻单位产量高于小麦的两倍，但密集劳动这种方式，使劳动力单位投入较之粗放农业要超出 10～20倍。同时，水利灌溉又要求增加大量投资。所以费正清赞成黄宗智所提出的"过密化"理论，即以单位劳动日边际报酬递减为代价换取单位劳动力投入的增加，并认为"没有发展的增长"是中国落伍于西方国家的主要原因。尽管在中华帝国的晚期，随着商品经济的发展，前工业化的诸多迹象已经出现，但这仅仅是与欧洲经济发展特征表层上的相似，由于受"过密化"的制约，中国不可能从自身内部产生工业化。③

　　费正清在《中国：一部新历史》一书中，给予科学技术对社会发展的推动作用极大的重视。他在《美国与中国》一书中曾指出中国文字体系束缚了中国人的思想，这是中国科学技术得不到发展的重要原因之一。他的这一观点后来遭到批驳，但他并没有因此停止在这一领域的探索。在这部新历史著作中，费正清又提出这样一种看法，即在科学技术上的超前发展对于一个社会来说也可能起到滞后的作用。因为一般看来，辉煌的成就很可能播下"僵化"的种子。中国科学技术在宋代处于世界的领先地位而到 18 世纪反而落在西方国家的后面，这可能是一个原因。与此相近似，中国的政治体制也具有"早熟"性。尽管中国的专制主义预

---

① Fairbank, *China*, p. XVI.

② Fairbank, *China*, pp. 164 - 165.

③ Fairbank, *China*, pp. 3, 5, 16, 168 - 179. 在《中国经济史中的悖论现象与当前的规范认识危机》（载《史学理论研究》1993 年第 1 期，第 42～60 页）一文中，黄宗智对"过密化"理论有集中的论述。前不久，我国学者也曾围绕这一理论问题进行过讨论。

示了欧洲 17 世纪近代开明专制国家的出现，而且"西方从多方面的实践中获得的社会科学概念还不足以涵括中国早期的成就"，但中国的专制主义没能形成政治上的多元化，因为它所包含的强制性限制了中国工业化的能力。① 中国的地理位置的特殊性，使中国从未经受过外部世界的强大挑战。尽管中国海外贸易"社区"已成为"海洋中国"最具活力的边缘地区，但中国的封建统治者既不知利用这一向海外扩展的有利条件，而且对外部世界变化的反应也过于迟缓；"如果乾隆皇帝于 1793 年接受了马戛尔尼转达的乔治三世的要求，从而加入民族国家组成的贸易世界，那么中国的近代化则可能和日本相匹敌。中国迟缓的反应带来了一个不平等条约体制的世纪"。② 费正清认为到清代，非汉民族的亚洲内陆的军事控制力量已融入中国社会政治体制。汉民族与满族和蒙古族结成的共同体确认并优化了新儒家秩序，于是形成了一种"农业－游牧业－官僚统治体制"（agrarian-nomadic-bureaucratic style)，这是与西方国家中正在发展的"工业－军事－企业家体制"（Industrial-military-entrepreneurial style）根本不同的。这两种不同类型的体制，造成两种不同的后果。③ 他认为从这一途径也可考察中国落伍于西方国家的原因。

费正清并不认为他的上述分析已经最终回答了有关中国近代为什么落伍于西方国家这一问题。他在《中国：一部新历史》的前言中说得很明白。新的事例与阐释之间，处于一种永恒的不平衡状态。那些悬而未决的问题使任何一部"新历史"都会呈示出一种模糊的轮廓。"历史智慧的小路是从那些处于争论的问题中开拓出来的。"所以费正清认为一个历史学家的任务是寻找到现存问题的一致性，"而不是企图在这里或是现在就解决这些问题"。④ 可见费正清写这部书的目的，并不在于使自己成为那些历史悬案的最终仲裁人，而仅仅是把各种具有一致性前提的

① Fairbank, *China*, pp. 3, 164 – 165.
② Fairbank, *China*, p. 429.
③ Fairbank, *China*, pp. 428, XV.
④ Fairbank, *China*, pp. 428, XV.

观点综合到一起，为最终解决这类历史悬案打下基础。而且为了最终解决这些问题，历史学家还应当继续努力，其中就包括扩大知识的积累。费正清在这部遗著中郑重指出："图书馆只涵括了著者们对中国已知的事实，而不包含他们所尚不知道的更多的事实。我们的知识应向未知的领域扩展。"① 这段话反映了费正清这样一种明智的看法，即以当前美国学者的知识积累和理论水平来看，要想对中国历史发展规律和发展模式有一个全面的认识，尚需要做出持久的努力。而且，费正清通过《中国：一部新历史》事实上已为美国的中国史学者指明了努力的方向：坚持叙事史的写作；将中国历史发展进程与世界历史发展进程有机地结合在一起；在"个案"研究的基础上，通过多学科的综合研究来探索中国的历史发展规律。这也正是面对 21 世纪美国中国史研究的发展趋势。

除具有上述独立的学术价值之外，费正清当然也希望通过这部新历史著作，使美国人能对中国的历史和文化特征有个较为全面的认识，由此才能为中美两国关系的健康发展铺平道路。笔者认为对费正清中国史研究的总结不仅有利于我们了解整个美国中国史研究的发展历程，而且对于我们展望中美关系未来的发展前景也有着许多有益的启示。

（本文曾发表在《国际汉学》2003 年第 2 期）

---

① Fairbank, *China*, p. XV.

太平洋学会的中国精英与美国的中国学研究[*]

在 20 世纪上半叶美国中国学的研究中，太平洋学会起到重要的推动作用，尤其是在太平洋学会国际秘书处工作过的一些中国精英学者，他们对美国中国学的研究更是做出了不容忽视的贡献。本文就是对这段历史的追述。

一　太平洋学会与欧文·拉铁摩尔

太平洋学会创立于 1933 年①。发起者为美国人爱德华·卡特（Edward Carter）。

第一次世界大战期间，爱德华·卡特以基督教青年会的名义到法国参加了战争的后援工作。战后，他迫切感到加强太平洋区域各国人民的相互了解是保证这一地区持久和平的重要因素，于是 1932 年，他邀请一些太平洋国家的学者在加拿大的莱克路易斯（Lake Louise）集会，讨论国际学术交流与合作问题。当时，苏联、美国、日本、法国、英国和新西兰等国家都派有代表参加。我国著名学者陈翰笙作为中国代表也出席

---

*　本文部分内容系根据笔者对 20 世纪 30 年代在太平洋学会国际秘书处工作过的前辈学者陈翰笙和王毓铨等的采访内容写成，因此本文带有一定的"口述历史"性质。

① 另一说为成立于 1925 年。

了这次会议。

　　根据与会者的共同愿望，太平洋学会于 1933 年正式成立。其宗旨在于：加强与促进太平洋国家间的友好关系。美国、加拿大、苏联、日本、中国、菲律宾、澳大利亚、新西兰等太平洋国家和在太平洋区域拥有殖民地的英国、荷兰等国，都先后成立了太平洋学会的分会。当时太平洋学会中国分会的会长是胡适，副会长为陶孟和。胡适很少过问中国太平洋学会分会的工作；分会的学术活动主要由陶孟和主持，他当时是中央研究院社会科学研究所所长、北京大学教授。新中国成立后，陶孟和曾任中国科学院副院长。

　　太平洋学会成立后，下设国际秘书处，当时由享有国际盛誉的美国学者欧文·拉铁摩尔（Owen Lattimore）担任秘书长。国际秘书处主要负责推动各分会的工作，并就研究项目，向太平洋国家的学者提出建议，同时为学会筹措研究基金。研究成果或由太平洋学会国际秘书处分册出版，或发表在学会英文会刊（季刊）《太平洋事务》（*Pacific Affairs*）上。该刊物当时在国际上颇有影响力。20 世纪 30 年代，该会刊的主编由欧文·拉铁摩尔兼任。

　　欧文·拉铁摩尔为"地缘政治学"理论的倡导者之一。他幼时曾随父在中国北方经营皮货贸易，其后返回欧洲和美国接受系统教育，然后他重返中国，并对中国东北、北部和西北边疆地带做过多年的科学考察，因此他对中国北部边疆地理和历史都深有研究，并写有《中国在亚洲内陆的边疆》和《亚洲的内部》等专著，内中系统地阐述了他的"地缘政治学"理论。

　　欧文·拉铁摩尔认为，由于以长城为界的中国北方游牧社会和南方农耕社会处在不同的生态环境之中，因此，尽管中国北方游牧社会和南方农耕社会相互之间有所渗透和影响，但二者基本上都是按照各自的"周期"在发展的。

　　游牧民族根据自然条件——主要是气候和水源的变化——周期性地经历着"盛"与"衰"的交替；而中国的农耕社会，受自然条件以及当政者政治上得失的制约，同样也在经历着"盛"与"衰"的周期性的变化。

当中国北方气候出现重大的变异，尤其每当"小冰河"期到来时，草原地带气温便会降低并严重影响到游牧经济的发展，于是在游牧民族中产生了向外扩张的强烈冲动；而中国的农耕区域在"小冰河"期的低寒气候的影响下，农作物成长季节相对变短，造成农作物的减产，如果此时统治者又不能及时在政策上做出调整，则往往会造成饥民揭竿而起的动荡局面，致使统治阶级的社会控制力量遭受到极大削弱。在这种情况下，北方游牧民族的"边际领袖"则会率领部众大举南下并入主中原。

由于这类"边际领袖"早已熟悉中原农业社会的统治机制和儒家的治国思想，所以入主中原的少数民族非但不会摧毁农耕区域原有的统治结构和排斥原有的官僚体系，相反，少数民族的上层分子很快会适应和融入原有统治机体之中，并与原政权的官僚联手，实现"华夷共治"。

这类"边际领袖"为避免使少数民族的个性消弭于无形之中，也曾采用一些独特的统治手段，比如，倡导少数民族原来信奉的宗教便是其策略之一。在元朝和清朝，蒙古人和满人都倡导过藏传佛教。在北方少数民族与原农耕民族在政治上实行"华夷共治"之时，中国的文化虽以儒家学说为主体，但也不断吸收各少数民族的文化，结果形成一种文化上的多元性。①

20 世纪二三十年代，欧文·拉铁摩尔的"地缘政治学"理论，对那些希图按照"门户开放"政策的精神实质来进一步扩大美国在中国的影响的美国年轻一代的学者们是个极大的启发。特别是他们从中国历史上曾经出现过"华夷共治"的这一政治局面本身出发，积极地去探索在近代世界的新形势下，在中国实现"中西共治"的可行性和可能性。所以

---

① 上述论述主要参考欧文·拉铁摩尔《中国在亚洲内陆的边疆》（Owen Lattimore, *Inner Asian Frontiers of China*），第 45~49、71、526 以下各页和 544 以下各页以及 331~334 各页。

欧文·拉铁摩尔在美国的学术界有着极高的声望，这也是他被推举为太平洋学会国际秘书处秘书长的根本原因。

此外，在中国生活和从事研究工作期间，欧文·拉铁摩尔又结交了许多中国的优秀知识分子，并赢得了他们的友谊。这也成为他作为太平洋学会国际秘书处秘书长的有利条件之一。同时欧文·拉铁摩尔深知，为了有效地开展太平洋学会国际秘书处的组织工作，他必须依靠中国的学者。事实上，他一直也是这样做的。最为具体的体现，就是欧文·拉铁摩尔把以陈翰笙为核心的一些中国精英学者吸收到太平洋学会国际秘书处当中并和他们坦诚、有效地合作。

二　陈翰笙和《太平洋事务》

1936 年拉铁摩尔前往苏联，希望苏联太平洋学会分会能推荐一位熟悉亚太地区问题的专家，协助他编辑《太平洋事务》。苏联方面一时物色不到恰当的人选，于是推举当时在莫斯科东方大学任特级教授的陈翰笙与拉铁摩尔合作。这一建议使拉铁摩尔大喜过望。

陈翰笙是我国著名的马克思主义理论家与社会活动家。1897 年出生在江苏无锡。1915 年赴美留学，1921 年在芝加哥大学获硕士学位，1924 年在柏林大学获博士学位，1925 年受聘于北京大学，成为当时北京大学最年轻的教授。

这一时期，陈翰笙经李大钊介绍加入了中国共产党。作为无畏的共产主义战士，陈翰笙身先士卒，参加过反对北洋军阀的英勇斗争。作为学者，他对中国社会有着深刻的认识，1928 年任中央研究院社会科学研究所副所长后，他曾主持了当时中国规模最大的农村经济调查，并于 1933 年成立了"中国农村经济研究会"。该会创办的《中国农村》（月刊）在当时颇有影响。陈翰笙撰写的《中国的农村研究》（1931）和《现代中国的土地问题》（1933）等文章，代表着那一历史时期学术界对中国农村问题的最高研究成果。作为著名的国际政治活动家和国际问题观察家，陈翰笙曾经是第三国际《国际通讯》的英文撰稿人并曾参加第三国际农民研究所的工作，同时他以渊博的学识和敏锐的观察力，对于急速变幻的国际形势，不断进行及时而又尖锐的评述。仅 1926 年一年，他在《现代评论》上发表的国际时事述评就有 50 余篇。从英帝国主义的前途到苏联共产党代表大会；从裁军中的美国预算案到急转直下的法国政局；从德国与国际联盟到波兰的革命；从西班牙的政治动荡到菲律宾的独立问题……对于林林总总的国际事态变化，陈翰笙无不提出自己独到的见解。何况陈翰笙还能熟练地运用英、德、法、俄等语言从事社交活动和写作。

拉铁摩尔非常敬重陈翰笙的学识和人格。所以，时任《太平洋事务》主编的拉铁摩尔在得到陈翰笙表示愿意与他合作的回答后，他感到欣喜万分，并以太平洋学会的名义正式聘请陈翰笙为《太平洋事务》的副主编。就这样，1936 年 4 月，在中华民族生死存亡的关头，陈翰笙怀着为建立反法西斯国际统一战线而奋斗的决心，经英国乘船前往纽约。

1937 年拉铁摩尔也回到美国，任约翰·霍普金斯大学教授，主持中国语言文化系的工作。拉铁摩尔和陈翰笙在太平洋学会中实质性的合作由此开始了。

当时的国际形势复杂而多变。1929 年资本主义世界的经济危机席卷全球，日本也受到严重的冲击。为了转嫁经济危机，日本在军国主义道路上迈出了罪恶的一步，并于 1931 年入侵中国。由于蒋介石的不抵抗政策，中国东北三省相继沦陷。国际绥靖势力为了怂恿日本进攻苏联而不惜牺牲中国人民的利益，遂使日寇有恃无恐地又将铁蹄踏上我华北大地。中华民族到了最危险的时候！

陈翰笙笃爱自己生身的大地。为中华民族的自由和解放而奋斗，这既是他人生的追求，也是他最大的幸福。1933 年，在《梦想的中国》一文中他写道："对于未来的中国，也可说二十年后的中国，我以为有三种可能局面。一是完全沦为帝国主义的殖民地；二是沿海各地变成属地或共管区域，而内地却还能独立，不受帝国主义支配；三是中国完全能

独立，……但我只希望第三种局面快快成功。"① 陈翰笙前往美国，就是
为了使他梦想中的独立的中国变成现实的独立的中国。

到达纽约后，在太平洋学会国际秘书处中，陈翰笙以自己渊博的学
识和他的人格魅力，赢得了太平洋学会的各国学者的尊重，并争取到他
们对中国人民抗日战争的同情和支持。

《太平洋事务》在 20 世纪 30 年代是个颇有国际影响的学术刊物。作
为这一期刊的副主编，陈翰笙巧妙地使它成为展示中国人民抗日战争实
际情况的一个窗口。

在此期间，陈翰笙与斯诺夫妇建立了深厚的友谊。而且恰恰在这一时
期欧文·拉铁摩尔也曾到延安访问（1937 年），并在那里与斯诺夫妇相结
识。可以说由于陈翰笙和欧文·拉铁摩尔的共同努力，在 1938 年 6 月的一
期《太平洋事务》上，发表了斯诺的名著《西行漫记》的片段。由于国民
党的封锁，当时世界人民对于在共产党领导下的中国人民抗日战争尚不十
分了解，所以斯诺的上述文章一经发表，在亚太地区引起相当大的反响。

当时陈翰笙既是《太平洋事务》的副主编，同时也是该刊的积极撰
稿人。他在该刊先后发表了《中国"模范省"的乐土》（1936）、《中国内
蒙政策评述》（1936）、《征服与人口》（1937）以及《中国的南海与福建
和广东的社会状况》（1939）等多篇文章。这一篇篇政论一方面揭露了国
民党为了适应日本侵略者的需要，以及为了达到反共的目的而推行的反
动政策的实质；另一方面痛斥了日本散布的侵略有理的谬论，并进而指
出，扩大战争非但不能使日本摆脱经济危机，相反却加重了这种危机，
日本发动的侵华战争必然要以失败而告终。

陈翰笙的文章大都短小精悍，这恰恰适合急速发展的国际形势的需
要。他的文笔尖锐犀利，但又从不失流畅、雅致的风格。在文章中，他
巧妙地使理论上的概括与抽象和具体的论证数据相结合，使他的文章极
富说服力。尤其是陈翰笙从不孤立地分析问题，在论及具体事件时，他

---

① 汪熙、杨小佛主编《陈翰笙文集》，复旦大学出版社，1985，第 451 页。

总是把这一事件放到广阔的国际背景中来考察各相关因素之间的联系。他认为现状是历史的延长，不了解历史就不能真正理解现状。所以他在文章中，总是把当前的事变与历史的追述有机地结合在一起，使读者能看出事物的本质和发展趋势。这就是陈翰笙虽然从不挥笔数万言，而文章却具有雄浑的史诗气概的原因。陈翰笙的上述文章都是用英文写成的，《太平洋事务》又在亚太地区发行很广，所以陈翰笙的这些文章加深了太平洋各国对中国人民抗日战争的了解，起到了扩大反法西斯国际统一战线的积极作用。也就是说，陈翰笙为了使他梦想中的独立的中国变成现实的独立的中国而竭尽了全力。如果单从美国中国学的视角来看，陈翰笙的篇篇文章都是美国中国学研究的范文。

三　太平洋学会国际秘书处的中国精英及他们有关中国问题的著述

从 1936 年至 1939 年，陈翰笙在太平洋学会国际秘书处中，前后工作了三年。如果说《太平洋事务》成为 20 世纪 30 年代陈翰笙发表研究当代中国成果的一个园地，那么，太平洋学会国际秘书处则成为以陈翰笙为核心的部分中国精英学者的"家园"。这些精英学者一方面为扩大反法西斯国际统一战线而奋斗，另一方面在中国问题的研究上也做出了许多重要的贡献。

当时在太平洋学会国际秘书处工作的中国精英学者主要有以下几位。

冀朝鼎，他是山西汾阳人，1916 年入清华学校就读。出于爱国热情，冀朝鼎曾和一些热血青年共同创办了"唯真学会"，其宗旨为："本互助和奋斗精神，研究学术，改良社会，以求人类底真幸福。"其后，他曾创办进步性的《清华通俗周刊》，并参加了五四运动。1924 年他赴美国，在芝加哥大学历史系深造并加入了美国华侨反帝大同盟。

唐明照，广东恩平人，1933 ~ 1937 年在美国旧金山大学伯克力分校学习，并参与美国共产党中国局的活动。

当时，饶漱石也在纽约太平洋学会国际秘书处工作，并负责《爱国日报》（现名《华侨日报》）的编辑工作。其间，他曾把毛泽东主席和朱德总司令的诗词发表在他主编的报刊上。

此外，还有王毓铨，山东莱芜人。他在就读北京大学期间，就已参加了太平洋学会中国分会的一些社交活动。

1935年卡尔·奥古斯特·魏特夫（Karl August Wittfogel）来华访问。他是德国共产党中央委员会成员之一。他曾专门研究中国历史和中国社会经济史，并写过好几篇关于孙中山革命理论和革命实践活动的文章。他主要的著述之一就是《中国社会与经济》一书。该书两卷本的日文译本当时在中国颇有读者。魏特夫在该著作中强调马克思关于亚细亚生产方式的观点，并认为中国的历史就是亚细亚生产方式的历史，同印度一样。由于他在书中引用了马克思《资本论》等著作中的许多语录来解释中国历史问题，因此一些中国年轻人认为魏特夫是位进步的学者，对他颇有好感。此外，魏特夫还著有《地理学批判》等专著，在学术界赢得了一定的声誉，当时该书已有中文译本。

希特勒攫取政权后，魏特夫被关进集中营。后经英、德两国进步人士的营救，他才逃出集中营，到了英国并被接纳为英国皇家地理学会会员。1935年初，魏特夫移民美国。美国共产党遂给予魏特夫以兄弟党中央委员的礼遇，并设法推荐他为太平洋学会的研究员。1935年他就是以这一身份来中国的。

魏特夫来华后，由太平洋学会中国分会副会长陶孟和接待。千家驹曾出席欢迎魏特夫的宴会，后来经千家驹介绍，那时就读于北京大学的王毓铨遂前往东方语言学校拜访了魏特夫。后又经魏特夫的介绍，王毓铨结识了《太平洋事务》的主编欧文·拉铁摩尔，在后者的建议下，王毓铨先后用英文写了两篇研究中国社会经济史的文章，一篇题为《中国历史上地租的增长与王朝的衰亡》，另一篇名为《中国社会科学之发展》。这两篇文章后来都在《太平洋事务》上发表了。由此王毓铨和太平洋学会的工作关系开始建立。

七七事变后，日寇入侵华北。王毓铨出于爱国热忱，则积极投身救亡运动，后因十二指肠溃疡复发，只好回山东莱芜家中养病。

当年，魏特夫在访华期间曾向王毓铨谈及，太平洋学会已拟定了一个"中国历史计划"，即将中国正史中有关政治与社会经济的记事文字集中起来，译成英文，加以注释后出版。魏特夫尤其希望王毓铨能参与这一计划。

由于"中国历史计划"的宗旨是向海外介绍中国的历史与文化，对中华民族有利，于是王毓铨当即便答应了。后来，太平洋学会为中国分会向洛克菲勒基金会申请到一笔推行"中国历史计划"的基金，于是太平洋学会便向王毓铨发出了以"专家"身份到美国工作的邀请信。

当时在家乡养病的王毓铨接到这封邀请信以后，即赴美国参加"中国历史计划"，那是1938年的10月。

上述各位就是我们所说的在美国太平洋学会国际秘书处工作过的中国精英学者。他们一方面借助这一国际"平台"积极开展国际抗日民族统一战线的工作，另一方面也利用美国较为安定的生活和工作环境写出许多对美国中国学研究颇有影响的学术著作。

其中，陈翰笙用英文写作的《工业资本与中国农民：中国烟草种植者生计研究》（*Industrial Capital and Chinese Peasants: A Study of the Livelihood of Chinese Tobacco Cultivators*）一书在太平洋学会的赞助下于1939年在美国出版。

前已有述，王毓铨在国内时已是《太平洋事务》的撰稿人。王毓铨到达纽约后，陈翰笙便向他详细询问了国内抗日战争的发展形势并建议王毓铨将山东抗日游击战争的情况在国外报刊上做一报道，以争取国际进步人士对中国抗日战争的了解和支持。于是王毓铨写成一篇名为《鲁南一个典型的游击区》的长文，后刊登在由太平洋学会刊印、发行的《中国的军队》（主要介绍的是八路军）一书中。在编者按中，有如下一段说明，大意是说，该文带有强烈的倾向性，但所言皆事实，很有意义，故予以发表。通过此事也证明了太平洋学会的立场还是比较鲜明的。

此外，为了落实洛克菲勒基金会的赞助项目"中国历史计划"，王毓铨承担了翻译和注释秦汉史部分的任务。

除王毓铨外，研究中国火药的发明及西传的中国学者冯家昇当时也在美国，他也参加了"中国历史计划"，并承担了辽金史的翻译和注释工作。其间，冯家昇的主要合作者便是前述的德国学者魏特夫。他们的成果《中国社会史：辽代（907～1125）》（K. A. Wittfogel and Chiasheng Feng, *History of Chinese Society: Liao, 907 – 1125*）于1949年出版。

其后，王毓铨经太平洋学会新任秘书长英国人霍兰德介绍，转到美国古钱博物馆，从事先秦货币史的研究，并将研究成果用英文写成《中国早期货币》（*Early Chinese Coinage*）一书。

除"中国历史计划"外，太平洋学会还组织了有关中国近代工业史的研究工作。王毓铨也参加了这一工作，重点是收集有关我国创建近代实业的先驱张謇的资料，后由北京大学陈振汉接续这一课题的研究。

四　旅美中国学者有关中国问题的研究成果对美国中国学的影响

20世纪前半叶，是美国中国学研究的奠基时期，即逐步完成了从传统意义上的海外汉学研究（传教士汉学研究）向具有现代意义的中国学研究的转型。而太平洋战争则是这一转型的催化剂。

在20世纪30年代，世界范围内法西斯势力正在迅速崛起并接连挑起侵略战争。在这种危急的情况下，美国国内"孤立主义"再度成为占主导地位的一种思潮，对德、日、意法西斯的侵略行径，美国在相当长的时间内始终持一种姑息的态度。直到1941年12月7日日本偷袭珍珠港之后，美国才不得不用战争的手段来保卫自己的国家利益。

深受"孤立主义"思潮影响的美国学术界，有相当一部分学者对国际形势的变化抱着一种"超然"的态度。其后被称作"美国中国学教父"的费正清即曾认为:"一个领域的专家就是这个领域的一位旁观者,他们被赋于〔予〕某种优惠,观察人间戏剧如何展开,而不会陷入其中难以自拔。"[①]但是残酷的战争现实终于使他们的人生态度发生了重大的变化,就费正清而言,他已开始认识到,对于人类的生存,历史"也是拯救世界之道"。[②]

然而,就在美国急需拟定一个系统的针对中国和日本的国家政策之时,美国人却发现,美国对中国和日本的国情竟几乎处于全然无知的状态。在哈佛大学,二战前,几乎没有一个博士生以远东史为研究项目。[③]

为了改变这种状况,美国研究中国问题的那些"新生代"的年轻先觉者,诸如费正清、德孝骞、卜德、恒慕义、赖德烈、戴德华、傅路特、韦慕庭和顾立雅等人,开始认识到,他们必须要超越以西方外交文献为本的"蓝皮书史学"时代,因而必须将研究的范围扩展到中国的政治、历史、文学和艺术等诸多领域,并将东方文明上溯到 3000 年前来进行系统的研究。

但"新生代"的史学家又有他们自身的局限性。

首先,美国年轻一代中国学学者的中国观仍以"西方中心论"为基本的出发点,而且他们的中国学研究一直是为美国的根本利益服务的。因此,这些美国中国学的研究者在其研究中,或明或暗地都表现出,他们基本上是美国所谓的"天定命运"理念的信从者。

所谓的"天定命运"也就是作为美国外交政策主轴的所谓"理想主义",即美国受上帝的"委托",对人类的发展和人类的命运负有特殊的义务或使命,就是要把美国的价值观念推广到全球,也就是说要使整个世界"美国化"。"天定命运"的实质其实就是美国主导世界的未来发展方向。由此可见,美国年轻一代中国学学者在研究中国问题时其立脚点已有偏差。

其次,在"天定命运"理想熏陶下成长起来的美国"新生代"学

---

① 《费正清自传》(以下注释中简称《自传》),黎鸣等译,天津人民出版社,1993,第 151 页。
② 《自传》,第 208 页。
③ 保罗·埃文斯:《费正清看中国》,陈同等译,上海人民出版社,1995,第 67 页。

者，从美国"中国学"的前辈学者，特别是从卫三畏和拉铁摩尔的史学思想当中承继下来的遗产，更使他们的中国观受到极大的局限。

卫三畏在承认中国古代文明的价值的同时，又判定到了近代中国社会已处于"停滞"的状态，唯有仿照西方的社会模式，采取渐进的方法，中国才能再生。按照这种历史观，19世纪初以来的中国历史发展进程，基本上是对西方的冲击做出回应的历程。因此，这种历史观曾使那些希图用美国的价值观改造中国的美国年轻一代深受鼓舞。

拉铁摩尔的"地缘政治学说"总结出中国历史上曾经存在"华夷共治"的政治局面，也曾使美国年轻一代幻想在新的形势下，在中国实现"中西共治"的政治前景。

最后，由于美国"新生代"学者都是以"天定命运"为出发点来研究中国问题的，因此他们在华期间建立了联系的那部分中国知识分子，就是他们希望能在未来与之一道参与"中西共治"的所谓"个人民主主义者"。这部分中国知识分子几乎都受过完整的西方教育，在智能方面有着高度的发展，然而他们又都与中国现实社会相脱离。因此，在与这些"个人民主主义者"的交往中，"新生代"的美国学者根本不能对中国的历史和现实得出正确的认识，从而使他们不能以广阔的视野来观察和分析中国的社会问题和历史发展趋势。

尤其是随着抗日战争的深入发展，美国中国学的"新生代"开始看到，主导着中国未来发展方向的已不是他们原来寄以希望的那些"个人民主主义者"，而是延安所代表的关于中华民族未来前途的那种决定性因素。用卫三畏和拉铁摩尔的史学观点已无法解释中国的历史和现实问题。因此他们深感对中国问题必须要经历一个重新认识的过程，只有这样，才能赋予美国的中国学的研究以现代的形态。

似乎一切都要从头做起。

无疑，在这种情况下，能利用中国国内学者已有的较为成熟的研究成果作为美国中国学研究的新的起点，当然最为理想。然而中国传统的考据学早已不符合新时代的需要；紧跟西方实证史学后尘的那些中国欧美留学生，尚没有拿出值得赞誉的史学方面的代表作品；在 20 世纪 30 年代的中国社会史大辩论中，虽然涌现出一批进步的学者，他们更试图用马克思主义辩证唯物论的观点来解释中国的社会和历史问题，但在战乱的现实环境下，他们既无条件进行富有深度和广度的社会调查，更不用说以此为基础进行高屋建瓴的研究工作了。而且在抗日战争时期极度动荡的社会环境下，大量的图书典籍和资料或已被毁，或被封存，或正在向安全地带转运的途中，根本无法利用。所以美国的中国学研究很难依靠中国国内现成的研究成果。可以说美国的中国学研究起步艰难。

与上述情况相对照，我们可以看到，前面所提及的那些与太平洋学会国际秘书处有过工作关系的中国精英学者，他们在早年求学时代，大多在"国学"上已有扎实的根基；青年时代，他们大多在西方国家求学，对西方各种学术思潮都相当熟悉；当他们走上革命道路后，开始用马克思主义的理论来武装自己，他们之中像陈翰笙，在 20 世纪 30 年代的中国社会史论战中，已经是佼佼者。在太平洋学会国际秘书处工作阶段，美国相对稳定的社会环境，使他们能安下心来思考中华民族的历史发展进程和未来的解放道路。美国是个开放的国家，使这部分中国学者在借鉴或吸收新的学术观点和研究方法方面，有着十分便利的条件。此外，美国各大公共图书馆和各大学的图书馆有着丰富的馆藏图书，这更是他们从事学术研究的先决条件。

这些精英学者又都具有爱国主义的情怀，自觉地利用在美国期间的这些有利条件从事学术研究，并将自己的研究工作当作对中华民族解放事业的一种贡献。此外，所有这些精英学者又都精通英文，并且他们充分利用了这一优势，通过他们的英文著述在批驳"西方中心论"方面尤其成绩卓著。

比如，关于中华民族的文明起源问题，在 20 世纪前期，国际学术界不断泛起"中国文明缘起于西方"的鼓噪，从而否认中华文明的独立性。其例证之一，便是金属币常常被用来说明"激起传播"这个主题。依照这种传统的观点，铸币源于公元前 7 世纪的吕底亚，并迅速东传，渐至希腊城邦和波斯文化区。中国的铸币就是这种影响的产物。

但是从王毓铨所写的《中国早期货币》这一英文著作中，人们可以看到，中国最早的铸币几乎可追溯到商，即公元前 9 世纪中国已有了刀币，前 8 世纪又铸有铲币。王毓铨的这部著作的贡献之一，就是通过对中国货币早期发展历史的追溯，证明了中国铸币体系是独立发展起来的。① 王毓铨的这一观点从一个侧面说明了中国文明的起源绝非来自西方的刺激和影响。他的研究工作，其后不仅受到李约瑟的重视，同时也有助于使美国学者重新审视中国文明的起源问题。

此外，国际上一直有人借助中国古代历史中的王朝兴衰问题，刻意用"历史循环论"的观点来解释中华民族的历史发展规律，从而把中国说成是一个停滞不前的国家。王毓铨在《太平洋事务》上用英文发表的《中国历史上地租的增长与王朝的衰亡》和《中国社会科学之发展》等论文，运用大量的史实说明了中国的历史本身就是一部社会内部矛盾运动的历史，而且正是这种社会内部的矛盾运动推动着中华民族在前进，在发展。王毓铨的这些文章实际上是对"历史循环论"观点的一个批判。至今，王毓铨的上述文章仍常为研究中国经济史的美国学者所引用。近年，台湾学者又将王毓铨的《中国历史上地租的增长与王朝的衰亡》和《中国社会科学之发展》两篇文章从英文译成中文发表。

同样，冀朝鼎在《中国历史上的基本经济区与水利事业的发展》这部著作中系统地论述了中国历史的长期发展趋势，从而在国际学术论坛上，雄辩地向世界表明，中国绝非西方学者所断定的那样，是什么"停滞"的社会。恰恰相反，中国社会的内部始终充满着矛盾运动，而且中国社会始终按着自己特定的运动规律在发展着。

事实上，很多外国学者在对中国社会发展规律的认识上，都曾得益于冀朝鼎的这部著作。李约瑟便曾高度评价这部著作的学术价值，并认

---

① 李约瑟：《中国科学技术史》第 1 卷，第 2 分册，《中国科学技术史》翻译小组译，科学出版社，1975，第 561 页。

为该书"可能是迄今为止任何西文书籍中有关中国历史的发展变化方面的最卓越的著作"。[①]

在美国著名学者施坚雅有关中国宏观区域系统的研究中,我们不难看到冀朝鼎这一著作对他的影响。此外,费正清在第二次世界大战后,根据他对中国历史与文化的新理解,也开始积极地推动对中国的区域性研究。在费正清身边,聚集了十几位朝气蓬勃的青年学者并组成一个研究班,这就是后来以"冲击-反应"模式来界定近代中国历史特征的"哈佛学派"的"摇篮"。在费正清收山之作《中国:一部新历史》中,他一改把中国视为没有发展与变化的特殊"整体"的原有观点,而把中国内部不同经济区域的差异性放到突出的位置上来研究,并对施坚雅的宏观区域理论给予充分的肯定。[②] 至于另一位美国当代学者珀金斯,在其《中国农业的发展(1368—1968年)》一书中,他称冀朝鼎的研究是一种"拓荒工作","如实反映了当时水利建设水平的真正趋势"。[③] 终究冀朝鼎是在极为艰难的环境下完成他的这一研究工作的,因此,在统计资料的收集与运用上,难免有不足之处。珀金斯则在自己的著作中对此做了进一步的补充。冀朝鼎在20世纪30年代研究的课题,在70年代的美国,仍为当代人所关注。

关于中国近现代史的研究,在20世纪前半叶,应当说尚是一个具有一定开拓性的研究课题。陈翰笙所作《工业资本与中国农民:中国烟草种植者生计研究》一书是用社会学观点研究中国近代社会的典范。事实上,陈翰笙通过该书把中国20世纪30年代社会史的大论战扩大到国际史坛上,使外国学者开始接触到在国际垄断资本压榨下的中国人民的悲惨处境。事实上,该书也是一篇控诉资本主义对殖民地半殖民地人民的剥削与奴役的檄文。该书一经发表,便立即引起国际学术界的注意。继

① 李约瑟:《中国科学技术史》第1卷,第2分册,第240页。

② John King Fairbank, *China: A New History*, Cambridge, M. A. : The Belknap Press of Harvard University Press, 1992, pp. 11 – 14, 436.

③ 德·希·珀金斯:《中国农业的发展(1368—1968年)》,宋海文等译,伍丹戈校,上海译文出版社,1984,第451页。

该书于 1939 年在美国出版后，1941 年该书又分别由殿生文男和小田博从英文译成日文出版。至于陈翰笙在《太平洋事务》上所发表的一篇篇时事述评，更成为美国学术界了解中国抗日战争发展形势的一个窗口。

我们还想指出，在上述历史时期，还有一些中国旅美的专业学者。他们虽不是太平洋学会国际秘书处的成员，但在有关中国问题的研究上，成绩同样斐然，有些人的研究成果不仅对美国的中国学研究，甚至对美国的国家政策都曾有所影响。

其中，20 世纪初，曾在哥伦比亚大学攻读政治经济学博士学位的中国留学生陈焕章于 1911 年写出了一部两卷集的著作《孔子及儒家学派的经济原理》，同时在纽约和伦敦出版。

陈焕章在《孔子及儒家学派的经济原理》一书中，系统地阐述了中国历史上的"常平仓"制度：

汉武帝在位的时代（前 141 ~ 前 87）西汉王朝步入鼎盛时期。为了稳固政权，汉武帝实行了一系列政治、经济和军事改革，其中就包括由中央政府调控经济的思想的确立。设置"常平仓"体制，就是中国封建王朝为稳定社会经济而采取的一项调节粮价、储粮备荒的措施。

远在战国时，李悝在魏国已推行过平籴制度，即政府于丰年时以较为合理的价格购进农民手中多余的粮食，并储存起来，以免谷贱伤农。逢歉收年，再同样以较为合理的价格卖出政府所储存的粮食，以抑制粮价的暴涨。到汉武帝时，桑弘羊发展了上述思想，开始推行"平准法"，即由"大农"在京师设平准官，接受均输货物，按长安市场价格涨落的情况，贵则卖之，贱则买之，用以调剂供需，节制市场。后，耿寿昌又于汉宣帝五凤四年（前 54）奏请在边郡普遍推行这种体制，"以谷贱时增其贾而籴，以利农，谷贵时减贾而粜，名曰常平仓。民便之"（《汉书·食货志》）。自此，"常平仓"遂作为一项正式的制度，在以后历代封建王朝中继续推行。只是在不同的历史时期，其名称和形式不尽相同罢了。

匪夷所思的是，"常平仓"这一历经 2000 年的体制竟在资本主义经济大萧条年代的美国重新获得了活力。

当《孔子及儒家学派的经济原理》一书出版时，美国已陷入周期性的经济危机之中。在农业问题上表现得尤为突出。在机器耕种和化学肥料普遍推广的情况下，一方面农作物大幅度增产，但另一方面劳动人民的生活日益贫困化，结果造成农产品的相对过剩，致使农产品价格暴跌。甚至出现过焚烧小麦或将牛奶倾入大海以抑制物价下跌的咄咄怪事。

亨利·A.华莱士在青年时代，曾担任一家周刊的编辑。资本主义世界的经济危机和政治的震荡引起他的深深忧虑。特别是农业如何才能走出当时的困境，更引起他的关注。在这个时候，他意外地读到陈焕章所写《孔子及儒家学派的经济原理》一书，其中，有关中国历史上"常平仓"体制的论述使他深受启发，他认为"常平仓"体制为美国解决农业周期性的危机提供了范例，所以他不断撰文，宣传中国的"常平仓"体制的历史意义和当代启示。

在一篇文章中，华莱士曾这样写道："如果哪一届（美国）政府想在粮食问题上真正造福于民，那么它就应该把三千年前中国人所尝试的举措变得更加完善：建立起'常平仓'，在丰年时储存粮食，而到灾年时再供给民众。"他曾这样阐释有关"常平仓"思想所具有的价值，即"这一理念较之其他拯救美国农业的设想方案含有更多的政治家的才干"。他还曾预言："总会有一天，我们会使'常平仓'思想与当代的现状相适应。"

到1933年，华莱士在农业政策方面的系统观点终于引起美国政府的重视，由此他得以出任美国农业部部长。上任伊始，华莱士便按照"常平仓"理念开始在他的农业政策中突出政府控制这一因素，并相继出台了《农业调整法》（1933）、《土壤保护和国内配额法》（1936）、《农业调整法》（1938）等法规，并设立了实施这些法规的政府职能机构，从而把"常平仓"理念变成一种平抑物价、稳定经济的长效机制，并最终使美国的农业危机在一定程度上得到缓解。

在美国应用"常平仓"体制的成功，使华莱士深受鼓舞。他预见到将来在世界范围内，要解决以粮食为核心内容的农业问题，也必然要应用到"常平仓"这一理念。他在1942年1月号的《大西洋》月刊上写道："作为争取和平的努力的一部分，我希望在全世界范围内，能够为许多商品建立起来所谓的'常平仓'。让所有的国家，不管是大国还是小国，不管是战胜国或是战败国都能在平等的条件下享有得到世界物资的机会。"

事实上，在第二次世界大战结束的下一年，即在 1946 年 8 月，联合国粮食及农业组织已宣布，它打算建立一个世界粮食委员会，使美国农业部长华莱士在 20 世纪 30 年代制定的"常平仓"计划得以在全世界推行。

当年在《孔子及儒家学派的经济原理》一书中，阐述中国"常平仓"理念的时候，陈焕章还指出，推行"常平仓"体制本身还有一个更深层次的目的，那就是在万民都能享有丰衣足食的情况下，即可建立起一个和谐的世界。所以在《孔子及儒家学派的经济原理》一书的结束部分，陈焕章带有预言性地写道："孔子的大同思想将会变为现实。'世界国家'将会出现。到那时，各国之间的兄弟情谊将会建立起来，人类之间将没有战争，而只有持久的和平。"①

综上所述，这些与太平洋学会国际秘书处有过一定工作关系的中国精英学者和那些在美国的中国专业学者，尽管他们人数有限，但却释放出相当大的能量。尤其是当两次世界大战期间，右倾保守主义的"新康德主义"弥漫于美国史坛之际，我国旅美学者不但把我国国内学者对中国史的研究方法和观点介绍到美国，从而为我国史学界赢得了荣誉，而且同时他们用更加开阔的视野对中国的历史发展趋势做出了许多独特的，甚至是前瞻性的阐释。他们的中国史研究对美国的中国学学者起到不容忽视的启示作用。因此他们的研究成果也为那一时代的美国史坛增添了光彩，而且时至今日，他们的著作仍为美国的中国学学者所重视。他们事实上是当今活跃在美国史坛上的那些寓美华裔学者当之无愧的先驱。

历史上，太平洋学会在推动美国的中国学研究方面做了许多有益的工作。它不仅在《太平洋事务》上发表了许多介绍抗日战争中的中国的文章，而且在 20 世纪 50 年代以前，在美国出版的有关亚洲的书籍中，

---

① 本节的论述主要参考孙西所译卜德《中国思想西人考》。

有一半是由太平洋学会出版或得到它的赞助的。①

20 世纪 50 年代，在美国历史上的"大恐怖"时期，德国"学者"魏特夫被美国"当局"传讯。其间，魏特夫诬称太平洋学会是共产党组织。在当时的时代氛围下，太平洋学会在美国已难于开展工作，于是迁往加拿大。再其后，太平洋学会则退出了历史舞台。

魏特夫在被传讯期间，还诬指拉铁摩尔是共产党党员。在这种情况下，拉铁摩尔被迫到英国去讲学。直至 1955 年，拉铁摩尔得到平反后，才重返美国，并回到霍普金斯大学任教。其后，他所写的《中国简史》发行量达十万册，这在美国已是个了不起的数字，可见拉铁摩尔在学术界受到欢迎的程度。1972 年，他作为中国人民的老朋友，受到周恩来总理的邀请，曾再度访问中国。

至于当年在太平洋学会国际秘书处工作过的那些中国精英学者，也在 20 世纪 50 年代左右先后回归祖国，他们莫不在各自的工作岗位上为自己的国家和民族而努力奋斗，并做出许多新的贡献。

冀朝鼎在新中国成立后，曾任中国人民银行第一任行长和中国银行副总裁以及中国国际贸易促进会会长等职。

唐明照归国后，曾主持中国和平友好协会工作，后任联合国副秘书长。

历史学家王毓铨回国后，一直从事历史研究工作，而且成绩卓著，曾任中国社会科学院历史研究所研究员、中国明史学会会长和中国古代经济史学会会长。他的两卷集著作《王毓铨史论集》已于 2005 年由中华书局出版。

陈翰笙回国后，更是朝气蓬勃地从事着广泛的学术活动。20 世纪 80 年代，在我国的改革开放事业取得迅猛发展的新形势下，年近九旬的陈翰笙敏锐地意识到，世界经济发展的重心出现了向太平洋区域转移的趋势，因此他对太平洋区域的历史和当前的政治经济发展趋势格外关心，并于 1984 年与周谷城、贾兰坡和于光远等学者共同倡议成立了中国太平

---

① 孙越生、陈书梅主编《美国中国学手册（增订本）》，中国社会科学出版社，1993，第 7 页。

洋历史学会。

当时，陈翰笙指出，西方舆论界正在广泛讨论"太平洋世纪"问题。中国是个太平洋国家，太平洋形势的发展与我们的民族利益紧密相关，因此上述问题应当引起我国学术界的重视，并且学术界应通过对太平洋区域的历史和现实的研究，得出我们中国人自己的相应结论。

陈翰笙还认为，在太平洋问题的研究中，不仅要注意对美、苏、日等大国的研究，而且要加强对南太平洋国家的研究，更要加强对南南合作形式的研究。陈翰笙尤其语重心长地指出，加强学科建设的重点是人才的培养，特别是对年轻人的培养，如果一个学会失去了群众基础，学会也就失去了生命力。

随着国内外形势的新变化，陈翰笙又提出，中国太平洋历史学会虽然在自己的章程中明确规定，它以历史的角度来观察当前国际形势的变化和展望未来的发展趋势，并倡导多学科的综合研究，但中国太平洋历史学会这一名称中的"历史"二字，容易引起人们的误会，以为这是个单纯以研究历史为宗旨的专业学会。所以他建议，在适当的时候将中国太平洋历史学会改名为"中国太平洋学会"。到1993年，中国太平洋历史学会经民政部批准，正式改名为"中国太平洋学会"。

从20世纪30年代的太平洋学会，到当代的中国太平洋（历史）学会，陈翰笙为开创、推动和发展中国的太平洋问题研究做出了不懈的努力，事实上，陈翰笙是中国太平洋问题研究的先驱者。

当前，在太平洋区域国际形势发生了深刻变化的新背景下，中国和美国作为太平洋区域最重要的两个"利益攸关方"，双方必然要加强相互的了解，即中国要加强对美国国情和美国太平洋战略的研究，而美国肯定也要加强对中国国情和中国太平洋战略的研究。具体来说，中国有关太平洋问题的研究势必成为美国中国学研究的重要组成部分。这也是我们写出"太平洋学会的中国精英与美国的中国学研究"的原因。

（本文曾发表在朱政惠主编《海外中国学评论》第3辑）

"中国皇后"号开辟直达中国贸易航线的时代背景及其历史意义

——兼论广州城市国际形象之塑造

一　"中国皇后"号与广州城市国际形象之塑造

2017 年 7 月 9 日，由广州市社会科学院主办、广州城市战略研究院承办的"国际品牌、全球取向：广州城市国际形象塑造"课题成果发布会在广州图书馆召开，会议发布了《国际品牌、全球取向：广州城市国际形象塑造》报告，内中指出，广州迈向世界一线城市的建设步伐越来越快，国内外影响力日益增大，业已成长为我国当之无愧的重要大型中心城市。在 2016 年世界城市体系排名中，广州已经跻身世界一线城市，全球排名第 40 位。这说明，经过近 40 年的改革开放，广州已进入世界大城市体系的行列。

在新的历史起点上，广州开启了影响世界、迈向全球的新征程。在新形势下广州如何塑造城市的国际形象，进而提升国际影响力和竞争力，此点对推动广州高水平国际交往中心建设以及城市未来的发展，都具有十分重要的战略意义。

迈向全球化城市，广州要更多地考虑国际受众的习惯、理念、情感、接受方式等。简言之，广州城市形象塑造要充分考虑国际受众的需求和关注点。

对于国际受众来说，广州的形象和它的历史发展进程的特点紧密相关，即只有将当代的广州与在世界上广为人知的历史上的广州连接起来，才能突出广州的鲜活的立体形象。

在 2000 多年的广州城市发展历史进程中，由于具有独特的地缘环境的优势，广州在从丝绸之路贸易到海上丝绸之路贸易长达千年的岁月中，始终处于东西方文明交流的中心位置，并且在独具特色的岭南文化的基础上，进而又在东西方文化交流的大潮中，形成了多元文化的特质。具有多元文化基因的广州，其呈现的文化多样性面貌，其生命力之强、影响面之广，在世界城市的发展史上都是鲜见的。

尤其是在地理大发现以后所开始的人类一体化的进程中，广州已从千年地域性的文化与贸易中心，一跃成为全球性的文化与贸易中心。

这一历史时期广州的国际形象是广州城市发展史上最值得回忆的光辉篇章之一。

尽管"中国皇后"号是一艘美国船，但它却彰显出广州一跃成为全球性的文化与贸易中心的历史形象，因此回顾"中国皇后"号所具有的历史意义，对于新形势下塑造出广州自身的国际形象，提升广州的国际影响力和竞争力，以及推动广州高水平国际交往中心建设乃至城市未来的发展，都具有十分重要的现实启示意义。

二 "中国皇后"号开辟直达中国贸易航线的时代背景

美国三桅帆船"中国皇后"号自 1784 年（乾隆四十九年）2 月 22 日至 1785 年 5 月 11 日的中国远航，标志着广州终于完成了从千年地域性的文化与贸易中心向全球性的文化与贸易中心的转型。

地理大发现开启了人类一体化的进程。当葡萄牙人绕过好望角来到东方，并开辟了里斯本—果阿—马六甲—澳门多边贸易航线之际，西班牙殖民者则在征服美洲之后,开辟了西班牙—墨西哥—菲律宾—漳州贸易航线。

但在上述历史时期,尽管葡萄牙和西班牙侵占了广袤的土地并掠夺了大量的香料和贵金属,但上述两国生产力发展水平有限,最终造成商品匮乏,以致连维持被征服地区的生活必需品供应都很难。

在同一历史时期,即晚明时代的中国,商品经济正处在蓬勃发展阶段,当政者又重开"海禁",于是有大量的精美商品远销国外。但中国贵金属严重短缺,遂成为商品经济进一步发展的"瓶颈"。

在上述历史时期,葡萄牙和西班牙对于生活日用品有着紧迫的需要,中国又需要贵金属作为价值尺度来推动商品经济的进一步发展,于是在葡萄牙和西班牙与中国之间,出于经济互补性的客观需要,遂形成了用葡萄牙和西班牙手中的香料和贵金属换取中国生活日用品的交换体制。一时间,葡萄牙和西班牙手中的香料和贵金属与中国的生活日用品成为推动世界市场形成与发展的两个巨大的车轮。

在上述世界市场不断扩展的新形势下,中国的丝织品、以"南京布"为代表的棉麻织品、精美的瓷器、漆柜、屏风、各式白铜烛台以及雕花镂空的家具、壁纸、山水字画和各类手工艺品等都途经里斯本—果阿—马六甲—澳门多边贸易航线和西班牙—墨西哥—菲律宾—漳州贸易航线,远销至广大的东南亚、美洲和欧洲,并由此形成中华文明贯通五大洲的传播网络。这也是"一带一路"形成的时期。

由于广州在作为地域性的文化与贸易中心的时代已经拥有了十分发达的手工业基础和四通八达的道路网,因此在世界市场形成的新时期,广州一跃发展成为全球性的文化与贸易中心,并起到将中华文明辐射至全球的功能性作用。

到 17 世纪中叶以后,由于葡萄牙和西班牙国势日衰,欧洲的经济发展重心已经由地中海区域转向大西洋沿岸,英国、法国与荷兰遂进入了新的发展时期。尤其是英国,在推行"重商主义"政策的过程中,建立起一支强大的海军,并开拓出北美殖民地,一时开启了英国意欲称霸整个西方世界的时代。

为了建立"商业帝国",英国人于 1600 年建立了东印度公司,进而来到广州,开展与中国的贸易,并很快成为与中国贸易额最大的西方国家,其中,中国茶叶出口到英国,达到空前的规模。

但英属北美殖民地不满英国人的专制统治和对中国商品的垄断,遂发动了独立战争,并建立了美利坚合众国。为了突破英国的经济封锁,美国人于 1784 年派出"中国皇后"号直达广州,由此建立了中国与美国之间的直接贸易关系。以此为起点,广州发展成为全球性的文化与贸易中心。

下面是对"中国皇后"号开辟与广州直接贸易的那段历史的全程回顾,从中可以看到"中国皇后"号在树立广州全球性形象上的历史作用及其当代启示。

三 "中国皇后"号

——中华文明因素对美国社会深度影响的透视

(一) 美国的独立战争

1620 年,一批英国的清教徒为了追求自由与平等的理想,遂乘坐"五月花"号来到新大陆,并开始艰苦创业,继而建立起北美 13 州殖民地社会。

但作为英国的殖民地,13 州的开拓者并没能实现自由与平等的社会理想。相反,他们始终处于英国殖民者的剥削与压迫之下。

在美国殖民地时期,当地民众逐渐养成了饮用中国茶的习惯,茶叶和瓷器开始走进美国的千家万户,并成为生活中的必需品,就其实用程度来看,被认为"几乎相当于面包"。

然而,茶叶的进口却受到英国殖民者的严格控制。北美 13 州的商人绝对不被允许用自己的船只到中国直接采购中国商品,而只能到伦敦市场上去购买那些不断被英国商人提价的中国茶叶和瓷器。这表明北美 13

州的商业利益完全掌控在英国殖民者的手中。

为了打破英国对中国商品的垄断，北美 13 州的商人开始到西印度的圣埃乌斯塔希亚岛等地，经走私来购买中国的茶叶和瓷器，然后将其运抵新泽西州，继而再输入内陆各地。于是走私贸易兴盛一时，而且规模越来越大，至 18 世纪 50 年代达到高峰。

1773 年，英国政府为了控制美国的茶叶贸易，遂给予英属东印度公司在北美殖民地倾销"过期"茶叶的特许权。过期茶叶的低廉售价势必冲击北美 13 州的茶叶产业，因此引起当地民众的抗议。此时，北美 13 州具有反抗意识的中坚力量，如韩柯克和萨姆尔·亚当斯等人组成了"波士顿茶党"，并发起民间的反抗运动，以致愤怒的人群占领了波士顿码头，并禁止英国运茶船只靠岸。到 2 月 26 日，8000 名民众将英国人已经卸在码头上的茶叶悉数倾倒到大海之中，这就是历史上著名的"波士顿倾茶事件"。

于是英国殖民政府封锁了波士顿港口，向当地派驻军队，并取消了地方上的自治。双方相互敌视，形势极为紧张。

1775 年，在莱克星顿一地，英国殖民地驻军发现当地民兵私藏武器，于是派兵镇压，战事由此爆发。这就是美国独立战争（1775～1783）之始。这场战争最终以美国人民的胜利而结束，华盛顿当选为美国首任总统。

（二）美国独立战争之后的经济形势

美国在独立战争之后，国家的处境极其艰难。战争期间，为筹集军费，美国许多州都印发了大量的纸币。独立后，货币贬值，通货膨胀，致使国库空虚。英国却趁美国的危难时刻，伙同其盟国诸如西班牙和法国等，对美国施行经济封锁，结果给美国带来灾难性的影响，以致美国当时"没有资源、没有资本、没有商业、没有朋友"。美国一时面临着崩溃的危险。

为了生存和发展，美国在坚持与英国等国博弈的同时，想到了遥远而又神秘的中国，希望通过与中国进行平等互利的直接贸易，摆脱当时所面临的经济困境。

美国之所以在危难的时刻寄希望于中国，是因为在美国殖民地时期伊始，中华文明因素便已逐步融入美国人的生活之中。除前面提到的饮茶习惯之外，美国的开拓者还曾引种中国的水稻、高粱和大豆等农作物良种，并喜获成功，其中，大豆业已能对外出口。养蚕业也开始兴起。因此，有的美国人已满怀憧憬地预言：美国终有一天将成为像中国那样人口兴旺、经济繁荣的国家。

此外，在较为富有的美国家庭的厅堂陈设和日常生活中，可以看到中国文明因素的影响：

在墙上，或贴有描绘着身穿古典服饰的华人众生相的壁纸，或有草书楹贴。在落地窗上，悬挂着中式绣花的帷帘；在雕花、镂空的硬木家具上，覆盖着绣有中国山水图案的台布。梳妆台上摆放着淑女佩戴的中国珠宝首饰和梳妆盒。在客厅中，女主人手中常轻摇一把象牙扇或檀香扇；贵妇迈步出门定要高擎一把中式的遮阳伞。由中国轿子演化而来的轿式马车，在街道上来来往往。

那一时代，美国妇女多爱穿中国丝绸缝制的衣裙，而男人则偏爱用"南京布"剪裁的西装。

在中国艺术品的熏陶下，独立前后的美国家庭，往往为拥有一件中国艺术摆设而感到自豪。中国这个国家的名字也随之逐步为美国人所熟知。事实上，在那一时代，很多美国人都心怀"中国情结"。

（三）美国人对中国的向往

正是由于中国文化元素在美国社会中的广泛影响，在独立战争胜利后的艰难岁月中，为了使刚刚独立的美利坚合众国能够突破原宗主国英国的经济封锁，从而走上自主发展的道路，美国的一些先知先觉者开始倡导与中国建立直接的贸易关系。

《独立宣言》签署人之一，大陆会议最高财政监督罗伯特·莫里斯曾致信外交部部长，内称："我要派一些船到中国去，大胆寻求两国之间的商机，以帮助美国渡过经济困境。"

在罗伯特·莫里斯的发动下，纽约商界一些有识之士遂筹集到 12 万美元，装备了一艘载重 360 吨的三桅帆船，并命名为"中国皇后"（The Empress of China）号，这船名本身就含有对中国尊重之意。美国总统华盛顿则亲自主持了该船的下水仪式，国会又为这次中国之行签发了一张"海上通行证"，表明美国举国对"中国皇后"号这次中国之行的重视和期待。

罗伯特·莫里斯还聘任反对英国封锁美国的英雄格林为船长；另请一位精明的军人山茂召为财务代理人，此外还招聘一行 43 名水手。

1784 年 2 月 22 日，就在美国总统华盛顿生日这天，"中国皇后"号满载着 473 担人参、2600 张毛皮、1270 匹羽纱、26 担胡椒、476 担铅、300 多担棉花离开纽约港，扬帆驶向中国。

（四）"中国皇后"号在广州

1784 年的 8 月下旬，"中国皇后"号始达澳门，在这里领得了一张盖有清廷海关官印的"中国通行证"，由此获准进入珠江，并在一名中国引水员的带领下，经过一天的航行，终于抵达广州的黄埔港。

进港时，"中国皇后"号鸣礼炮 13 响（代表当时美国的 13 个州）以示向在港内停泊的各国船只的敬意；其他停泊于港内的各国商船也鸣炮作为回礼。

山茂召在其日记中曾如此写道："'中国皇后'号荣幸地升起了在这海域从未有人升起或看见过的第一面美国国旗！这一天是 1784 年 8 月 28 日。"①

在广州，虽然当地的官员把随"中国皇后"号到来的美国人错认为是"红毛夷"（荷兰人），但后来当得知美国是新独立的国家时，中国官员不仅没有轻视，反而对他们十分友好。他们盛赞这些来自"花旗国"（清朝对美国的称呼）的商人遵纪守法、态度谦逊。

中国商人也对处于困境中的美国商人十分照顾，经常把货物赊给资

---

① 乔赛亚·昆西编著《山茂召少校日记及其生平：美国第一任驻广州领事》，褚艳红译，广西师范大学出版社，2015。

金不足的美国商人。

对此，美国商人在感激之余大加夸赞，认为中国商人"在所有交易中，都是笃守信用、忠实可靠的，他们遵守合同、慷慨大方"。

由此，上述美国人得到"十三行""行商"的善待和协助，仅4个月，"中国皇后"号载运来的货物即售罄，而且买到美国急需的大量中国货物，其中包括红茶2460担、绿茶562担、瓷器962担和大量丝织品、象牙扇、梳妆盒、手工艺品等。

在"中国皇后"号返程前，广州官吏还特意赠送两匹绸缎给美国政府。

（五）"中国皇后"号成功返航及其意义

1785年5月11日，"中国皇后"号满载中国货物，经过6个多月的航行，终于回到纽约。

船长格林兴奋地鸣礼炮13响，宣布结束了这次历时15个月的伟大航行。

在纽约港，"中国皇后"号载运回来的中国商品立刻被抢购一空，即使是华盛顿总统本人也曾派属下购买了302件瓷器及精美象牙扇等中国精品。

这次"中国皇后"号的中国之行净赚3.77万美元，获高达25%的利润。

由于这次"中国皇后"号的中国之行突破了英国对新生的合众国的经济封锁，因此，这次远航中国的策划人莫里斯一跃成为美国邦联政府第一任财政部部长并负责对华贸易，以解决当时美国所面临的经济困境。

在政府推动与巨额利润的刺激下，在通往中国的航线上，美国商船一时络绎不绝，蔚为壮观。据载，1784~1804年，每年前往中国的商船约22艘；1804~1846年，每年前往中国的商船在30~40艘。美国由此出现了第一次"中国热"。

到19世纪90年代以后，在西方，美国已经成为仅次于英国的第二大海上贸易国。

（六）"中国皇后"号直通中国年代美国人的"中国观"

在"中国皇后"号直通中国的年代，美国人大多认为中国财富无尽，是最值得敬重和尊崇的国家之一；在美国人与中国人的交易中，双方相互尊重，在一些事情上，彼此有种倾慕之情。"中国人高兴地看到一个新兴的国家为他们打开了新的贸易途径。"

此外，美国人还认为中国经济发达，工艺水平高超，与中国贸易所得到的实惠之一，就是可以促进美国农业与工业的进步。所以美国哲学学会致力于寻找将中国人的产品和工艺引进美国的途径。很多美国人确信，只有引进中国产品，美国才能取得超过预期的发展。那一时代的美国人是把美中关系与美国的未来利益放在一起考虑的。

在上述时代，与中国的贸易对美国商人的收入和政府的税收而言都是取之不尽的源泉。那时美国报刊上曾有如下的评述："当该船（'中国皇后'号）满载而归，其中那么多商品是我们原本要从欧洲进口的。此举预示着这样一个令人欣慰的时代：我们终于能从对我们这个新生国家充满歧视、有如重负的贸易（指与英国的贸易——引者）当中解脱出来。"

事实上，随着"中国皇后"号开辟出中美之间的直接贸易，大量美国船只前往东方，刺激了美国造船业的迅速发展；与中国的贸易使费城、波士顿、诺富克、查尔斯敦、萨凡纳、莫比尔和新奥尔良等港口城市日益繁荣；随着中国商品向美国纵深地区的销售，美国内陆运输网络也不断延展；一些美国商人聚积了大量财富之后，将其投资于国内的产业部门以及银行业、保险业，由此带动了美国资本主义的快速发展。

美国最著名的中国史学者费正清曾高度赞扬美中贸易对美国的重要意义："对整整一代纽约人和波士顿人来说，到广州或上海要比到丹佛或盐湖城更方便，也更赚钱。19 世纪前半叶，中国这个边疆常常比美国的边疆更吸引人去做生意，这和英国人在 18 世纪的情形一模一样。"①

---

① 费正清：《七十年代的任务》，载《现代史学的挑战——美国历史协会主席演说集（1961—1988）》，中国美国史研究会王建华等译，上海人民出版社，1990，第146页。

完全可以这样说，由"中国皇后"号开启的美中直接贸易对美国社会曾产生广泛而深刻的影响，因此在相当程度上为美国的建国之路提供了机遇和发展方向。

四 "中国皇后"号来华时代的广州

说到"中国皇后"号的历史，必须从广州的"十三行"谈起。

（1）17～18世纪的中国与西方贸易的特征

在1784年"中国皇后"号直航中国的历史时期，尽管清王朝国势已呈现衰微的先兆，但其商品经济的发展程度在世界上仍居于最为发达之列。

西方主要国家如英国、法国、荷兰、俄国，甚至比利时和瑞典等国，都曾组建垄断性质的合股贸易公司，派出大批船只前来广州，通过拥有朝廷颁给的对外贸易"特许权"的"十三行"，来购买中国的丝绸、茶叶、瓷器和各类手工艺品，以期运回欧洲后，既可满足西方社会对东方时尚商品的迫切需求，又可赢得厚利。

可以说，中国是当时世界上最大的卖方市场。

美国"中国皇后"号即是在上述历史背景下来华开展贸易的。

（2）17世纪在华的西方垄断贸易公司

西方各合股贸易公司由于独享政府给予的从事东方贸易的"特许权"，因此具有鲜明的"垄断性"；这类公司的大股东很多为海盗出身，而且大多是通过对殖民地的掠夺才积累了财富，进而投身于东方贸易。因此可以说，这类垄断贸易公司的股东往往集"商人"与"海盗"特征于一身。在贸易方式上，这类公司带有明显的走私贸易和掠夺性的特质。

（3）广州的"十三行"

从1757年（乾隆二十二年）起，清廷把对外贸易活动限制在广州一港，而且把对外商的交易活动授权给"十三行"的"行商"来经营。

因此可以说，"十三行"的"行商"具有"官商"的性质。

又由于"十三行"的"行商"享有朝廷给予他们的与外商进行贸易的"特许权"，因此，西方垄断贸易公司的商人只有通过"十三行"的"行商"才能采购到中国的商品。事实上，"十三行"的"行商"已成为西方商人和中国市场之间的"中介"。因此，"十三行"的"行商"又具有鲜明的"（洋）买办"的性质。

（4）"十三行"的贸易方式

尽管"十三行"的"行商"享有与外商交易的"特许权"，他们之中的某些"行商"更由此而发展成为家私万贯的巨商、大贾，但"行商"不仅要代替外商向海关缴纳40%的巨额关税，而且还要向皇帝"进贡"，以示忠心。同时，他们还要用重金来贿赂各级海关官员和地方官员。因此，"十三行"的"行商"只有对外商进行敲诈勒索，巧取豪夺，依靠这类非法的收入才能应付上述各种额外的开销。即便如此，也仍有一些"行商"不堪重负，而终致破产。

西方垄断贸易公司的商人认识到，只有通过"十三行"的"行商"才能在对华贸易中获得厚利，于是他们充分利用"海盗"的手段和在走私贸易中积累的经验，与"十三行""行商"中的那些不法"行商"相互勾结，逐步结成利益集团，并在市场的交易中买空卖空、尔虞我诈，以获暴利。其结果是广州市场上乱象丛生，因此引起广大中国人对"番商"的愤恨，甚至有人采取暴力手段对"洋人"进行报复。

（5）"番商"与"行商"之间的贸易方式

历史上，的确有部分西方垄断贸易公司在与"十三行""行商"的交易中，曾经存在非法的走私贸易行为。但在上述历史时期，中国是世界市场中最大的卖方市场，出于西方社会对中国紧俏商品的迫切需求，西方各垄断贸易公司之间展开了激烈的竞争。

一些西方垄断贸易公司已开始认识到，为了在中国市场中占据优势地位，必须在中国市场上提高自己的诚信度。

同样，为了长远的商业利益，大部分西方垄断贸易公司和"十三行""行商"几乎同时认识到，参与贸易的中外双方，必须有一定程度的诚信作为商业活动的基本保障。为此，中外双方均通过签订"契约"来保障各自的利益，即对于商品的产地、质量和规格以及售价、交货的时间和地点等，均做出具有法律约束力的书面承诺。同时还需要请出具有极高诚信度的"第三方"来保障签约双方对"契约"的忠实履行（在中外商人的交易中，也有"以口为凭"的高度信任的情形）。这就是以"十三行"为标识的广州贸易体制得以繁荣发展的重要前提。

（6）广州贸易体制中萌生的"现代性因素"

在上述以"十三行"为标识的广州贸易体制时代，这些年轻的美国来华商人，有的曾参加过独立战争，有的还是突破英国人海上封锁的斗士。他们追求自由、民主与平等，信守新教的基本精神。他们认识到开展与中国的贸易对于年轻的美利坚合众国具有极为重要的意义，于是积极投身中美贸易之中，并发展成为中美之间平等互利的商业活动的推动者和美国资本主义制度的早期建设者。

在"中国皇后"号来华经商的年代，美国人尚承认与美国不同质的中华文明的存在价值，尊重中国独立发展的权利，并表现出与中国在平等的前提下发展双边友好关系的愿望。所以美国人给中国人留下了远较"红毛夷"（荷兰人）为好的印象。

魏源在其《海国图志》（1842）中进一步指出：美国人与英国人不同，尽管该国摆脱英国统治后，国力日盛，但"不横凌小国，不桀骜中国"。基于上述认识，林则徐在禁烟活动中，在坚持中国文化优越性的同时，已把美国当作外交政策中的一种平衡力量，对英美采取一种有区别的策略。

事实上，在同一历史时期"十三行"的"行商"中，也不乏承继了中华民族传统美德之人。在经商中，他们恪守诚信、以大度包容为怀、注重声誉，从而赢得了外商的敬重和信任。特别是中国商人对处于困境中的美国商人更是十分同情与照顾，经常把货物赊给资金不足的美国商人。对此，美国商人在感激之余也曾大加夸赞，认为中国商人"在所有交易中，都是笃守信用、忠实可靠的，他们遵守合同、慷慨大方"。

实际上，"信"，是中华民族的传统美德。2016 年 6 月 6 日，习近平主席在第八轮中美战略与经济对话和第七轮中美人文交流高层磋商联合开幕式上的讲话中便指出："我们要增强两国互信。中国人历来讲究'信'。2000 多年前，孔子就说：'人而无信，不知其可也。'信任是人与人关系的基础、国与国交往的前提。"①

"人而无信，不知其可也"，此语出自《论语·为政》，意指人如果没有信用，那么大事小事都不可能成功。孔子还曾以车轮为比喻，反问："大车无輗（ní），小车无軏（yuè），其何以行之哉？"这一比喻实际上指出，信用之于人，犹如"輗"之于大车，"軏"之于小车，没有"輗"或者"軏"，车将无法前行。

孔子的话，可以说是"十三行"时代那些信奉儒家理念的"行商"所遵循的"经商之道"。其实这也是"十三行""行商"经商取得成功的根本原因。

我们特别要强调的是，在上述历史时期，在"十三行"的"行商"中，还曾涌现出一些具有现代意识和开阔的国际视野的"行商"。尽管他们属于"关键性少数"，但他们一旦洞察到世界市场需求的情况，就开始把自己的商业活动推向遥远的异域国度，在出售广为西方需求的中国商品——诸如瓷器、丝织品、茶叶和手工艺品——的同时，也起到了传播中华文化的作用。

为了满足西方生活方式、习俗，乃至宗教仪轨的特殊需要，上述"行商"也曾按照西方商人的要求，组织过特需产品的生产，比如印有家族或王室"徽记"的"纹章瓷"，彩绘瓷器以及特殊式样的瓷器，适合西方人审美情趣的服饰和手工艺品等。一方面，这一行为促进了中西文化的互鉴与融合。另一方面，这种为特殊需要而进行的生产，必须雇

---

① 习近平：《为构建中美新型大国关系而不懈努力——在第八轮中美战略与经济对话和第七轮中美人文交流高层磋商联合开幕式上的讲话》，《人民日报》2016 年 6 月 7 日，第 2 版。

用有特殊技艺的工匠。事实上，这种雇用具有特殊技艺的劳工从事以"交换价值"为目的的生产，本身即体现了"商业资本"向"产业资本"的转化，即在部分"行商"的企业中，已出现了雇佣劳动的现象，这已是资本主义因素的滋生和显现。

上述这类"行商"在海外贸易中积累了财富，并敏锐地观察到西方社会经济发展的特殊需要，于是有的"行商"甚至投资外国的铁路建设，还有的"行商"投身于国外金融业和保险业等领域的经营。他们的身上具备"现代性"的要素。

综上所述，对于晚清时代"十三行""行商"的性质、历史地位和作用，以及从中引申出来的具有当代意义的启示，我们应当用当代的视野，辩证地给出恰当的历史定位。

可以这样说，上述"十三行"中的先知先觉者实际上演绎了具有世界性和人类命运共同体情怀的"广州故事"，这也是广州历史形象的展示。

可以这样说，习近平主席对"中国皇后"号历史意义的阐释和他对中华传统文化中"信"的当代意义的强调，乃至他对人类命运共同体理念的论述，都在"广州故事"中得到了体现。

今天人类生活的关联前所未有，同时人类面临的全球性问题也前所未有。世界各国人民的前途命运越来越紧密地联系在一起，因此世界各国人民应该秉持"天下一家"理念，彼此理解、求同存异，共同为构建人类命运共同体而努力。习近平主席提出共建"一带一路"倡议，就是要践行人类命运共同体理念。而今，共建"一带一路"已成为有关各国实现共同发展的巨大合作平台。在中国共产党与世界政党高层对话会上，习近平还强调，"我们要努力建设一个远离恐惧、普遍安全的世界……坚持共同、综合、合作、可持续的新安全观，营造公平正义、共建共享的安全格局"；"我们要努力建设一个远离贫困、共同繁荣的世界……坚持你好我好大家好的理念……让发展成果惠及世界各国，让人人享有富足安康"；"我们要努力建设一个远离封闭、开放包容的世界……坚持世界是丰富多彩的、文明是多样的理念……让各种文明和谐共存"；"我们要努力建设一个山清水秀、清洁美丽的世界……坚持人与自然共生共存的理念……共同营造和谐宜居的人类家园"。①

习近平在十九届中央国家安全委员会第一次会议上的讲话中指出："前进的道路不可能一帆风顺，越是前景光明，越是要增强忧患意识，做到居安思危，全面认识和有力应对一些重大风险挑战。要聚焦重点，抓纲带目，着力防范各类风险挑战内外联动、累积叠加，不断提高国家安全能力。"②

历史上，广州从地域性质的经济文化中心跃居为世界性质的经济文化中心。发达的商品经济成为世界市场形成与发展的巨大动力。西方国家为了获取中国的商品不得不用白银来进行交换，一时大量的贵金属源源流入中国，并造成广州空前的繁荣。

在这种大好形势下，我们民族对于波谲云诡的国际形势缺乏认识，尤其是对于鸦片的危害更是缺乏警觉。在西方国家大量进行鸦片走私的危险情形下，一方面白银大量外流，从而动摇了我国的经济基础；另一方面鸦片更是危害到我们民众的体质和精神状态。这是近代我国落伍于西方国家的重要原因。习近平特别用"以史为鉴，可以知兴替"③ 这一名言来教育全国人民，绝不能犯战略性、颠覆性错误。由"中国皇后"号演绎的"广州故事"，实际上为我们的民族提供了血的教训，这也是本文现实意义之所在。

---

① 习近平：《携手建设更加美好的世界——在中国共产党与世界政党高层对话会上的主旨讲话》，人民出版社，2017，第4~6页。

② 《全面贯彻落实总体国家安全观　开创新时代国家安全工作新局面》，《人民日报》2018年4月18日，第1版。

③ 习近平：《在庆祝中国共产党成立100周年大会上的讲话》，人民出版社，2021，第10页。

龙的脊梁，龙的魂

——华工在美国参与建成中央太平洋铁路 150 周年纪念

2015 年是华工在美国参与建成中央太平洋铁路 150 周年。

那还是在 2015 年 9 月 23 日，在西雅图华人举行的欢迎大会上，习近平主席深情地回顾了华人建设美国中央太平洋铁路的那段可歌可泣的历史："今年是美国太平洋铁路修建 150 周年。150 年前，数以万计的华工漂洋过海来到美国，参与建设这条横跨美国东西部的铁路。他们拿着简陋的工具，在崇山峻岭和绝壁深谷中逢山开路、遇水搭桥，以血肉之躯铺就了通往美国西部的战略大通道，创造了当时的工程奇迹，带动了美国西部大开发，成为旅美侨胞奋斗、进取、奉献精神的一座丰碑。"①

那么，习近平主席为什么对 19 世纪下半叶华工修建中央太平洋铁路的这段历史做出如此之高的评价？下面让我们来回顾 19 世纪下半叶华工修建中央太平洋铁路这段悲壮的历史吧。

一　美国政府斥巨资修建中央太平洋铁路的原因

1861～1865 年的美国内战，以北方的胜利而告终。奴隶制的废除和

---

① 习近平：《在西雅图出席侨界举行的欢迎招待会时的讲话》，《人民日报》2015 年 9 月 25 日，第 2 版。

美国南北方的统一，为美国资本主义的快速发展创造了条件。然而当时摆在美国人民面前最为紧迫的任务却是重建南方。在当时的历史条件下，欲实现美国南方的重建大业，则必须先加速西部的开发；欲加速美国西部的开发，则必须建成一条连接美国东部和西部的铁路大干线，即中央太平洋铁路。

在 19 世纪中叶，从美国东部到西部只有三条交通路线可供选择。其一，乘坐长途快运马车由东而西行。然而，即使是从圣路易斯出发，日夜兼程赶路，那么到达西部的加利福尼亚也至少需一个多月的时间；如果是大规模的货运，则要耗时长达半年。其二，自东向西穿越巴拿马地峡。在巴拿马铁路建成前，巴拿马地峡的地势险恶，瘴雾弥漫，时有野兽出没。因此跨越地峡常被人视为畏途。而且根本无法实现跨越巴拿马地峡的大规模的客货运输。其三，从美国东海岸的港口乘船南行，绕过南美洲最南端的合恩角，然后再北上，直至加州。由于受天气、海流和风向的制约，此种航行常常需费时三四个月，有时甚至要花费六个月的时间。上述三条交通路线都不能适应美国西部快速开发的需要。事实上，在美国东部和西部之间缺少一条横跨万里荒原的铁路大干线，已成为掣肘美国南部重建任务的"瓶颈"。

此外，历经独立战争和美国内战的考验和锤炼，美国人的民族自信心空前增强。在他们的内心深处，"天定命运"的意识开始膨胀。所谓的"天定命运"，其核心内涵就是：美国受上帝的"委托"，先验地对人类未来的发展和命运负有特殊的"使命"。这种"使命"就是要把美国的价值观（个人自由、多党政治和市场经济等）推广到全球。把美国的边疆延伸到西部后，再进一步把美国的"新边疆"推向广阔的太平洋区域已成为美国外交政策的重要使命。

事实上，在独立战争以后，美国已开始向太平洋地区进行扩张。19世纪 30 年代，美国业已建立起东印度舰队，并加入了西方列强争霸世界的角逐。1840～1842 年凯尼经常率美国舰队在中国海域游弋，美国"商人"也曾参与罪恶的对华鸦片贸易；1844 年，美国步英国发动鸦片战争的后尘，强迫清政府签订了《望厦条约》；1858 年，美国又乘第二次鸦片战争之机，强迫清政府签订了《中美天津条约》。及至苏伊士运河开凿后，美国更认识到争霸太平洋的紧迫性。因此修建横贯美国东西部的大铁路也是实现"天定命运"这一"使命"的当务之急。

所以，还在 1862 年，当时正统领美国内战的林肯总统一旦预见到修建中央太平洋铁路对美国未来发展的深远影响，便毅然决然地签署了修建长达 2500 公里、横贯美国东西部的铁路大干线——中央太平洋铁路——的法案，并斥一亿美元的巨资用于修建中央太平洋铁路工程。这一数目相当于 1861 年联邦政府预算的两倍。由此可见美国政府对于修建中央太平洋铁路的重视程度。

二 联合太平洋铁路公司和中央太平洋铁路公司的建立

为了承担修建中央太平洋铁路的任务，从 1861 年起，美国先后建立了联合太平洋铁路公司和中央太平洋铁路公司。前者负责由东部的奥马哈向西至犹他州的筑路任务；后者承担由西部的萨克拉门托向东至犹他州的工程。美国政府还规定，这两个公司每修建一公里铁路可从联邦政府获得 16000 美元至 48000 美元的工程费用，此外，两个公司还可获得部分铁路沿线的土地作为奖励。

为了在筑路工程中引进竞争机制，联邦政府还规定，只确定上述两个公司修路的起点而不规定两者的连接点，即哪个公司修建的铁路路线长，那么，那个公司的收益就会更丰厚。因此，从工程伊始，两个公司便展开了激烈的竞争。

在修建中央太平洋铁路的年代，由于有大批爱尔兰人移民到美国东部并受雇于联合太平洋铁路公司，因此，充足的劳动力使联合太平洋铁路公司的筑路工程进展得相当顺利。然而中央太平洋铁路公司却面临劳动力严重不足的困境：当时，筑路工程需要投入 7000 名劳工，而实际上该公司却只招募到 500 余名工人。白人劳工纪律松弛，劳动效率低下，开工两年，仅建成 55 公里铁路，其修建铁路的长度尚不及联合太平洋铁路公司筑路长度的 1/8。

在这种严峻的形势下，为了使中央太平洋铁路公司能补充足够的劳动力，加州政府曾设想招雇墨西哥的"短工"，或是利用监狱中的犯人来充当筑路工人。也曾有人主张把内战中的南方俘虏投入筑路工程，甚至有人建议在筑路工程中重新使用黑奴。而最终中央太平洋铁路公司上层决定招募在美国西部的华人从事中央太平洋铁路的建设。

三 华人开发美国西部的历史贡献

鸦片战争以后，西方列强在我东南沿海一带展开了一场掠卖中国人口的狂潮。大批"契约华工"被贩运到美洲大陆各地，其中也包括美国。特别是 1848 年加利福尼亚发现金矿之后，在世界范围内掀起了一股"淘金热"，人们像雪崩一般涌向美国的西海岸。1849 年就有 91405 人从五大洲各地来到旧金山。在这种历史背景下，也有部分华人开始踏上美国西部海岸。1849 年 2 月，移民旧金山的华人仅为 54 人；1850 年 1 月为 791 人，到年底已达 4000 人。1851 年加利福尼亚的华人更高达 25000 人。

华人被运到美国西部后，尽管他们遭受到种族主义的歧视和阶级的剥削与压迫，但他们在逆境中为了生存和发展不屈不挠地奋斗着，并用他们的血汗和聪明才智为美国西部的开发做出了历史性的贡献。

在美国西部，很多华工参加了开采金矿的劳动。由于他们不辞劳苦，而且有的华人在国内时已经掌握了淘金技术，所以在采金中，华工往往获得硕果。此外，华工还被投入水银、硼砂等矿业生产之中，每年所创产值高达百万美元。到 1870 年，在加利福尼亚的矿工中，几乎 1/3 是华工。

在美国西部的农业生产中，华人更成为一支生力军。大片湿地的改造、粮食及蔬菜的种植和果园中优良品种的培育，无处不有华人的功劳。

华人还是美国西海岸渔业和造船业的先驱者。从普吉特海湾到加州沿岸散落着许多华人兴建的渔村,具有广东和福建木船特点的华人渔船则在美国西海岸随处可见。

其他,诸如在西部的餐饮业、制衣业、洗衣业、制鞋业、制烟业等手工行业中,到处可见华人辛勤劳动的身影。

在西部,也有一些华人以经销来自中国的商品为生。他们为加州不同国家和民族的开发者们供应粮食、糖、茶叶、干果和香料,以及许多劳动工具和其他生活必需品。由于当时横贯美国大陆的铁路尚未建成,加州的开发者们所需的各种劳动物资和生活必需品多从中国运来。华人在美国西部的早期开发中起到了非常关键的作用。一个美国矿工曾在日记中写道:"如果没有这些中国人,我们在刚来的那年就已饿死了。"美国著名学者费正清也曾指出,应把那一时代的美中贸易视作"美国西进运动不可分割的一部分"。①

然而,在美国西部,华工的最大贡献则是他们在中央太平洋铁路的修建中用血汗所创造的人间奇迹。

四 19 世纪下半叶华工修建中央太平洋铁路的悲壮历史

在中央太平洋铁路修建期间,有 10000 ~ 11000 名华工被投入施工现场,约占当地筑路工人总数的 4/5。因此可以说,在修建中央太平洋铁路的整个过程中,华工是绝对的主力。

在华工施工的地段,地势和地质状况非常复杂、险峻。在联合太平洋铁路公司承包的路段,由东向西的 500 英里内,其地势爬高仅 5000 英尺(1 英里≈1.609 千米,1 英尺 = 0.3048 米);而在中央太平洋铁路公

---

① 费正清:《七十年代的任务》,载《现代史学的挑战——美国历史协会主席演说集(1961—1988)》,中国美国史研究会王建华等译,上海人民出版社,1990,第 144 页。

司所承包的地段，在 100 英里的长度内，地势则已抬升高达 7000 英尺。此外，在西部的荒山野岭中，森林藤萝密布，又有野兽出没，再加上气候多变，给施工造成难以想象的困难。

1866 年春天，在打通高山险峻的霍恩角时，华工要在陡峭的悬崖石壁上开凿出一条"栈道"来，以便铺上枕木和铁轨，使火车能环绕山腰前进。为此，华工先要在荒野上割下芦苇，编织成一个个箩筐。然后，当班的华工坐在这种箩筐里，被同伴们从山顶吊到半山腰，在那里他们凿石、钻眼、安放炸药。点燃炸药后，他们再被拉上山顶来。待岩石孔穴中的炸药爆炸后，不待硝烟散尽，他们又坐在箩筐里，被从山顶吊到半山腰，再开山劈石、打眼放炮，周而复始，循环不已。在这种充满危险的劳动中，很多华工献出了自己的生命。

在开通霍恩角"栈道"后，高大的唐纳峰又横亘在华工面前。为了在坚硬的花岗岩山体上开凿出一条长达 1693 米的隧道，在工程中开始使用爆炸力极强然而又十分不安全的"黄色炸药"。很多华工由此而丧命或致残。

1866 年的冬天有史无前例的酷寒。早在 10 月份，大雪已经纷飞。接下去的几个月暴风雪连绵不断，大地冰封，铁轨和施工线上覆盖着 15 英尺厚的积雪。华工的营房被埋在密密实实的雪层下面。然而即使在这种恶劣的环境下，华工仍然奋力拼搏，他们在厚厚的积雪中先挖出通气孔和运送渣料的竖井，然后又挖出了通向隧道口的横向坑道，使工程在雪层下终于能够继续下去。

为了保障铁路工程在寒冬的条件下仍能照常进行，华工又在选定的路基两旁用水泥和木料架起了可以遮挡风雪的封闭式的百里"长廊"，由此保证了铁路能在冬天施工。这种"长廊"当年被美国人称誉为"中国长城"。

至 1867 年 9 月，唐纳峰隧道终于打通。由于华工在寒冬中完成了只有在夏天才能施工的工程，因此，他们所付出的代价较之在夏天施工要高出三倍。

在打通唐纳峰隧道之后，华工来到亨博尔特荒原上。华工冒着无情的风沙的吹打和含碱灰尘对皮肤和眼角膜的腐蚀，将铁路向大盐湖一带推进。中央太平洋铁路公司的上层为了赶进度，将华工分成三班，让他们夜以继日地轮番施工。中央太平洋铁路西段就靠华工这种不畏艰险的顽强劳动才持续不断地向东方推进。

华工具有坚忍不拔的意志和处理工程中各种难题的聪明才智，虽然他们还在试工期，但已在劳动生产率上和联合太平洋铁路公司爱尔兰人最优工程组并驾齐驱。华工是被当作"壮工"雇用的，然而在筑路工程中，他们常常从事的却是技术性工作。

尽管华工在筑路工程中做出了优异的成绩，但他们受到了中央太平洋铁路公司的歧视性待遇。当时与华工并肩劳动的白人劳工，月工资为45美元，另外公司还为其提供膳食；而华工每月工资却只有30美元，膳食更须自理。从劳动时间上来看，白人劳工一般每日工作8小时；而华工却要被迫工作10~12小时，有时竟达14小时，甚至16小时。

为了维护自己的基本人权，中央太平洋铁路施工线上的华工向该公司的上层提出与白人劳工"同工同酬"的要求，并发动了千人的大罢工。在他们身上反映出中华民族在厄运中奋起反抗的优良传统。

联合太平洋铁路公司和中央太平洋铁路公司为了赢利，同时也为了各自公司的荣誉，双方展开了无情的竞争。1868年，在这整整一年中，联合太平洋铁路公司和中央太平洋铁路公司都按着每天一英里的速度将工程推向前进。到1869年，即中央太平洋铁路接近完工的关键时刻，联合太平洋铁路公司爱尔兰人最优工程组竟创造了日铺轨8英里的空前纪录。

中央太平洋铁路公司的华工立即接受了这一挑战：1869年4月28日，848名华工和8名爱尔兰人道钉工以令人难以置信的高速把铁路推向前方。在这天，他们共铺设25800根枕木、3520根钢轨，并敲进55000个道钉，最终创造了日修建10英里零180英尺铁路的史无前例的纪录。在美国的铁路修建史中，这天称为"十英里纪念日"。

到1869年5月10日这天，中央太平洋铁路终于建成。从此，美国的东部和西部联成紧密的一个整体，从而加快了美国资本主义的发展进程。因此中央太平洋铁路被那一时代的美国人骄傲地称为"人类劳动的最大里程碑"。

据 1870 年美国报纸报道，这一年从中央太平洋铁路西段薄薄铺土的坟头和沿线地带，共收集到重达 29000 磅的人骨，这是筑路过程中死亡的大约 2000 名华工的遗骸，中央太平洋铁路西段每公里铁轨下面，几乎都长眠着一位华工。同年，在一艘由美国西部开往广东的轮船上，载有 1200 名华工的遗骨。这些遗骨最终被掩埋在故乡的"义冢"之中。这些无名的英灵默默长眠，但他们生前所创造的业绩却将永存并与日月同辉。事实上，由于上万名华工投入中央太平洋铁路的修建之中，他们以血肉之躯和坚忍不拔的意志力以及聪明才智，才使中央太平洋铁路从原预计的 12 年工期提前了整整七年。

华工在修筑中央太平洋铁路中的丰功伟绩是用鲜血写成的历史，因此是永远也抹杀不了的。

五　被冷藏的华人功绩

就在 1869 年 5 月 10 日这天，联合太平洋铁路公司的员工和中央太平洋铁路公司的员工在欢呼声中胜利会师，并留下一张具有"历史意义"的合影。但在这张合影中，却找不到任何一个华工的身影。因为他们根本没有被当作建成中央太平洋铁路的功臣。

在中央太平洋铁路建成之日，可以说美国在举国欢庆。在首都华盛顿，1869 年 5 月 10 日（西部时间）下午 2 点 47 分，在万众欢呼声中，硕大的气球从国会的圆顶上腾空而起，市议会的钟声随之敲响，在城市要塞中，220 支枪同时鸣放。这是何等激动人心的时刻。

在萨克拉门托，即中央太平洋铁路西段的起点，更举行了盛大的庆典：中央太平洋铁路公司的董事、官员和高级工程人员分乘九辆彩车率先从检阅台前走过；佩带胸徽的一般职员和手持表明各自工种特征的工具的工人紧随其后；肩扛 8 磅（1 磅 ≈ 0.45 千克）重铁锤的爱尔兰人道钉工更是出尽了风头。萨克拉门托到处是欢声笑语，人们载歌载舞，全城无处不洋溢着浓郁的节日气氛。

然而作为修建中央太平洋铁路主力和功臣的华工却被排斥在这一庆功盛典之外。

当晚，在中央太平洋铁路公司的庆功宴会上，贝内特法官在祝酒词中，把建成中央太平洋铁路的功劳归结为他的所谓的"加州同胞"所具有的"素质"。他高声赞扬："在加州人民的血管中，流着四个当代最伟大民族的血液：有法国人敢打敢冲的勇猛劲头；有德国人的哲学头脑和坚定精神；有美国人不屈不挠的毅力；有爱尔兰人不知忧愁的火暴脾气。他们各自作出一份恰如其分的贡献。"最后，贝内特法官总结道："一个来源于这些民族并将其最优秀的品质聚集在它自己的生活中的民族，是能够取得任何成就的。"至于华工在修建中央太平洋铁路过程中的功绩和他们所付出的血的代价和牺牲，贝内特法官在祝酒词中却只字未提。

在美国西部开发之初，由于急需大量的劳动力，因而最初到达美国西部的华人受到热情的欢迎。旧金山市的元老们甚至表示愿意赠送给跨越大洋来到这里的中国移民每人一把该城的钥匙，以示敬意。《上加利福尼亚报》的一篇专文写道："这些天朝子民将成为优秀的市民，我很高兴地得知，他们正在每日大批地到来。"

然而在中央太平洋铁路竣工后，那些在筑路工程中被榨干了血汗的华工却被当成白人劳工的"竞争者"而遭到迫害和驱逐。美国驻华公使、加州前州长兼中央太平洋铁路公司总裁镂斐迪公然声称："中国人将回去，本州不能容忍他们。"正是由于美国高层这种歧视华人的思想作祟，在美国西部很多地方相继发生了对华人的大规模血腥迫害和劫掠。

为了掩盖美国种族主义分子迫害华人的罪行，同时也是为了给美国侵略中国寻找借口，"黄祸"论在美国喧嚣一时。所谓的"黄祸"论，是在 19 世纪末率先由俄国沙皇和德皇煽动起来的带有浓厚种族主义色彩的反华浪潮。当时正处在帝国主义瓜分威胁之下的中国，"荣幸地"被他们描绘为意欲"征服"整个世界的潜在危险。美国的高层也亦步亦趋地和这种"黄祸"论相呼应。美国海军上将马汉曾写道："当我们想到四万万中国人组成一个强大的国家，拥有一个现代化的装备，而这样庞大的人群却被圈在对于他们是过于狭小的土地上，这是很难以宁静的心情来展望未来的。"一些"黄祸"论的鼓吹者刻意地把海外华人比作"希腊人的礼物"，即钻进西方国家内部的"特洛伊木马"。

对于美国国内被煽动起来的反华暴行，美国伟大的作家马克·吐温曾表示了极大的义愤，他责问道："谁会侮辱中国人呢？只有人类的渣滓才会干这种事——他们和他们的儿子们；自然相应地还有警察和政客，因为这些人是社会渣滓们的下贱的拉皮条的人和奴仆，在美国的其他地方也是这样。"

然而，在当时美国主流社会意志的主宰下，美国国会还是通过了一系列的"排华"法案，使之成为中美关系史中极不光彩的一页。

当时中国人民对美国的反华浪潮曾进行了有力的抗争，1905年在我国爆发了大规模的反美运动，表现出中国人民的坚强意志和不屈的精神。

六　历史就是历史

在修建中央太平洋铁路过程中，作为主力军，华工用自己的血汗和牺牲创造了19世纪工程史上的奇迹，并由此带动了美国经济的全面发展。

中央太平洋铁路建成后，大量的人流和物流从美国的东部源源涌向西部，从而加速了西部开发的步伐。据估算，仅建成美国西部铁路和开发湿地这两项工程，华工就为美国创造了价值2.897亿美元的财富，这在那个时代就是个天文数字。

由于西部开发的加速，加州的地价迅猛增值达2～20倍。土地开发商把这部分巨额盈利又投入其他产业部门的开发之中。如此循环往复，使美国西部迅速繁荣起来。

美国西部的开发有力地带动了美国南方的重建大业。美国西部的开发和南部的重建，更极大地推动了美国的综合国力的提升。1860 年，美国的工业产值尚位居世界第四位，而到了中央太平洋铁路建成后的 1880年，美国的工业产值已跃居世界首位。华工开发美国西部和修建中央太平洋铁路的伟大功绩将永远为历史所铭记。

七　华人开发美国西部和修建中央太平洋铁路的历史
是审视中美两国关系的一面镜子

新中国成立70 多年来，中国发生了天翻地覆的巨变。中国人民已经站起来了的事实，使海外华人的社会地位空前提高，也促进了美国社会重新评价华人先辈对美国西部开发的历史贡献。在这种历史背景下，1964 年，在美国内华达州举行的建州 100 年庆典上，该州州长宣布 10 月24 日为向华人先驱致敬日。斯帕克斯市和弗吉尼亚市都是当年华工浴血劳动的地方。如今，那里分别为华工竖起了纪功碑。

弗吉尼亚市的华人为了纪念自己先辈开发美国西部的历史功绩也竖起了纪功碑，上面刻写着如下勒文：

华人先驱，功彰绩伟，

开矿筑路，青史名垂。

1991 年，中央太平洋铁路途经的美国伊利诺伊州的州政府赠送给中国人民的 "中国铁路工人纪念塔" 已在上海衡山公园附近落成。在该纪念塔的塔柱上，镶嵌着一块铜牌，上面用中英两种文字镌刻着如下铭文："中国建路工人所作的贡献是连接美国东西海岸并促成国家统一的一个极重要的因素。本纪念塔用三千枚铁路道钉塑造，以表彰他们的业绩，并象征伊州人民和中国人民之间的持久友谊。"

2019 年，习近平主席在致中国社会科学院中国历史研究院成立的贺信中指出："历史是一面镜子。"

事实上，华人开发美国西部和修建中央太平洋铁路的历史就是审视中美两国关系发展历程的一面镜子：中美建交 40 多年来，双边关系一直在曲折中发展。然而中美两国的关系却昭示，中美两国关系总归要好起来。

美国的中国史专家费正清在世时，曾语重心长地指出："无论我们美国人抑或中国人，都不会轻易地改变自己惯有的行为方式、价值观念，以及社会生活方式。双方彼此相互调和的可能性极小。然而由于现实的需要，我们双方的共同点也在不断地增加。我们必须共同承担起解决全球性问题的责任。"①

中美两国为了更加协调地应对全球性的挑战，则必须加强双方的相互了解，即中国应当了解美国的历史文化和现实，美国同样也应当了解中国的历史文化和现实。中美关系史由于既集中地反映了中美两国在历史与文化上的差异，也凸显出交织在一起的双方的国家利益，因此也最能体现出中美两国关系中的互利共赢的本质特征和这种关系的发展规律。而包括修建中央太平洋铁路在内的华人开发美国西部的历史，则是中美关系史中极为重要的一页，尤其是我们从中可以引申出许多具有当代意义的启示。

其一，华工对美国西部开发所做出的历史性贡献表明，尽管中国和美国之间存在着政治体制和经济发展程度上的差异，然而双方又在国家利益上呈现出极大的互补性，而从来不存在一方对另一方的"恩赐"。事实上，中美之间的国家利益的这种互利共赢的特点，便是历史上，乃至当今中美关系得以长期发展的物质基础。

其二，19 世纪下半叶，海外华人开发美国西部的历史，是美国由东而西的具有开拓性的"西进运动"和中国特殊历史背景下形成的悲剧性

---

① 《费正清自传》，黎鸣等译，天津人民出版社，1993，第 582 页。

的"移民运动"在美国西部交汇的结果。这种"交汇"既引起美国新教文明和中华文明的冲突与碰撞,也开启了这两种异质文明之间的相互交流与互鉴的进程。

历史上,华人在融入美国社会的同时,作为少数族裔群体,他们始终保持着中华文明的优良传统和自己独特的生活方式。他们尊重美国人的价值观念,但他们从来也不放弃自己的价值取向。此点充分说明文明本是多样性的,而且只要不同文明群体彼此相互理解、相互尊重,那么异质文明群体是可以相互适应的,而并非一定会导致所谓的"文明冲突"。

而且历史一再证明,中国人信守的"和而不同"的理念具有隽永的价值。

其三,华工在开发美国西部和建设中央太平洋铁路的过程中,始终和黑人、混血种人、白人以及印第安人并肩劳动,同甘共苦,展现出人类命运共同体的动人画卷。在为了共同目标而奋斗的过程中,谁能说出哪一个民族最伟大,当数第一?

其四,华人开发美国西部,乃至修建中央太平洋铁路的历史还昭示世人:振兴中华是中国历史发展的必然趋势,"强国梦"是中国人的理想和不懈的追求。

中国第一位留美学生容闳目睹华工的苦难,这既使他痛心疾首,同时也激发了他的爱国情怀。由此"强国梦"成为容闳的终身追求。尽管他接受了美国的完整教育,甚至加入了美国国籍,但他"从头到脚,身上每一根神经纤维都是爱国的。他热爱中国,信赖中国,确信中国会有灿烂的前程,配得上它的壮丽山河和伟大的历史"。[①]

广大海外华人通过自己的切身体会,认识到只有推翻腐朽的清王朝,中国才能走上独立富强之路。因此中国革命的先行者孙中山先生在檀香山成立"兴中会"时,已明确地提出"振兴中华"的目标。为了"振兴中华"和实现"强国梦",许多海外华人参加了孙中山所筹划的历次武

---

① 容闳:《西学东渐集》,湖南人民出版社,1981,第15页。

装起义，有的还光荣献身。

那些参加中央太平洋铁路建设的华工更燃起了在中华大地上修建中国人自己的铁路的热望，同时也激发了在美国的中国留学生"工业救国"的决心。而且在19世纪末20世纪初，中国人的"强国梦"又和建成中国人自己的铁路这一理想紧紧交织在一起。詹天佑呕心沥血终于建成京张铁路，此举极大地增强了中国人的自信心。

当人类跨入21世纪，龙的传人奋斗了百年，终于实现了中国人的"强国梦"。中国的国内生产总值现在已高居世界的第二位，中国的高铁营业里程已跃居世界之首。

在如今复杂多变的国际形势下，如何看待中国的振兴，这对中国人和美国人来说都是一个考验。中国人无疑会百倍地谦虚谨慎，用与时俱进的精神把自己的事情办好，同时也为了建立和谐的世界而努力。对于美国人来说，他们应当理解，振兴中华是中国历史发展的必然趋势，"强国梦"是中国人的理想和不懈的追求。这是任何人都不能使之逆转的。而且我们相信大多数美国人终究会认识到，中国只有像现在这样，社会稳定，经济持续高质量地发展，人民生活水平不断提高，综合国力日益增强，才可能促进中美双方经济的共同繁荣并造福于世界。事实上，只有深刻认识到中美双方在一些重大国际问题上具有广泛和重要的共同利益，双方才能携手，使太平洋区域处于和平与稳定的状态。

习近平主席在博鳌亚洲论坛2018年年会开幕式上的主旨演讲中深刻地指出："中国40年改革开放给人们提供了许多弥足珍贵的启示，其中最重要的一条就是，一个国家、一个民族要振兴，就必须在历史前进的逻辑中前进、在时代发展的潮流中发展。"①

这正是人类历史发展长河中颠扑不破的真理！

华工开拓美国西部的时代，也是中美两国人民携手并进的时代。那

---

① 习近平：《开放共创繁荣　创新引领未来——在博鳌亚洲论坛2018年年会开幕式上的主旨演讲》，人民出版社，2018，第5~6页。

时美利坚合众国由于尚能在历史前进的逻辑中前进、在时代发展的潮流中发展，因而开启了美国近代的民族大发展时期，到 19 世纪末，美国已经跃居世界民族之林的前列。

反之，在同一历史时期，在世界大变革的年代，中华民族尽管也曾居于历史转型期的有利地位上，但没有抓住稍纵即逝的历史机遇，没能在历史前进的逻辑中前进、在时代发展的潮流中发展，以致陷于因落后而挨打的境地。

也可以说，华工参与美国西部开发的年代，中美两国都是站在历史的"十字路口"。而各自不同的历史道路的选择，则决定了两国的不同的历史命运。

进入 21 世纪，中国人民经历了从站起来、富起来乃至强起来的伟大的历史征程，并已经跨步到中国特色社会主义新时代，即中国正处于一个大有可为的历史机遇期。然而也就在我们民族昂首阔步向前迈步的此时此刻，习近平却在学习贯彻党的十九大精神研讨班开班式上提出，"增强忧患意识、防范风险挑战要一以贯之"，并强调，"要有如履薄冰的谨慎"，"要有居安思危的忧患"，[1] "绝不能犯战略性、颠覆性错误，重点要防控那些可能迟滞或中断中华民族伟大复兴进程的全局性风险"。[2]

习近平主席之所以提出如上的告诫，是因为在中华民族 5000 多年的历史发展长河中，曾有过很多机遇，但真正抓住机遇、开创盛世的屈指可数。[3]

事实上，任何一个民族面对历史发展的"机遇"，只有两种命运：发展，或者衰落。也即是说，机遇抓住了就是良机，错失了就是挑战。

在当代，正是由于中华民族适时地总结了历史的经验教训，认清了

---

[1] 《以时不我待只争朝夕的精神投入工作　开创新时代中国特色社会主义事业新局面》，《人民日报》2018 年 1 月 6 日，第 1 版。

[2] 中共中央党史和文献研究院编《十九大以来重要文献选编》（中），中央文献出版社，2021，第 654 页。

[3] 《紧紧抓住大有可为的历史机遇期》，《人民日报》2018 年 1 月 15 日，第 1 版。

世界发展的大趋势和大逻辑，这才寻找到具有中国特色的社会主义道路。

与中国的现实发展相对照，在当代的美国却有一些人正在试图走一条逆反历史逻辑和时代潮流的发展道路：当中华民族推动人类命运共同体构建的时候，美国却用"美国优先"的口号来蛊惑人心；当中国倡导推动全球一体化进程之时，美国却抡起"单边主义"的大棒，使美国在世界上已陷于空前的孤立。

在人类跨入 21 世纪的今天，中美两国再次站在了新的历史的"十字路口"。今后中美两国如何发展，其实就看哪个民族能在历史前进的逻辑中前进、在时代发展的潮流中发展。既然 19 世纪下半叶华工开发美国西部和建设中央太平洋铁路的历史正可以作为一面进行反思的镜子，而且又能从中引申出诸多的具有当代意义的启示，那么中美两国就应当在中央太平洋铁路建成 150 周年之际，来回顾和纪念这段历史。

结束语

中国是一个有着五千年文明的古国，一直走在世界民族之林的前列。只是近代受到西方列强的侵略，并被扣上"停滞社会"的帽子。那么中国为什么一度落后于西方国家，或者说，"工业革命"为什么率先发生在英国，而不是出现在具有五千年灿烂文明的中国？

李约瑟写下 15 卷《中国科学技术史》，其最终目的之一就在于寻找上述"难题"的答案。因此也有人将上述"难题"称为"李约瑟之谜"。

19 世纪以来，还有一些西方学者把中国没有发生"工业革命"的原因，归结为中国社会是个"自我封闭的体系"，因此中国只能陷于长期的"停滞"状态，认为中国走的是一条"历史循环"的道路。同时，部分西方学者认为中国传统的儒家思想体系被认为束缚了中华民族前进的步伐，因此，他们得出结论：除非借助西方文明的"冲击"，否则中国社会根本不可能孕育出"现代性"。

中国人民经过上百年的奋斗与流血牺牲，终于赢得了独立、自由和解放。那么中国人民走的是什么样的道路，才最终摆脱贫困而迈上幸福之途？

我们学习过苏联；改革开放之初又一度试图学习西方国家。我们把"美国中国史研究"作为研究课题，也包含着引进西方史学思想以便于中华民族进行历史反思的目的。

然而中国终究是中国，中国只能走自己的发展道路。正如习近平总书记所总结的："数千年来，中华民族走着一条不同于其他国家和民族的文明发展道路。我们开辟了中国特色社会主义道路不是偶然的，是我国历史传承和文化传统决定的。"① "我们的哲学社会科学有没有中国特色，归根到底要看有没有主体性、原创性……只有以我国实际为研究起点，提出具有主体性、原创性的理论观点，构建具有自身特质的学科体系、学术体系、话语体系，我国哲学社会科学才能形成自己的特色和优势。"②

美国的所谓"立国之本"就是"天定命运"，也就是说，美国自认为受上帝的委托，要把美国的价值观传播到世界的每个角落，实际上就是由美国来统治整个世界。

自1979年中美建交以来，中美之间似乎没有发生过大的冲突。但中国已走出一条中国特色社会主义道路，国内生产总值在极短的时期内已跃居世界第二位。于是美国的统治阶层已时时有一种会被中国超越的恐惧，由此美国已毫不掩饰地把中国当作美国的最大竞争对手。

在这种形势下，中国如何迎接美国的挑战，这是我们当前必须严肃思考的关键问题。

为此，我们应当提高对自己民族文化的自信，同时要加强对美国历史与文化的研究，即我们今天应当设置一个研究项目——"中国的美国史研究"，通过研究这一课题深刻揭示美国"文明"的本质特征及其虚伪性。这就要求我们的这一研究项目要有中国特色。而我们的史学研究有没有中国特色，归根到底要看有没有主体性、原创性。必须以中国实际为研究起点，提出具有主体性、原创性的理论观点，构建具有自身特质的史学体系。

习近平总书记的深刻论断既是我们创新研究的起点，也是我们创新研究的动力源。尤为重要的是，这一论断既为中国历史工作者根本性的

① 中共中央文献研究室编《习近平关于协调推进"四个全面"战略布局论述摘编》，中央文献出版社，2015，第84页。
② 《习近平著作选读》第1卷，人民出版社，2023，第482页。

思想解放指明了路向，同时明示了"中国故事"所应含有的内容，那就是研究中国社会发展、人类社会发展的大逻辑、大趋势。在研究中必须体现历史文化的传承性、民族性，尤其是要传承中华民族最基本的文化基因，使我们国家和民族的精神血脉得以延续。事实上，唯有这样的研究才能体现出中国特色、中国风格、中国气派。

2022 年 5 月 27 日，习近平总书记又强调了中华文明探源工程的重大意义，教育引导群众特别是青少年更好地认识和认同中华文明，增强做中国人的志气、骨气、底气。习近平总书记指出，只有我们更加了解"自己"，了解中华文明的"来龙去脉"，才能更好地选择符合中国实际的道路，也才能向世界"讲清楚中国是什么样的文明和什么样的国家，讲清楚中国人的宇宙观、天下观、社会观、道德观，展现中华文明的悠久历史和人文底蕴，促使世界读懂中国、读懂中国人民、读懂中国共产党、读懂中华民族"。[1] 我们应当将习近平总书记的上述重要讲话牢记在心。

---

① 《深刻理解和把握中国人的宇宙观、天下观、社会观、道德观》，《人民日报》2022 年 6 月 20 日，第 9 版。

附　录

一　11～14世纪中华文明在欧洲的传播

自公元1世纪前后起，以长安（洛阳）与罗马为轴心的古代丝绸之路贸易对促进中欧之间的相互了解和社会经济的发展都曾做出过积极的贡献，并由此形成了东西方文明交流的第一个高峰。

至5世纪，日耳曼蛮族曾席卷欧洲西南部的广大地区，并造成西罗马帝国的覆灭；在同一历史时期，随着北方游牧民族向汉王朝农耕地区的大举迁移，中国社会内部也陷入分裂之中。

同时出现在亚欧大陆东西两端的民族大迁移与随之而来的政治动乱和经济衰退，使横贯太平洋和大西洋之间的古代丝绸之路贸易体制终于解体，东西方文明交流的第一个高峰也随之衰微。

进入11世纪，中华文明、阿拉伯文明和基督教文明都开始进入或复兴或发展的新阶段。随着亚洲、非洲和欧洲之间众多国家和民族社会内部生产力发展水平的提升、城市化进程的加快以及商业网络的不断扩展，亚非欧三个大陆众多的国家和民族彼此之间的物质文明和精神文明的交流日趋活跃与频繁。在亚非欧不同文明的传播、交流、吸收和融会的过程中，人类文明的总体水平得到了极大的升华，并在11～14世纪，终于形成了东西方文明交流的第二个高峰。

尽管在11～14世纪这一期间，中国与欧洲由于生产力发展水平的差异，形成了各自不同的经济结构和运行规律，然而亚欧大陆东西两端出于经济互补性的需要，又同时出现了对远程海外贸易的急迫需求。其结果是，在亚洲的东端，"宋元海外贸易"出现了蓬勃发展之势，并由此促成了西太平洋—印度洋区间贸易的形成与发展；在西方，"地中海商业革命"渐入繁荣的佳境，并由此催生出地中海与欧洲大陆之间的区间贸易。

分别发生在亚欧大陆东西两端的"宋元海外贸易"和"地中海商业革命"，两者既处于平行发展的状态，又通过"亚欧大商道"和"海上丝绸之路"这两个跨越时空的"经济走廊"，彼此之间始终存在着物质文明和精神文明相互渗透与影响的关系，并逐渐形成了以东方的丝绸、瓷器和香料等贵重物品换取西方贵金属为主要内容的交换循环体制。这样，在东西方之间远程贸易的带动下，中华文明和欧洲文明在相互激荡中，都得到极大的提升，并由此为人类从前工业社会向现代社会的过渡奠定了物质基础。

11～14世纪中欧之间文明交流的历史说明了人类的文明本是具有多样性的，而不同文明之间的交流则是促使人类社会进步的最为积极的因素之一。

然而自工业革命以来，在"欧洲中心论"的影响之下，对于相当一部分西方人来说，11～14世纪中华文明在欧洲的传播及其对欧洲社会的影响，似乎已是一段被遗忘了的历史。但恰恰是在上述历史时期，欧洲在吸收其他文明系统成果的基础上，借助"后发优势"，才完成了由后进而步入先进行列的跨越式的发展。我们认为，回顾上述历史进程，将有助于欧洲人克服历史偏见，进而加深对当代中国复兴的原因和必然趋势的理解。这也是中国与欧洲共建命运共同体的前提。

德国文学家莱辛有一名言："历史不应是记忆的负担，而应该是理性的启迪。"

（一）宋元时代中国科学思想的西传

在11～14世纪，"宋元海外贸易"与"地中海商业革命"的相互渗透与影响进程曾促进了中国科学思想的西传。在这个过程中，阿拉伯人曾起到极为重要的中介作用。

　　众所周知，欧洲近代科学的早期阶段是以从古代科学成果中吸取营养为重要特征的。在中世纪，阿拉伯人首先将希腊古代科学巨著译成了阿拉伯文，其后，欧洲人则是通过上述阿拉伯文的译著重新认识和学习到欧洲古代原有的科学知识。在这种历史背景下，欧洲人在与阿拉伯人的学术交流中，也曾吸收了一些与阿拉伯科学有着一定渊源的中国科学思想。

　　比如炼丹术，早在公元前 2 世纪已在中国得到初步的发展，这与道家对长生不老之药和"点铁成金"的理想的追求紧密相关。炼丹术士在配制药物的过程中，推动了实验化学的进展并使其成为近代化学的先行阶段。

　　公元 2～3 世纪，随着中国海外交通的新发展，中国的炼丹术已开始传入埃及的国际大港亚历山大。中国炼丹术后来又经阿拉伯人传入欧洲，这才对近代化学的发展产生了重要的启示作用。

　　8 世纪，在阿拉伯人征服西班牙的时代，炼丹术（al-Kimiya）这一术语已为西班牙穆斯林世界的文化中心科尔多瓦的科学家们所采用。其后，该术语译成拉丁文时已书写为 al-Chimia；到 16 世纪中叶，这一术语已演变为法文的 Chimie、德文的 Chemie 和英文的 Chemistry。然而阿拉伯文的 al-Kimiya 一词却源于中国炼丹术士常用的贵金属"金"的古音（Kim）。有关炼丹术的基本思想和概念对西方世界影响深远。无论是阿拉伯中世纪的著名炼丹术士查比尔（Jabir Ibn Hayyan）还是拉齐（Rhazes），抑或是欧洲文艺复兴时代早期科学家罗吉尔·培根（Roger Bacon）以及大阿尔伯特（Albertus Magnus），在他们的学术成果中，追根溯源，都可看到中国古代炼丹术的影响。出版于 1940 年的《西巴论集》（*Ciba Symposia*）对于中国炼丹术思想西传的轨迹做了科学的描述："中国炼丹术的基本思想，经印度、波斯、阿拉伯和伊斯兰教西班牙向西推进的结果，传遍了整个欧洲。葛洪的理论和方法，甚至他所用的术语，在他以后的几个世纪中，普遍地被这些国家的炼丹家所采用。……如果我们承认炼丹术是近代化学的先驱，那末中国炼丹术原有的理论，便可看作制药化学最早的规范。"①

在上述论述中，西班牙在中国炼丹术西传过程中的历史作用已说得十分清楚。

英国著名中国科技史专家李约瑟还特别指出，12 世纪西班牙穆斯林炼丹术士伊本·阿尔发·拉斯（Ibn Arfa Ras）在中国北方进行过访问。②这种科学家的学术考察无疑会在中国炼丹术的基本思想和实验手段的西传中起到最为直接的作用。

除炼丹术以外，中国哲学家的宇宙论思想也曾西传。到宋代，随着社会经济的快速发展，不但实用技术的创新层出不穷，而且中国的哲学家在对宇宙规律的探索方面也表现出新的追求。像张载提出了否定虚空存在的"元气学说"，表明他已经有了用涡旋运动来解释物质集聚方式的思想。

美国来华传教士、汉学家丁韪良 1888 年发表了一篇题为《笛卡儿以前的伽桑狄哲学——新儒家旋转离心的宇宙论》的论文，内中论证说，法国科学家笛卡儿（René Descartes）的"宇宙以太涡旋学说"与张载的"元气学说"有着惊人的相似性。丁韪良推断，生活在 16～17 世纪的笛卡儿很可能受中国"元气学说"的启发而形成了自己的学说。

对于类似笛卡儿这种吸收"中国元素"的现象，李约瑟做了如下的解释，即当知识增长要求一种有机哲学的时候，人们发现一长串哲学家的名字，"从怀特海上溯到恩格斯和黑格尔，又从黑格尔到莱布尼茨——那时候的灵感也许就完全不是欧洲的了。也许，最现代化的'欧洲'自然科学理论基础应归功于庄周、周敦颐和朱熹等人〔的〕，要比世人至今所认识到的更多"。③

那么，生活在 11 世纪中国的哲学家张载的"元气学说"如何能给

---

① 沈福伟：《中西文化交流史》，上海人民出版社，1985，第 204 页。
② Joseph Needham, *Science in Traditional China*, Hong Kong: Chinese University Press, 1981, p. 71.
③ 此段论述曾参考蒋谦《在历史中捕捉推动近代科学进步的"中国风"》一文，载《中国社会科学报》2012 年 2 月 27 日，第 A08 版。

予成长在 16 ~ 17 世纪的法国科学家笛卡儿的"宇宙以太涡旋学说"以启示呢？且让我们试做一分析。

关于在元代对中国天文学贡献卓著的阿拉伯科学家爱薛，中外学者经多方考证，大多倾向于认为爱薛其人实为科尔多瓦时代的西班牙科学家麦海丁·马格里布（Muhyi al-din al-Maghribi），又称阿布·舍克尔（Abi-I-Shukr）。其全名为麦海·米勒·瓦丁·叶海亚·伊本·穆罕默德·伊本·阿布·舍克尔·马格里布·安达卢西（Muhyi al-Milla Waldin Yahya ibn Muhammad ibn Abi-I-Shukr al Maghribi al Andalusi）。

1246 年爱薛途经叙利亚来到中国。由于他精于数学、天文学和医药学等多种学科的研究，特别是在他的学识中融会了阿拉伯科学的精华，因此在忽必烈执政（1260 ~ 1294）后，他受到朝廷的重用，并被委任主持西域星历和医药两个部门的研究工作。而且他曾多次与中国学者一道参与国际科学合作项目的研究，并有突出的贡献。

1259 年旭烈兀委派他的首相波斯科学家纳速剌丁·杜西（Nasir al-din al-Tusi）在马拉格（Maraghi）创立了天文台，并使该地成为西亚和地中海区间第一流的科学研究中心和天文观测站。该天文台的图书馆仅藏书即达 40 万册。由此吸引了东西方最杰出的科学家到这里从事研究工作，马拉格也因此成为东西方文明的交流中心。

忽必烈在位时也曾多次委派中国的科学家参加马拉格的科学研究，其中就包括这位来自西班牙的学者爱薛。由于他既精通阿拉伯天文学和数学，又熟悉中国的天文学和数学，所以在马拉格的科学家中，他起到特殊的重要作用。

在纳速剌丁·杜西负责编制《伊利汗天文表》（*al-Zij al ilkhani*）的过程中，爱薛曾发表《中国和维吾尔的历法》（"Risalat al Khita walighur"）一文，对《伊利汗天文表》的编制做出了重要贡献。因为该天文表的第 I 卷集中论述了中国、希腊、阿拉伯和波斯的历法，而爱薛的上述论文则为编制《伊利汗天文表》提供了有关中国历法的基本理论和演算方法的最详尽的资料。其后，《伊利汗天文表》曾向西传播并对西方天文学产生了积极的影响。作为一名西班牙学者，爱薛在向外部世界系统介绍中国天文学方面应当说是功不可没。

爱薛在马拉格参与国际科学合作期间，对希腊、波斯、阿拉伯乃至印度的天文学成果有了更深的理解，因此他的科学思想也变得更加丰富，更加系统化；对于各文明系统的不同天文观测仪器的应用和制作方法，爱薛也有了新的体会。因此他返回中国后，便把外部世界的最新科研信息、理论成果和仪器设备引进到中国，并对中国天文学的发展起到了促进作用。例如，他曾于1273年将有关欧几里得几何学与托勒密天体运行学说的著作奉献给中国。尤其是爱薛将《伊利汗天文表》和其他十余种天文学和数学著作带回中国，又研制出许多种观星仪，因此当1276年忽必烈下令设局修历时，遂决定由王恂和郭守敬负责编制《授时历》，此时，爱薛带回中国的反映那一时代其他地区先进科学成果的天文学著作和他研制出来的天文仪器，对中国的科学家都起到重要的启示作用。[①]爱薛在中国期间由于对科学研究多有建树，因此《元史》曾特别为爱薛立传。[②]

爱薛在中国期间，也正是忽必烈受宪宗蒙哥之命管理"汉地"并推行"汉法"之时。因此，当时汉族的理学家受到朝廷的格外重视，并获任要职。到元代的中期，朝廷又恢复了科举考试，内容以四书五经为主。至此，确立了理学在元代中国思想文化领域中的统治地位。

爱薛在华期间受元朝统治者推行"汉法"的影响，尤其是他曾和元代大科学家郭守敬等人一起从事天文历法的制定工作，因此他肯定也十分熟悉中国的理学思想，并且势必十分关心包括张载"元气学说"在内的各种有关"宇宙论"的学说。因而当爱薛参加马拉格的国际科学研究工作时，他很自然地会把中国的各种"宇宙论"的观点介绍给来自东西

---

① 沈福伟：《元代爱薛事迹新论》，载中外关系史学会编《中外关系史论丛》第2辑，世界知识出版社，1987，第90~109页；杨怀中、余振贵主编《伊斯兰与中国文化》，宁夏人民出版社，1996，第165~179页。
② 《元史》卷134。

方不同国家的天文学者。所以我们认为将张载"元气学说"介绍到西方以至于影响到笛卡儿的宇宙观的，很可能就是这位爱薛。当然，在宋元海外贸易十分发达的年代，在来华经商的阿拉伯人当中，肯定还会有一些精通天文和数学知识的航海家。由于他们经常出入泉州，或者常年就寓居在泉州，因而他们逐渐熟悉了中国的语言和中华文明。当他们返回阿拉伯世界，就会把他们在中国的所见所闻，在故国的知识阶层当中加以传播，内中就可能谈到中国人的"宇宙论"思想，比如张载"元气学说"。此外，笛卡儿也很可能受到来华传教士的影响。所以丁韪良提出的笛卡儿的"宇宙以太涡旋学说"与张载的"元气学说"有着惊人的相似论断，绝不能轻易地认为是种牵强附会的"妄谈"，相反，可以说丁韪良为学术界提出了一个应当继续加以探索的课题。

在数学方面，意大利数学家斐波那契（Leonardo Fibonacci）在成书于 1202 年的《算法之书》中，将"契丹算法"列为第 13 章，这是他在周游希腊、埃及、叙利亚等地的过程中，学习东方数学的重要成果之一。

"契丹算法"中的"物不知数问题"的数据与中国《孙子算经》所列"习题"的数据基本相似。"30 第纳尔买 30 只禽"，实际上就是中国有名的"百鸡问题"。"第纳尔"是阿拉伯人通用的货币单位，这表明一些中国的实用数学知识是通过阿拉伯人传入欧洲的。[①]

在 13 世纪的欧洲，商品经济的发展推动着实用数学的进步。反之，实用数学又为商人提供了计算的技能、技巧，这又是进一步促进商品经济发展的有利因素。斐波那契出生在意大利的著名商业城市比萨，他深知数学对商业发展的意义。他之所以在《算法之书》中吸收与融会了"契丹算法"，恰恰是因为在"契丹算法"所列的"习题"中，相当一部分与赋税、利率和本息等现实经济问题密切相关。

在斐波那契的时代，为了适应商业发展的需要，欧洲世俗教育开始兴起。"契丹算法"的一些内容恰好可用来培养那些为巨商大贾效力的

---

① 钱宝琮主编《中国数学史》，科学出版社，1981，第 217 ~ 220 页。

"书记员"的计算能力，同时这部分内容也可为一般中小商人所学习和利用。也就是在商品经济的发展推动着实用数学进步的这一大背景下，中国发明的数学运算工具"算盘"，才于14世纪经俄国和波兰传入欧洲。①

由于"算盘"对近代以前的计算工作曾起到过重要的作用，因此在世界范围内也常将"算盘"与造纸、印刷、指南针和火药并列，称之为"中国的五大发明"，而且"中国珠算"已于2013年正式列入世界非物质文化遗产名录。

在上述历史时期，中国的医药知识和一些原产于中国的药物也传入欧洲。在宋元海外贸易的兴盛时期，中国对北非和中东的出口物品，以及来自北非和中东的进口物品，很多都是可以入药的。因此上述物品的交换也曾起到促进双方医药学和医学发展的作用。

由于当时西班牙正处在阿拉伯人的统治之下，因此上述医学方面的交流成果也曾渗透到西班牙乃至其他欧洲国家的医学当中。

在上述时代伊斯兰世界最享有盛名的本草学家当数伊本·贝塔尔（Ibn al Baytar）。他出生在西班牙安达卢西亚的马拉加一地。1224年以后，他曾游学埃及，并曾供职于阿尤布王朝的苏丹卡米勒的宫廷，任首席本草学家。

1248年伊本·贝塔尔在大马士革病故，身后留下《医方汇编》和《药学集成》这两部传世之著。《医方汇编》集希腊与阿拉伯医学之大成，同时也吸纳了一些中国医学的成果。在该书中，他曾记载了阿拉伯人对火药"硝"的称呼已由"中国雪"（talga-s-sin）改为"巴鲁得"（barud）这一变化。此外，贝塔尔还记录了大黄、麝香、肉桂、杧果、秋葵、薄荷以及硝石等中国药物的性能和应用方法。其中，"秋葵"被贝塔尔称作"中国玫瑰"（ward sini），并介绍说该植物花大而美，既可供观赏，又可入药。他还指出产自中国的"薄荷"有治疗头痛、发热及伤口发炎的功

---

① 沈福伟：《中西文化交流史》，上海人民出版社，2006，第208页。

效。根据西班牙学者梅嫩德斯－佩拉约（Menendez-Pelayo）的考证，贝塔尔曾对 200 多种东方药物进行过研究。[①]我国学者沈福伟还曾论证说，贝塔尔在写作《医方汇编》时，很可能受到过 1108 年由我国药物学家唐慎主编的《经史证类备急本草》一书的影响。因为贝塔尔在埃及一带游学时，中国与马穆鲁克王朝统治下的埃及在人员、物质和科学技术等方面的交流都是相当密切的。[②] 此外，在宋元海外贸易兴盛发达的时代，朱砂、牛黄、茯苓、川椒等 60 多种中国药物不断运销到欧洲，成为中国和欧洲医学交流的重要内容。[③]

（二）中国农作物与农业技术在欧洲的传播与应用

在农业方面，欧洲原生农作物品种较少，引进新的物种后，传播的速度亦较慢。因此追踪一个新物种在欧洲的传播轨迹，相对来说较为容易。以水稻为例，原生于中国的水稻，经阿拉伯人向西传播，至 8 世纪，西班牙已开始引种水稻。到 1475 年，意大利波河平原受西班牙的影响，才逐渐推广水稻的种植。[④] 但直到 1700 年，水稻种植才在欧洲农业中占有一席之地。[⑤]

中国人成功培育的柠檬和柑橘大约也是在上述时期由阿拉伯人传向西方的，后首先在西班牙南方种植。其他欧洲国家都是在西班牙之后才开始种植柠檬和柑橘的。直至今日，在荷兰和德国仍称柑橘为"中国苹果"。[⑥]

下面我们再谈一下中国河渠闸门技术的西传过程及其对欧洲农业发展的影响。

众所周知，中国文明的主要发源地正处在季风带，因此水利工程的

---

① P. Damboriena, "Encuentro de dos imperios," *Razon y Fe*, Vol. 135, 1947, p. 55.

② 沈福伟：《中国与非洲——中非关系二千年》，中华书局，1990，第 353～354 页。

③ 杜石然等编著《中国科学技术史稿》，科学出版社，1982，第 99 页。

④ Basil Clark, ed., *Chinese Science and the West*, London：Nile & Macke, 1980, p. 120.

⑤ M. M. Postan and H. J. Habakkuk, eds., *The Cambridge Economic History of Europe*, Vol. VI, Cambridge：Cambridge University Press, 1978, p. 633.

⑥ Derk Bodde, *China's Gifts to the West*, Washington, D. C.：American Council on Education, 1942, p. 19；希提：《阿拉伯简史》，马坚译，商务印书馆，1973，第 160 页。

兴建对于中国社会的发展具有决定性的意义。而且历史上中国人在水利建设方面也的确取得过许多骄人的成就，像都江堰、大运河等均举世闻名。

在农业灌溉技术方面，中国人也有诸多的发明创造。其中，河渠闸门技术可以起到调控水量的关键性作用。该技术的应用不但保证了中国农业的稳定发展，而且这一技术的西传还曾造福于他国。

中国河渠闸门技术最先传入西亚，然后由阿拉伯人向西推广，其中就传播到西班牙和其他欧洲国家。

西班牙属于地中海气候类型，夏季雨量稀少严重制约了西班牙等地中海国家农业的发展。但阿尔卑斯山以南地区在引进中国的河渠闸门技术之后，水利浇灌工程得到充分利用，在一些地区，如西班牙的安达卢西亚一带，更是实现了农业的园林化。到11世纪，欧洲大陆开始普遍建立起灌溉系统，此时河渠闸门技术发挥了重要作用。

此外，李约瑟曾指出，罗马帝国衰亡后，在罗马帝国农业传统的研究和继承方面，欧洲出现了长达9个世纪的"大断裂"。直至中世纪晚期，欧洲仍未能产生足以指导农业生产的学术专著。[1] 反倒是科尔多瓦时代的西班牙为欧洲贡献了相当一批有价值的关于农业的著作，使欧洲人受益匪浅。其中像塞维利亚著名的农学家伊本·阿瓦姆（Ibn al-Awwam）所著《农书》便在欧洲颇有影响。该书曾专门论及农业灌溉问题，以及使西班牙发展成为"亚热带花园"的经验，[2] 其中就涉及中国人培植的物种以及中国人首创的一些水利灌溉技术。

当然，在述及欧洲农业发展的历程时，特别值得注意的是，中国人率先发明的"套包子"和"胸带"这类高效马具对欧洲农业发展所起到的极为重要的革新作用。

10世纪以后，欧洲西北部已开始使用从斯拉夫人那里引进的用牛

---

[1] J. Needharn, *Science and Civilisation in China*, Vol. 4, Part 2, Cambridge: Cambridge University Press, 1986, p. 87.

[2] Needharn, *Science and Civilisation in China*, Vol. 4, Part 2, p. 87.

牵引的"重犁"。这种"重犁"可在西北欧黏性土壤上翻起垄沟，使之便于排水，于是解决了西北欧大田耕作中的一个难题。但由于"重犁"行进间的阻力过大，因此往往需用 12 头牛或 4~6 匹马才能拖动"重犁"。马比牛有更大的效能，每日可比牛多干活 2~3 小时；耕种同一块地，马比牛的效率高 50 英镑/秒。[①] 因此，欧洲农民更向往用马来耕地。

但欧洲原有的挽具只有一种驾牛用的"颈轭"。如用这种"颈轭"套在马的颈项之上，再用皮带将"颈轭"与"重犁"连接在一起，那么当马开始拖拉"重犁"时，"颈轭"的皮带就会勒得马匹难以喘息，因此根本无法用马来牵引"重犁"。[②] 中国人发明的"胸带"和"套包子"传入西欧以后，人们给马配备上"胸带"和"套包子"，遂使马的胸部和双肩都能使上力气，于是马的拉力一下子超过罗马时代马的拉力的 4 倍。[③] 至此，"胸带"和"套包子"的引进终于使欧洲农夫实现了用马拉犁的梦想，并继而在欧洲西北部形成了"三圃制"这一科学耕作体制。

下面我们再对中国河渠闸门技术以及"胸带"和"套包子"这些发明在欧洲农业发展中起到的历史性作用做一总的分析。

11 世纪以后，欧洲生产力的新发展使人口迅速增加。1200 年欧洲人口为 6100 万人，1250 年人口为 6900 万人，至 1300 年人口已达 7300 万人。[④] 原有的耕地已难以承受人口日益增长的压力。于是"大垦荒"运动在欧洲逐渐兴起：荷兰人围海造田；德国人向森林进军；意大利人则致力于改造 5 世纪以来已变成沼泽的大片荒地。但上述开荒运动消耗了大量的人力和物力，以致"大垦荒"运动渐呈停滞之势。

---

① D. J. Geanakoplos, *Medieval Western Civilization and the Byzantine and Islamic Worlds*, Lexington, Massachusetts and Toronto: D. C. Heath and Company, 1978, p. 173.

② Robert Temple, ed., *The Genius of China 3000 Years of Science Discovery and Invention*, New York: Simon & Schuster, 1986, p. 21.

③ E. Tannenbaum, *European Civilization Since the Middle Ages*, New York: Wiley, 1971, Chapter 1.

④ D. C. North and R. P. Thomas, *El Nacimiento del Mundo Occidental(900 - 1700)*, Madrid: Siglo XXI de España Editores, 1980, p. 117.

欧洲南部开始普遍引进河渠闸门技术，建立起庞大的灌溉系统，遂使生产力得到极大的提高，西班牙的南部甚至实现了农业的园林化。中国河渠闸门技术引进的贡献不能说不大。

在欧洲西北部，"胸带"和"套包子"的引进使用马拉犁的耕作技术得以完满的实现。在此基础上，"三圃制"得到大面积推广，结果这种耕作体制使耕地面积扩大了 50%。新扩增的土地一般都被用来扩大燕麦的种植，这样就为马提供了充足的饲料，于是使欧洲用"马耕"代替"牛耕"有了物质保障。[①]

综上所述，可以看到，从中国引进的河渠闸门技术以及"胸带"和"套包子"这类高效马具对欧洲承受人口沉重压力的农业起到过不容忽视的作用。

（三）中国一些陆路交通工具和航海技术的引进，对欧洲共同的人文特征的形成以及对其后的地理大发现都曾有所贡献

在罗马帝国时代，欧洲拥有四通八达的道路网，铺石的路面宽阔、平坦、坚实，大道两侧种植树木并设置排水系统，因而"罗马大道"倍受世人赞誉。但随着罗马帝国的解体，这一雄伟的道路工程已渐次遭到破坏，甚至呈现出残破不堪的景象。

至 11 世纪，欧洲一些国家随着王权的加强，也曾致力于道路的修建，但直到 16 世纪甚至 17 世纪，欧洲的道路状况仍然堪忧。凸凹不平的路面被旅人视为畏途，并严重阻碍了陆路交通。

12 世纪以后，随着欧洲经济的发展，不同地区之间的人员和物质的交流不断加速，在这种形势下，欧洲人对马车越来越倚重。但欧洲残破的道路使马匹根本无法长途跋涉，也更造成马车行进的艰难。然而此时中国人的两种发明却使欧洲陆路交通的面貌得到极大的改观，并加速了城乡一体化的进程。

其一，就是本文前面已经提到过的"胸带"和"套包子"。由于这

---

① D. C. North and R. P. Thomas, *El Nacimiento del Mundo Occidental(900 - 1700)*, pp. 68 - 70.

类高效马具的引进，马匹可以使用双肩和胸部的力量来拉车，其结果既增加了马车的载重量，又降低了运输的成本，从此马车在欧洲陆路交通中成为发展经济的重要载体。

其二，是中国"马蹄铁"的引进与广泛应用。

给马匹钉上"马蹄铁"以后，马便能拉着车在欧洲崎岖不平的商路上从事长途运输。

历史上，欧洲纵横交错的道路网和林立的城市促成了地中海区域文明的同一性和共同的人文特征。试想，到中世纪的晚期，如果没有"胸带"和"套包子"以及"马蹄铁"恰逢其时的引进，马匹和马车何以承担起促进陆路交通的重任，纵横交错的道路网和林立的城市没有马匹和马车来沟通，如何形成欧洲文明的同一性和共同的人文特征？因此中国人发明的"胸带"、"套包子"和"马蹄铁"这类"小物件"的引进对欧洲历史发展的作用也绝不能低估。

海上贸易离不开商船。商船远航必须备有线路图、航海图和指南针。此三项科学成果被称作中世纪航海业的三项技术革命。其中，我国指南针的西传已为人们所尽知，不再赘言。说到航海图，我们不能不提到航海图的首创者、中国晋代地图学家裴秀。他用经纬线表示地理方位的"分率制图法"使旅者有了方向感和距离感。

中国"分率制图法"首先传到伊朗以及阿拉伯世界。14世纪初，意大利人又受到阿拉伯国家这种航海图绘制技法的影响，并开始结合罗盘的方位线用分率制图法绘制航海图。① 有了指南针和航海图，地中海和欧洲的航海事业发生了一次质的飞跃，即地中海和欧洲的商船原来只能进行沿岸航行，配备了指南针和航海图之后，欧洲商船则可横跨海洋进行两港之间的直达航行了。而同样由中国西传的船尾方向舵和其他一些先进的造船技术则提高了欧洲船只的航海能力。

---

① G. V. Scammell, *The World Encompassed: The First European Maritime Empires, c. 800 – 1650*, Berkeley and Los Angeles: University of California Press, 1981, p. 206.

1350 年以前，地中海船只尚只有"单桅"帆船。到 1500 年，地中海区域已出现了三桅或四桅帆船。克洛斯（Clowes）认为，地中海船只仅在 150 年间就完成了从"单桅"帆船到"多桅"帆船的这种突变，这只能说是受到中国多桅式帆船的影响的结果。李约瑟特别提到，在加泰罗尼亚于 1375 年出版的一份《世界地图集》中，已绘制有三艘中国多桅沙船。① 为什么加泰罗尼亚人在《世界地图集》中能绘制出三艘中国多桅沙船？对此我们试做一分析：

在 14 世纪，居住在地中海西岸的加泰罗尼亚人和阿拉贡人，在摆脱阿拉伯人统治之后，他们高举加泰罗尼亚 – 阿拉贡王室的旗帜，不失时机地攻占了马略尔卡、西西里岛和撒丁岛，从而取得了西地中海海域的制海权。加泰罗尼亚 – 阿拉贡商人继而更进一步，向东地中海扩张。到 1264 年，加泰罗尼亚 – 阿拉贡国王"征服者"海梅一世（Jaume I el Conqueridor）与埃及苏丹达成了向亚历山大港派驻加泰罗尼亚 – 阿拉贡王室的领事的协议；1266 年进而又与亚美尼亚和拜占庭帝国建立了外交与商业联系。到 14 世纪，加泰罗尼亚 – 阿拉贡商人的足迹已踏上克里特、塞浦路斯、贝鲁特和大马士革等阿拉伯人占领下的诸多东方国家。

在与阿拉伯人的贸易中，加泰罗尼亚 – 阿拉贡商人自然会获得更多的有关中国的多桅沙船的信息。因此，1375 年在加泰罗尼亚出版的那份《世界地图集》中出现了中国多桅沙船的形象也就不难理解了。受那份《世界地图集》中多桅沙船形象的启发，一些欧洲国家便仿照中国多桅沙船的模式，开始了建造欧洲的多桅帆船的历史。

总之，在上述中国和阿拉伯诸多航海技术的影响下，欧洲航海业所取得的多项技术进步，为日后的地理大发现打下了坚实的物质基础，或者说，准备好了技术条件。

---

① Needharn, *Science and Civilisation in China*, Vol. 4, Part 2, Chapter 29, pp. 221–222.

（四）宋元海外贸易促进了欧洲造纸业、印刷业、丝织业和制瓷业等新型产业部门的发展

造纸、指南针、火药和印刷术这四大发明是中国人民智慧的结晶。现在已获证实，中国的造纸术是经过阿拉伯人传入西班牙的穆斯林世界的。1150 年，西班牙巴伦西亚的哈蒂瓦（Jativa）一地建立起欧洲第一家造纸场。其造纸技术不断改进，而且还有所创新。其后该地所生产的纸张，薄到几乎透明的地步，以致闻名遐迩。① 至 13 世纪及其以后的年代，造纸技术又经西班牙向欧洲其他国家继续扩散。从纸的计量单位来看，英文的"令"（ream）借自古法文的"reyme"，古法文的"reyme"实源于西班牙文的"resma"，西班牙文的"resma"则是由阿拉伯文的"rizmab"演化而来。由此亦可推断出造纸术在欧洲的传播轨迹。

中国的造纸技术在上述历史时期传入西班牙和其他欧洲国家并推动形成一定规模的生产，可以说具有特殊的历史意义。这是因为，9 ~ 11 世纪，正是西班牙伊斯兰世界——科尔多瓦王朝——科学、文化和艺术最为辉煌的时代。才华横溢的阿拉伯科学家、文学家、艺术家和哲学家创造出相当一批具有永恒价值的作品。此外，科尔多瓦的翻译家们还将希腊古典名著大量译成阿拉伯文，其后当欧洲文艺复兴时代的学者将上述译成阿拉伯文的希腊古典名著再大量译成欧洲文字时，欧洲的学者得以从这些希腊古典名著中吸取营养，从而为日后欧洲的文艺复兴运动奠定了一定的基础。如果上述历史时期没有纸张的批量生产，西班牙穆斯林世界的文明成果将难以越过比利牛斯山向意大利、法国、德国、英国和其他欧洲国家传播并在那里开花结果，那些从阿拉伯文字译成欧洲文字的希腊古典名著更不会传播到西方的各个大学和研究机构，欧洲古典时代的精神文明成果更是难以为文艺复兴时代的大师们所吸收、消化与创新。

---

① Goston Wiet et al., eds., *History of Mankind: Cultural and Scientific Development*, Vol. Ⅲ, London: George Allen and Unwin, 1975, p. 331.

事实上，在欧洲普及造纸技术之前，欧洲的文献主要书写在羊皮纸上。一卷 200 页的著作需用 80 头羔羊的皮；抄写一部《圣经》需要屠宰 300 只羊。靠羊皮纸作为媒介来传播与普及文化是难以为继的。所以美国学者卜德认为造纸术的西传对欧洲文明的发展产生了难以估量的影响，全世界对造纸术改进者蔡伦的感激之情当远远超过对其他人们所熟知的名人的感激之情。①

在欧洲，当造纸技术日渐普及之际，印刷术又开始应用。这两者的结合，对欧洲文明的繁荣发展起到巨大的推动作用。从科技发展史的角度来看，人们已大都认定德国人谷（古）登（腾）堡是在中国印刷术的启迪下，才在欧洲率先应用活字印刷技术的。西班牙奥古斯丁修会会士门多萨（Juan Gongzalez de Mendoza）在其《中华大帝国史》（*Historia de Las Cosas Mas Notables, Ritos Y Costumbres, del Gran Reino de la China*）一书中曾专门回顾了印刷术的发明及其传播的历史。他指出："一般认为印刷术的发明始于 1458 年的欧洲，发明者是一个叫做〔作〕谷登堡的德国人。确切地说，第一台印刷机是在马古西亚城制造的。在那里一个叫做〔作〕科拉多的德国人将机器运到意大利。该印刷机印出第一部著作是圣奥古斯丁的《上帝〔之〕城》。这一事实为严肃的作者们所一致认同。但中国人肯定地认为第一部印刷机出自他们的国家，他们对发明者像圣人一样地崇敬。他们说印刷机使用多年以后，印刷术通过俄罗斯和莫斯科公国传到德国。他们还说，一些中国商人通过陆路经过红海和阿拉伯福地把很多书籍带到德国，谷登堡见到，从中受到启发，也制造了印刷机，于是历史便把印刷术的发明归功于谷登堡。但中国人坚信并证实印刷术是他们发明的。中国人所说的，一点不假，千真万确。很清楚，印刷术是外来的，是从中国传给我们的。时至今日，在中国人手中仍有在德国人发明印刷术之前五百年所印刷的书籍，这一事实有助于说明印刷术的起源。这些书也为笔者所目睹，并保有一本这样的古书。在西印

---

① Bodde, *China's Gifts to the West*, p. 19.

度、西班牙和意大利我也看到过这样的书。"①

此外，1294 年由蒙古人在波斯创立的伊尔汗王朝仿照中国纸币的制式，在该地也一度发行过纸币。② 纸币是印刷品。因此很多学者认为这可能对邻近的欧洲人"发明"印刷术有所启示。

马克思曾将印刷术称为"新教的工具"。这是有其原因的。1517 年11 月 1 日，马丁·路德在维登堡大教堂正门上贴出了用拉丁文写成的《关于赎罪券效能的辩论》（即《九十五条论纲》）这一纲领性的檄文，公开地宣示了他自己的政治主张，此举被认为是宗教改革运动之始。

《关于赎罪券效能的辩论》贴出后，立即被路德的学生们从拉丁文翻译成德文，然后印刷成册，广为传播。在其后短短的两个星期内，该檄文已传遍了德国，世人皆争相传阅，由此引发了震动欧洲的宗教改革运动。

正因为印刷术起到了如此重大的作用，所以马丁·路德才将印刷术赞誉为"上帝至高无上的恩赐，使得福音更能传扬"。③ 历史上正是由于应用了肇始于中国的印刷术，在极短的时间内，马丁·路德的政治观念和主张才得以快速传播，宗教改革从而很快发展成为一个国际性的重要运动。

然而印刷新教的理论文献需要大量的纸张。如果不是恰在此前不久中国的造纸术途经西班牙伊斯兰世界传入了欧洲，那么依靠在羊皮纸上用手来抄写新教的文献，显然新教的理论文献达不到快速传播的效果。的确正如马克斯·韦伯所说，东方国家和民族没有经历过宗教改革的洗礼，但在历史上却为"宗教改革的洗礼"创造了前提条件。

中国是养蚕业和丝织业的首创之地。6 世纪以后养蚕以及丝织技术已传至拜占庭帝国。9 世纪阿拉伯人又将养蚕以及丝织技术传入穆斯林时代的西班牙南部地区，这里遂发展成为欧洲重要的养蚕区。再其后，

---

① 胡安·冈萨雷斯·德·门多萨编撰《中华大帝国史》，孙家堃译，中央编译出版社，2009，第 90～91 页。

② Bernard Lewis, ed. and trans. , *Islam: From the Prophet Muhammond to the Capture of Constantinople*, London：MacMillan, 1976, pp. 170 – 172.

③ 钱存训著，郑如斯编订《中国纸和印刷文化史》，广西师范大学出版社，2004，第 349 页。

该地区的丝织业更与冶金业、制呢业并列，成为西班牙三大民族支柱产业之一。

12 世纪以后，意大利的威尼斯、卢卡、热那亚、博洛哥纳以及佛罗伦萨等城也都吸收中国的丝织技术，先后成为闻名遐迩的丝织业重镇。

中世纪晚期，欧洲对丝绸的需求量与日俱增。热那亚丝商不仅在黑海沿岸地带、波斯、叙利亚和西班牙等地采购生丝，而且也曾利用"蒙古和平时期"直接到中国购买生丝。

中国生丝质优、价廉，在国际市场上具有强劲的竞争力。尽管黑海沿岸地带远较中国更靠近欧洲，但那里的生丝在欧洲市场上的售价仍较中国生丝为贵。即使是和欧洲当地出产的生丝售价相比，中国生丝也仍可一争高下。① 一般来讲，意大利商人将中国生丝运回欧洲市场，即可获利 3 倍。② 这就是威尼斯和热那亚商人不远万里前往中国的一个重要原因。

卢卡是欧洲丝织业中心之一。1317～1340 年，每年进口生丝达165000 磅。由于中国生丝质优而价廉，因此在卢卡进口的生丝中，相当部分可能来自中国。③

如果说在以长安（洛阳）—罗马为轴心的丝绸之路贸易时代，中国输入欧洲的主要是生丝，那么到了 14 世纪，欧洲则开始以输入各类中国丝绸为主。④ 在法国著名的香槟集市上，中国丝绸是引人注目的商品。据 1304 年的英国文献记载，可知中国丝绸此时也已进入了伦敦市场。⑤由于在欧洲销售的中国绸缎相当部分来自泉州，又由于泉州城遍种刺桐这种植物，在元代，一时"刺桐"又变成了泉州的别称。由此，中国丝

---

① G. F. Hudson, *Europe & China: A Survey of Their Relations from the Earliest Times to 1800*, London: E. Arnold & Co. , 1931, p. 159.

② Donald F. Lach, *Asia in the Making of Europe*, Vol. I, Book 1, Chicago: The University of Chicago Press, 1971, p. 46.

③ M. M. Postan and H. J. Habakkuk, eds. , *The Cambridge Economic History of Europe*, Vol. II, p. 329.

④ Hudson, *Europe & China*, p. 159.

⑤ Lach, *Asia in the Making of Europe*, Vol. I, Book 1, p. 46.

绸在欧洲往往被称作"刺桐缎"。比如，英文中，称缎为萨丁（Satin），
实由刺桐转音而来；德文谓丝绸为萨依德（Seide），系由拉丁字萨他
（Seta）转音，而萨他又同样源于刺桐之转音。①

　　然而在那一时代的交通条件下，大量从中国进口丝绸是不可能的。在
供不应求的情况下，在 14 世纪，意大利的丝织业开始借鉴中国的先进技
术，进入了仿制中国丝绸产品的时期。例如，卢卡的一些丝织品，从色调
到构图都与中国的丝织品非常相似。从卢卡生产的掺以金银丝缕的贵重丝
织品中，不难看出其与中国"金锦"的渊源。而中国"链状针迹"的西
传，更使欧洲丝边织造业应运而生。此外，对欧洲丝织业的发展有着举足
轻重影响的提花机、缫丝机和水纺车等，都有人认为是从中国传入欧洲的。②

　　宋元海外贸易的开展也使中国瓷器开始进入欧洲。在中国瓷器传入
欧洲的过程中，人们仍然可以清晰地看出阿拉伯文化因素的中介作用。
因为，在宋元时代曾有大量的中国瓷器输入埃及和北非及东非沿岸地带。
至今，在那里仍不断发掘出中国瓷器的残片。例如，在福斯塔特（开罗
老城）发现的陶瓷残片竟达 60 余万片。这些瓷器残片从年代上看，上自
宋元，下至 17 世纪初期。因此有的东非历史学家和考古学家就曾根据非
洲各地出土的中国瓷器残片的类型来判断当地历史事件发生的年代，甚
至借助不同地点发现的华瓷残片来回溯东非沿岸地区的历史。③

　　在中国瓷器源源输入非洲的背景下，非洲本土的制瓷业也悄然兴起，
埃及已经模仿中国瓷器开始自制瓷器和绿釉陶器了。④ 自 11 世纪起，埃
及工匠又用埃及瓷土大量仿造宋代青瓷，至 14~15 世纪埃及人又模仿中
国瓷器的造型和纹饰图案生产出新颖的青花白瓷。⑤

　　在地中海商业革命的繁盛年代，埃及从中国输入的瓷器或在埃及本

①　张星烺编注《中西交通史料汇编》第 2 册，第 3 章，朱杰勤核订，中华书局，1977。
②　Needharn，*Science and Civilisation in China*，Vol. 1，Part 2，p. 548.
③　沈福伟：《中国与非洲——中非关系二千年》，第 300 页。
④　沈福伟：《中国与非洲——中非关系二千年》，第 203 页。
⑤　《伊本·白图泰游记》，马金鹏译，宁夏人民出版社，2000，第 94 页。

土生产的瓷器已开始流入欧洲国家，以致从欧洲人对中国瓷器的命名上，也可看出阿拉伯因素的影响。比如，波斯人在接触中国瓷器后，曾把烧制瓷器的原料高岭土叫作"中国土"；而将瓷器叫作"天朝"，其后竟直接称瓷器为"中国"。这个名词传到埃及后，阿拉伯人遂也将中国瓷器称为"中国"。及至中国瓷器传入欧洲后，欧洲人遂援引阿拉伯人的先例，也将瓷器称作"中国"。①

到 12 世纪，中国产的青瓷一直在埃及畅销并成为受欢迎的礼品。在与十字军征战中威名远扬的阿尤布王朝苏丹萨拉丁因为拥有大量的中国青瓷藏品而为同时代人所羡慕。1171 年，萨拉丁在给大马士革苏丹努尔丁的赠礼中，便包括 40 件青瓷，以致败在萨拉丁手下的十字军把中国青瓷与萨拉丁的名字联系在一起，称中国青瓷为"萨拉东"（Saladon）。后来欧洲人也就沿用此例，用"萨拉东"来称呼中国的青瓷。②

由于欧洲人对中国瓷器的迷恋，一时收藏中国瓷器便成为欧洲人的一种时尚，像马可·波罗带回威尼斯的瓷器至今仍陈列在圣马克博物馆中。马可·波罗在他的游记中不仅盛赞中国（福建德化）瓷器的精美，而且详述了瓷器的制作过程。然而那一时代的意大利工匠却始终以为瓷器是用研碎了的贝壳制成，因此屡次试用研碎了的贝壳来制造瓷器而不得。此后威尼斯和佛罗伦萨工匠为了探索制作瓷器的秘密，曾做过不懈的努力。事实上，到了 18 世纪，欧洲人才最终掌握了制造瓷器的技术。

（五）从"冷战"走向"热战"——中国"马镫"与火药的西传

从文献记载中可知，中国人在 3 世纪已应用"马镫"。为马匹配备上"马镫"后，人与马匹有机地合为一体，"骑士"不仅能掌握住马匹的奔跑方向，而且在两军的对阵中，可用双脚控制马匹，而集中力量挥舞手中的武器，这样便极大地增加了骑士的战斗力。可以说在"冷战"时代，"马镫"也是一种利器。

---

① 劳费尔：《中国伊朗编：中国对古代伊朗文明史的贡献 着重于栽培植物及产品之历史》，林筠因译，商务印书馆，2001，第 389～390 页。
② 沈福伟：《中国与非洲——中非关系二千年》，第 203、300～301 页。

在中国"马镫"西传的过程中，694 年阿拉伯人率先应用这一器物，并完成了骑兵装备上的更新。在一段历史时期，阿拉伯骑兵在战场上能所向披靡，"马镫"的应用便是重要因素之一。到 730 年，为马匹配备"马镫"的技术又传入法兰克王国。^①在法兰克人的带动下，欧洲骑兵普遍应用了"马镫"这一器物，并由此迎来了欧洲的"骑士时代"。

中国的火药和火器在 12～13 世纪已先后传入埃及。13 世纪中叶，埃及已能自制火药，并用于军事目的。到 13 世纪后半期，欧洲知识分子从阿拉伯文献中，对火药已初有所识，并开始制作火药的实验。至 1314 年或 1319 年佛兰德斯人（今荷兰人）首先研制出火药；1324 年在法国的梅斯，1326 年在佛罗伦萨，1327 年在英国，人们相继研制出火药。可以说火药制作技术在欧洲自此迅速普及。

1346 年，在克雷西战役中，英国人率先引爆火药对法军进行恫吓；次年，在卡拉伊斯战役中，英王爱德华三世再次将火药应用于战争。火器的制造遂在此基础上开始发展起来。1338 年英国开启了将火炮安置在舰船上的先例，至 1373 年，在英国的战舰上已普遍安装了火炮。其他欧洲国家也纷纷效仿。到 15 世纪末或 16 世纪初，火绳枪已在欧洲应用于战争。

对于火药在欧洲传播的历史意义，我们必须辩证地看。

首先，欧洲中世纪推行的"采邑制"使庄园成为一个个孤立的、封闭的经济单位，对于新兴城市的发展构成了重大的障碍。那些地处封建主领地之内的城市商人阶层为了从封建主手中获取自由和自治的权利，曾喊出"如属可能的话以和平手段争取，必要的话就使用暴力争取"的口号。事实上，在很多地方，反叛的群众组成了"誓盟"，与封建主展开了暴力的抗争。

"火药"的发明和应用使得商人阶层能够应用"火药"这一创新武

---

① Carlo M. Cipolla, ed. , *The Fontana Economic History of Europe: The Middle Ages*, London：Collins，1972，p. 163.

器，炸开了由"骑士"守卫的城堡，于是商人阶层才从封建主手中赢得了自由和自治的权利。欧洲从此才开始突破封建的"采邑制"，并踏上建立资产阶级社会的新征程。所以马克思将"把骑士阶层炸得粉碎"的"火药"，称作"预告资产阶级社会到来的三大发明"之一。[①] 这也就是"火药"对欧洲社会发展所起到的积极作用。

其次，不幸的是，随着火药和火器的制造和应用，欧洲步入"热战"时代。从此，火药和火器在欧洲开始蜕变为一个民族奴役、掠夺和征服其他民族的手段。

（六）中国手工匠人曾助意大利丝织业的发展一臂之力

根据李约瑟的研究，宋元时代中国的手工匠人很可能对意大利的丝织业做出过贡献。意大利商人在来华购买丝或丝绸的同时，也很可能将一些中国的纺织工匠当作奴隶带回欧洲。

历史上，将中国奴隶带回欧洲是有其实例的，像马可·波罗在返回意大利时，就随身带回一名"鞑靼人"，起名为彼得。

这是因为在元代，奴隶制的残余形式依然存在，所谓的"驱口"或"驱丁"，实质上就是奴隶，在法律上他们被视作"与钱物同"。奴隶劳动和奴隶买卖是元代引人注目的社会现象之一。随着阶级分化的加剧，连一些蒙古人的子女也沦为奴隶，甚至被卖往域外，以致元政府明令禁止"蒙古男子妇女"出口。在《元典章》中也曾提及"男妇人口"不许卖往外邦。这说明那一时代人口卖往海外的事件还是时有发生。[②]

那些被卖往海外的"驱口"有的就曾流落到西方。13～14世纪，在威尼斯、佛罗伦萨等城市中，都有关于中国人行踪的报道。他们一般被笼统地称作"鞑靼奴隶"。他们之中，有的可能曾是手工艺人。据元代史料记载，一些贩海商人曾"诱人作婢仆担夫"，然后转卖海外，"取黄金三两，岁不下数百千人，有艺能者，金倍之，知文书者，又倍"。[③] 所

---

① 马克思：《机器。自然力和科学的应用》，人民出版社，1978，第67页。

② 陈高华、吴泰：《宋元时期的海外贸易》，天津人民出版社，1981，第75页。

③ 《文献通考》卷330，中华书局，2011，第9103页。

以如果在"鞑靼奴隶"之中恰好有些是丝织匠人，那么他们完全有可能对意大利的丝织业发展做出过贡献。

在上述时代西方国家之所以需要中国手工匠人，是因为在地中海商业革命的时代，也正是奴隶贸易盛行的年代。当时不仅基督教世界和伊斯兰世界之间进行着生死搏斗，即使是在意大利各城市之间，残酷的商业战争也不时发生。在通常的情况下，战争中的俘虏则往往被当作奴隶遭到无情的拍卖。因此，地中海区域成了名副其实的"奴隶市场"。

1287 年在马略尔卡岛基督徒与穆斯林战士的血腥战斗中，被西班牙人俘获并拍卖的摩尔人奴隶达 35000 名。[①]在西班牙商业繁华的加泰罗尼亚地区仅从马略尔卡岛购进的奴隶就不下 10000 名。[②] 此外，从非洲内陆掠卖黑奴的事例更是层出不穷。奴隶贸易和奴隶创造出来的财富成为地中海区域经济发展中的重要因素。

那么，在地中海区域事实上已经存在着一个相当庞大的奴隶市场和数目众多的奴隶的情况下，是什么原因促使欧洲商人不远万里，冒着各种危险，付出高昂的代价到东方去购买"鞑靼奴隶"呢？下面我们继续探讨这一问题。

事实上，"鞑靼奴隶"到达欧洲的年代，正是意大利农业奴隶逐渐消失，而城市中从事手工业生产的奴隶日益增加的时期。尤其是 1348 年黑死病在欧洲肆虐后，人口死亡率高达 35% ~ 65%。佛罗伦萨 1338 年居民为 110000 人，而到 1351 年已锐减至 40000 ~ 50000 人。[③] 人口锐减使工业生产受到严重影响。

到恢复生产的年代，产业部门对技术工人的需求量陡然增大。然而意大利城市中幸存下来的手工匠人数目却很有限，由此导致手工匠人的

① J. V. Vives, *Historia Social y Económica de España y América*, Vol. Ⅱ, Barcelona: Editorial Teide, 1974, p. 183.

② Vives, *Historia Social y Económica de España y América*, Vol. Ⅱ, p. 187.

③ M. M. Postan and H. J. Habakkuk, eds., *The Cambridge Economic History of Europe*, Vol. Ⅱ, pp. 338 – 339.

工资不断上涨，造成手工产品成本的大幅增加，因此产品的竞争力自然下降，工场主的利润也随之减少。在这种情况下，意大利各城市都争相竞购那些原来就是手工匠人的奴隶。1363 年佛罗伦萨元老院同意无限制地进口非基督徒的奴隶。在这之后的 1366～1397 年，仅在佛罗伦萨市场上出卖的"鞑靼奴隶"即达 200 余名。[①] 因此，在意大利北部城市中，使用奴隶进行手工生产已是相当普遍的现象。比如，1400 年，在热那亚的劳工中 10% 是奴隶。[②] 这更加深了我们这样的看法，即这些"鞑靼奴隶"很可能是作为技术匠人从东方进口的。

事实上，这些"鞑靼奴隶"来到欧洲的时期，又正是意大利的丝织业成功地仿制中国丝织品的年代。像卢卡的丝织品，其色调乃至图案（腾跃苍空的飞龙、栖居枝头的丽鸟、淡秀的出水芙蓉、飘逸的云卷、飞泻的瀑布、嶙峋的怪石以及多姿多彩的花卉等图案）与中国的丝织品非常相似，而且同样洋溢着东方艺术的魅力和神韵。意大利丝织业的上述技术革新，难道仅仅是从中国进口的丝织品中受到的启发吗？

尤其是意大利诗人但丁在其《神曲·地狱篇》第 17 歌中，当述及幽灵的衣饰时写道："鞑靼人或是突厥人所织的布，在底子和花样上也没有更多的颜色。"[③] 是不是在意大利丝织品工场中劳动的"鞑靼奴隶"激起了但丁的联想？

以上几点只是我们认为"鞑靼奴隶"有可能为意大利丝织业的发展直接做出过贡献的初步探索。当然这不可能是最后的结论，正如李约瑟所慨叹的："蒙古女人或中国女人可能曾给予欧洲人某些有益的遗传基因。至于她们和她们的伴侣曾否对某些思想或技术的传播有过贡献，那只有等待将来的研究来说明了。"[④]

---

① Lach, *Asia in the Making of Europe*, Vol. Ⅰ, Book 1, p. 45.

② Scammell, *The World Encompassed*, p. 174.

③ 但丁：《神曲》，朱维基译，上海译文出版社，1984，第 120 页。

④ 李约瑟：《中国科学技术史》第 1 卷，第 2 分册，《中国科学技术史》翻译小组译，科学出版社，1990，第 416 页。

（七）　中国娱乐物品在欧洲的引进与传播

在中国西传的物品中，除丝绸、瓷器和药物以外，像中国纸牌和骨牌等娱乐品也曾西传，并丰富了欧洲人的精神生活。

纸牌原是中国民间的一种古老的益智游戏。1377 年在西班牙和德国的文献中都已有纸牌的记载。不久后，纸牌游戏在欧洲迅速普及并逐步演化为独具特点的欧洲的"扑克牌"。中国纸牌是印刷出来的。因而有些西方学者认为，欧洲印刷术的发端，也可能是受到中国纸牌的启示。[1]

此外，中国的另一种民间游戏，即骨牌，在传入欧洲后，发展成为多米诺骨牌游戏。再其后，欧洲人又往往把一系列依次发生的相关事件比喻为"多米诺"效应。这一比喻至今仍常用不衰。

（八）　中国艺术对欧洲文艺复兴早期艺术的影响

宋元时代，以山水、花鸟和人物为主要题材的绘画已步入成熟阶段，水墨画技法成为中国绘画的主要表现形式。由于山水画大多着眼于自然界，在客观上具有深厚的人民性和普遍性，因而也更具有世界性，即这种艺术形式比较容易为其他国家人民所喜爱、所接受，并在欧洲彰显出它的影响力。

历史上，中国绘画与丝绸有一种不解之缘。中国画技法中的"高古游丝描"这一线条的原生形式就是从表现丝的质感中发展起来的；而"曹衣出水""吴带当风"又是中国画家竞相追求的风范。反之，宋元时代体现在山水画卷中的美学观点也强烈地影响着丝织品的图案的创作，比如中国绘画突破时间、空间、透视以及比例关系的构图方法和通过取势、布势、写效，对生动而有节奏的形式感的追求，都充分体现在中国丝绸的图案上。因此每幅丝绸珍品都不啻一帧山水画卷。所以中国丝绸的出口过程，从某种意义上来说，也是中国艺术的传播以及扩大其影响的过程。

入元以后，伊利汗时期的画家受到中国山水画的影响颇深，并曾吸纳

---

[1]　Bodde, *China's Gifts to the West*, p. 33.

了中国陶瓷、金工产品和丝织品等手工艺品中的一技之长。而埃及在仿制中国青花瓷和其他手工艺品的过程中，把蕴含着中国艺术元素的瓷器、丝绸和其他工艺品沿着从北非至西班牙的狭长地带开始向欧洲广布流传。[①]

意大利北方诸城在与中东列万特地带、埃及以及西班牙的频繁交往中，自然会从上述地区的手工艺品中呼吸到一些中国艺术的气息；而那些进入地中海和欧洲市场的中国丝织品和瓷器更直接给意大利的艺术家以启迪。这样，在意大利文艺复兴早期阶段的绘画中，开始出现石、花、龙、凤等中国传统艺术中的元素，以及"鞑靼奴隶"的肖像和中国式的器物，即形成了一批带有中国特色和韵味的艺术作品，以致使人们怀疑，意大利的艺术家们是否曾直接接触过一些中国的绘画作品，并从中有所借鉴。[②]

西方学者还认为中国的一些绘画技巧，尤其是在绘制肖像画方面，丰富了意大利画家的表现手法。在中世纪，中国绘画的某些技巧高于西方，这种看法并非始自今日。元代来华的北非大旅行家伊本·白图泰（Ibn Baittuta）对于中国画家绘制肖像时所表现出来的娴熟技艺曾惊叹不已，并认为："中国人是各民族中最精于工艺者，这是远近驰名的，许多人在作品中已不厌其烦地谈到。譬如绘画的精巧，是罗姆（根据原文上下文来看，此处系指意大利人——引者）等人所不能与他们相比的。他们在这方面得天独厚，具有天才。"[③]

前面我们曾提到，中国山水画的美学观点曾体现在丝绸的图案中，再加上中国丝绸明快绚丽的色彩、迷离梦幻般的意境，所有上述艺术特点与欧洲中世纪艺术上深沉晦暗的格调、呆滞机械的对称，形成了鲜明的对照。中国丝绸图案中所散发出来的世俗的欢悦与浓郁的生活气息，构成对欧洲中世纪禁欲主义哲学与艺术观的一种嘲弄。中国艺术中人与自然相融合的特点，又恰好与那些对欧洲等级社会持批判态度的意大利

---

① W. Watson, ed., *The Westward Influence of the Chinese Arts from the 14th to the 18th Century*, London: University of London, 1976, pp. 1 – 8.

② Lach, *Asia in the Making of Europe*, Vol. II, p. 96.

③ 《伊本·白图泰游记》，马金鹏译，第 548 ~ 549 页。

人文主义艺术家的理想相契合。这样，在借鉴与吸收中国艺术特殊表现形式的过程中，意大利文艺复兴早期阶段的一些艺术家在其绘画中，在整体性与开放性方面都取得了新的突破。如吉奥托（Giotto）、杜西奥（Duccio）、洛伦泽蒂（Lorenzetti）、戈佐利（Gozzoli）、安德烈·达·费伦泽（Andrea da Firenze）以及根蒂勒·达·法布里亚诺（Gentile da Fabriano）等文艺复兴早期阶段的艺术宗师，在其创作中，都能看到受中国艺术影响的痕迹。[①]

东方艺术作为一个整体曾对文艺复兴早期阶段的绘画有过积极的影响，这种观点现在已为学术界所普遍接受和承认。但在东方艺术中，中华艺术对意大利绘画的影响程度如何，则是近年在对文艺复兴绘画外来影响不断深入研究之后，才为越来越多的西方学者所关注。像著名的艺术评论家柯斯达－托雷斯（Costa-Torres）在论及洛可可艺术的外来影响时就曾指出："中国远较印度对意大利的新古典主义在结构与有机联系上，有着更多的影响。"[②]

在雕塑艺术上，意大利著名的圣马可大教堂在其门饰上，雕刻着中国传统艺术中的涡形和菱形纹饰以及蝙蝠的形象，后者是一种在中国具有特殊象征意义的动物图案。这可以视作中国艺术对意大利影响的又一例证。

在意大利的诗歌和文学作品中，遥远而"神秘"的中国也不时被提及。例如，薄伽丘这样的文艺复兴时代的巨擘，在其不朽名著《十日谈》第十日第三个故事中，就曾提到"中国"；而意大利伟大诗人但丁，如前所述，在其永恒的诗篇《神曲·地狱篇》的第 17 歌中，写下了"鞑靼人"织布的情节。

再有，中国的民间艺术"皮影戏"在蒙古大军西征的过程中，次第地传进了欧洲，并成为西方人喜闻乐见的一种娱乐活动。

至于造纸术和印刷术对欧洲文艺复兴运动的影响已无须赘言。

---

① Lach, *Asia in the Making of Europe*, Vol. I, Book 1, pp. 72 – 73.
② Lach, *Asia in the Making of Europe*, Vol. II, p. 62.

综合上述八个方面的概述，我们可以说，在 11~14 世纪，中华文明在欧洲的传播和对欧洲的影响不容低估。

美国著名科技史专家奈夫在论述直至 17 世纪的欧洲工业发展历程时，把纺织、冶金和造船等部门称作"传统产业部门"或"老产业部门"；而把制瓷业、造纸业、印刷业、火器铸造业、制皂业等统称为促进欧洲经济发展的"新型产业"。① 中国实用科学技术对欧洲"传统产业部门"的影响已自不待言。至于欧洲 17 世纪以前最主要的一些新兴的"新型产业"部门则在相当程度上是在中国实用科学技术的激发下才发展起来的。

恩格斯在论及中世纪的巨大进步时，曾列举了对欧洲社会发展起过重要作用的七种科学发明：磁针、印刷、活字、亚麻纸、火药、眼镜和机械计时。其中，除眼镜和机械计时以外，其他五种科学发明都是由中国西传的。

马克思还曾特别强调火药、指南针和印刷术这三大发明对欧洲社会发展所具有的历史意义，因为"火药把骑士阶层炸得粉碎，指南针打开了世界市场并建立了殖民地，而印刷术则变成新教的工具。总的来说变成科学复兴的手段，变成对精神发展创造必要前提的最强大的杠杆"。因此，马克思把火药、指南针和印刷术称作"预告资产阶级社会到来的三大发明"。②

综上所述，可以说 11~14 世纪中华文明的西传，不仅表现在对当时欧洲物质文明的直接影响上，而且更重要的则在于当欧洲处于从中世纪跨步到现代社会的历史转折关头，中华文明的一些结晶为欧洲人吸收、消化、融会和升华之后，变成了他们创造历史和推动欧洲社会向前发展的一股强劲的社会革新与进步的动力。

[本文曾发表在《世界史研究》（英文）2014 年创刊号]

---

① J. Nef, *The Conquest of the Material World*, Chicago and London: University of Chicago Press, 1964, pp. 123 – 124.
② 马克思：《机器。自然力和科学的应用》，第 67 页。

二 欧洲中国观的历史流变

（一）11～14 世纪：向往中国成为欧洲的时代旋律

11～14 世纪，随着"亚欧大商道"和"海上丝绸之路"的开通，一些欧洲商人、传教士和旅行家不远万里相继踏上了中华大地。意大利传教士柏朗嘉宾（Jean de Plan Carpin）、鲁布鲁克（William of Rubruk）、孟高维诺（Giovanni da Montecorvino）、哲拉德（A. Gerard）、裴莱格林（Peregrine of Castello）、安德鲁（Andrew of Perigia）、马黎诺里（Giovanni da Marignolli）、鄂多立克（又译为"和德里"，Odoricus de Portu Naonis）和马可·波罗（Marco Polo）等人来华后，都曾把他们对中国国家形象的认知写入他们的回忆录、游记、随笔和书信之中。

在这些东西方文化交流先驱者的笔端，中国远较欧洲文明更昌盛，经济更繁荣，同时也拥有更多的财富。这些景象使当时任泉州主教的安德莱乌感慨万千。他在寄回欧洲的书信中写道："论及她的宫廷以及国王的财富与荣耀，论及国王统治之地域的辽阔、臣民之众、城市之多以及该王国的和平与秩序，这些简直是令人难以置信的。"[①]

有的传教士还把中国与欧洲的社会发展水平做了具体的比较。意大利方济各会士鄂多立克在访华的途中，来到辛迦兰（Censcalan，即广州）时，他曾感叹："整个意大利都没有这一个城的船只多。"[②] 他还认为，广州"是个比威尼斯大三倍的城市"。[③] 在谈到杭州时，他认为杭州的一个"城区"，都较威尼斯为大。[④]

---

① G. F. Hudson, *Europe & China: A Survey of Their Relations from the Earliest Times to 1800*, London：E. Arnold & Co.，1931，p. 162.
② 何高济译《鄂多立克东游录》，中华书局，1981，第 64 页。
③ 何高济译《鄂多立克东游录》，第 64 页。
④ 何高济译《鄂多立克东游录》，第 67 页。

特别是马可·波罗在他的"游记"中，对他所途经之地的山川形势、经济和政治的现状、民风民俗以及宗教信仰等等都一一做了相当详尽的记录，从而加深了西方人对中国国情的了解。

总之，马可·波罗和他同时代的东西方文明交流的先驱者所展示出来的中国富饶昌盛的国家形象，使那些生活在狭小城市，乃至封闭的庄园里的欧洲人，开始意识到在遥远的东方，屹立着一个比欧洲有着更高文明发展水平，拥有神话般财富的国度——中国。只不过那时的欧洲人尚把"中国"称为"契丹"或"震旦"（Cathay）。

上述有关中国的报道开阔了欧洲人的地缘视野，改变了他们一向所偏执认为的"地中海"是世界中心的舆地观念。在地中海商业革命的年代，中国代表着幸福、文明、理想和财富，对中国的向往已成为当时欧洲人的时代旋律。

《马可波罗游记》问世后不久便有不同语言的 199 种手抄本在欧洲广泛流传。发现新大陆的哥伦布，其远航的目的原本就是寻找通向中国的新航路。这也说明中国的国家形象在中世纪晚期对欧洲人的影响程度之深。

但马可·波罗和他同时代的那些东西方文明交流的先驱者恐怕从未想到过，他们有关中国繁荣昌盛的国家形象的记述，在他们离世的 6 个世纪之后，又终于为科学研究所证实。

在当代，一些西方学者借助对中国经济史的研究，在把 11～14 世纪的中国社会经济发展水平与同一历史时期欧洲社会经济发展水平进行横向比较之后，他们像马可·波罗一样，得出中国的社会发展水平远高于同时代欧洲的结论。有的西方学者进而把宋代经济的发展盛况称为"经济奇迹"，并认为那一时代，中国社会已经出现了"商业化"、"城市化"和"工业化"的发展趋势。[1] 有的西方学者更认为，宋代所创造出来的

---

[1] Mark Elvin, *The Pattern of the Chinese Past: A Social and Economic Interpretation*, Stanford: Stanford University Press, 1973, pp. 113－179.

巨大的财富和所促成的社会巨变，"只有6个世纪以后，近代早期的西欧的变化才能与之相比"。[①] 著名的科学技术史学者辛格即曾论断说："一般来讲，1500年以前，列万特国家（列万特，历史上系指东地中海东部以及近东一带地区。——引者注）在技术和发明上要超过欧洲。尤其是中国，她较其他国家具有更大的创造力。"[②] 李约瑟对这一问题的看法更是十分明确："在十五世纪以前，西欧的技术可以说落后于旧大陆的其他任何地区"，"中国的技术发明在公元后的十三个世纪中，曾不断地倾注到欧洲"。[③]

事实上，地理大发现以后所形成的世界市场和全球性贸易也主要是建立在11~14世纪东西方文明交流高峰年代所奠定的贸易格局和物质基础之上。在这个历史激变的进程中，中华文明曾做出过重要的贡献。

（二）工业革命以来中国的国家形象曾被欧洲的"智者"长期颠覆

然而，在欧洲率先实现工业革命以后，在"西方文明优越论"盛极的年代，西方的"智者"所散布的"中国社会停滞论"却严重地歪曲和颠覆了中国国家的本质特征。

毫无疑问，黑格尔对中国国家本质特征的"定性"，在西方的影响最大，时间持续最久，以至今日。据黑格尔的观点，直至19世纪的中叶，中国还处于"世界历史的局外，而只是预期着、等待着若干因素的结合，然后才能得到活泼生动的进步"。其原因是，"它客观的存在和主观运动之间仍然缺少一种对峙，所以无从发生任何变化，一种终古如此的固定的东西代替了一种真正的历史的东西"。[④]

上述这类对中国国家本质特征的"定性"，百年来成为"中国社会停滞论"最有代表性的理论根据。

---

① P. Curtin, *Cross-Cultural Trade in World History*, Cambridge：Cambridge University Press, 1984, p. 110.

② C. Singer et al., eds., *A History of Technology*, Vol. 2, New York：Oxford University Press, 1956, p. 755.

③ 李约瑟：《中国科学技术史》第1卷，第2分册，第502、543页。

④ 黑格尔：《历史哲学》，王造时译，三联书店，1956，第161页。

在无限贬低中国国家形象的同时，西方学术界则牢牢地掌控着有关人类社会发展道路和发展方向的"话语权"。在他们的"立论"中，资本主义标志着世界历史的断裂和质变，而且这种决定整个世界命运的变化，又仅仅发生在欧洲，这是由欧洲社会内部独有的"现代性"所决定的。

自此，西方殖民国家对中国侵略所造成的中国的贫穷与落后，也都被归结到中国的传统文化上。而且这种被扭曲了的中国国家形象，至今仍深深地根植在相当部分西方人意识形态的深处。

上述谬论流传的结果是，当今的西方世界，真正了解中国国情的人可以说是少之又少。他们不知道历史上几千年来曾经有一个繁荣而强大的中国一直屹立于东方，并长期居于世界领先的方阵之中。同样，他们更不知道当代的中国正是历史上的中国的复兴和新的发展。所以对于当今迅速树立的高大的中国国家形象，相当部分西方人既感到不可思议，也似乎更难于理解和接受。这种现状便被西方"战略家"当作鼓噪"中国崩溃论"的"利器"。

但中国当代的复兴有着深刻的历史必然性，因此是不可阻挡的。为了实现中华民族的伟大复兴，当前我们民族负有一个重要的战略任务，那就是要营造出有利于实现中华民族伟大复兴的外部环境。

在中国与外部世界的关系中，中国与欧洲的关系尤为重要。中、欧是维护世界和平的"两大力量"，是促进共同发展的"两大市场"，是推动人类进步的"两大文明"。为了在中国与欧洲之间寻找到更多的契合点，获得新的动力，就要加深相互之间的了解，这便是双方合作的基础。

因此，我们希望通过《泉州与威尼斯轴心时代——宋元海外贸易与地中海商业革命相关关系研究（11—14世纪）》一书（即将出版）使欧洲的朋友与我们共同回顾11~14世纪那个充满历史性巨变的时代，从而能把当代的中欧关系与历史上的中欧关系重新链接起来，通过回顾过去而走向未来。

历史上，中国的国家形象对西方人来说，首先是由马可·波罗介绍到西方的，并引起欧洲人对财富无尽的中国的无限向往。但学术界对马可·波罗其人的真实性一直存有争议。因此，从普遍的共识来说，中国的国家形象是由利玛窦这一代西方传教士率先介绍到西方的。

（三）从沙勿略到利玛窦

1582 年，利玛窦来中国后，他秉承西班牙耶稣会士沙勿略所倡导的"适应"策略，坚持在异质文明之中进行和平与平等的对话，并希冀通过对西方较为先进的科学知识的介绍，用以彰显基督教文明的"优越性"，进而扩大天主教在中国社会中的影响。利玛窦经过近 20 年的努力，不仅学会了中国的语言，谙熟中国典籍，而且通过对中国社会的观察，对于独立于西方而发展起来的中华文明，终于有了较为深刻的认识。他一方面曾慨叹中国仁义礼乐声明文物之盛；另一方面更意识到中华文明的独特性，即不仅仅在哲学和宗教领域中国与西方之间有着明显的差异，在文学、医药、物理学、数学、天文学、艺术和机械诸方面，"中国人的成就同样也都是在没有与欧洲交往的情况下所取得的"。[1]

出于对文明多样性的认同，利玛窦在坚持"真教惟一""正道惟一"的前提下，把"援圣补儒超儒"当作他们施行学术传教的策略，[2] 并孜孜不倦地为寻找儒家文明与基督教文明之间的"契合点"而努力。

知天、事天、畏天和敬天，乃是中华圣学道统的根本。利玛窦曾下苦功，论证说，中国古籍中的"上帝"等概念与基督教中的"天主"（Deus），实为对至尊无上的主宰力量的不同称谓。这种类比，表明利玛窦在中国文化与西方文化之间寻找同一性的努力。

尤其是对中国人"敬天""祭祖""参拜孔子"等礼仪，利玛窦则将其界定为社会政治行为，并对中国教民参与上述礼仪活动予以默认，从而表示出利玛窦对中国传统道德和文化价值观念的理解和尊重。

上述"适应"策略的实施在相当程度上拉近了中国知识分子与西方

---

[1] 《利玛窦全集》（3），台北：光启出版社，1986，第 52～53 页。

[2] 刘耘华：《诠释的圆环——明末清初传教士对儒家经典的解释及其本土回应》，北京大学出版社，2005，第 1～8 页。

传教士之间的距离，以致利玛窦也自视为"西儒"。

利玛窦虽然生长在西方全球性的扩张时期，但他从基督教文化圈跨入儒家文化圈以后，通过对独立发展起来的中华文明的新的认知，在很大程度上克服了在征服美洲过程中所膨胀起来的"优等民族"的主宰意识以及文化观念上的优越感和偏见，并勇于承认中华文明体系存在的权利和它的合理性。在识别中国文化和西方文化二者之间的本质差异后，他又能包容这种差异，同时创造出一种对对方文化的感情移入式的理解和尊重，并力求寻找到儒家文化与基督教文化由此及彼的"契合点"，同时将这种努力贯穿于他在华传教活动的始终。

利玛窦及其后继者遵循着"适应"策略的理念，承认文明的多样性原则并始终坚持在异质文明之间进行平等的对话，他们的这种主张又与中华文化传统中"和而不同"的理念相近似，这就是利玛窦及其后继者能够融入中国社会的根本原因。

在利玛窦等来华传教士敏锐地观察到发展科学和技术恰好是中国社会的一种内在需求时，他们便把沙勿略倡导的"科学传教"的策略积极地在中国予以实施，于是促成了中国文化代表性人物和西方文化代表性人物之间的相遇与对话，并由此产生了一批体现中西文化交流成果的科学著作。

利玛窦等来华传教士在促成"西学东渐"的同时，也开始把中国的国情和中华文明的基本特征，向欧洲做了大量的报道。

尤其是卫匡国（Martino Martini）的名著《中国历史十卷》、何大化（Antoine de Gouvea）的《中国六阶段分期史——摘自中国与葡萄牙书籍并备有清朝附录》、冯秉正（Jeseph-Franciscus-Maria-Anna de Moyricc de Mailla）的《中国通史》以及傅圣泽（J. F. Foucquet）的《中国历史年表》等几部涉及中国年代学的著作在欧洲流传之际，恰逢欧洲围绕《圣经》的纪年展开激烈辩论的年代。透过卫匡国等上述著作，传达给欧洲一个极为重要的历史信息，即中华文明有着和《圣经》同样，甚至更为久远的年代起源。由此欧洲人终于认识到，在东方存在着一种与欧洲处于平行和平等发展阶段的中华文明。这一事实使欧洲的学术界在深受震动的同时，开始以较为客观的态度来重新认识文明的多元性和多样性的事实存在。上述这种对中华文明的全新认识也就是在欧洲一度掀起了一股"中国热"的重要原因之一。

欧洲"中国热"蔓延的年代，也正是法国、德国和英国的启蒙思想家高举理性批判的旗帜向封建主义发起攻势的年代。通过西方来华传教士的笔端，一篇篇有关中国一向鲜为人知的、生动的国情的报道，尤其是有关以"仁"为核心构筑的儒家人文主义思想体系和伦理道德准则的介绍，以及对于在上述基础上所建立起来的和谐与繁荣昌盛的中国社会全景的描述，无不给欧洲的启蒙学者以极为有益的启迪和激励。

由于这些启蒙大师一般都能以平等和开放的心态来看待中华文明，因此在这些启蒙大师表示出对中华文明极大的尊重和向往的同时，他们又进一步将中国理想化，再以中国为典范，在理性的高度上，对现实欧洲的专制统治制度进行了无情的批判，从而在一定程度上推动了欧洲的启蒙运动的发展。

（四）莱布尼茨关于在东西方之间建立和谐与理性社会的理想

由沙勿略倡导，由利玛窦所继承和全面实施的"适应"策略，事实上，既继承了欧洲文艺复兴以来的人文主义传统，同时也体现了基督教全世界联合主义的理想。因此，在上述土壤中成长起来的欧洲知识分子先进一翼，一旦认识到中华文明和欧洲文明处于平等的发展阶段之后，遂使他们在思想意识当中产生了一种超越，即，他们从以"欧洲中心论"为出发点，单纯地设想如何在全球范围内传播基督教文明，而演变为开始考虑，如何在东方的中华文明和西方的基督教文明之间，构筑起一个和谐与理性的世界，从而推动人类的共同进步和文明的发展。而这种新思潮的代表性人物就是德国伟大的科学家、哲学家哥特弗里德·威廉·莱布尼茨（Gottfrido Guilelmo Leibnitio）。他率先提出了在东西方之间建立和谐与理性世界的理想，并曾高屋建瓴地指出："人类最伟大的文明与最高雅的文化今天终于汇集在了我们大陆的两端，即欧洲和位于地球另一端的——如同'东方欧洲'的'Tschina'（这是'中国'两字的读音）。我认为这是命运之神独一无二的决定。也许天意注定如此安排，其目的就是当这两个文明程度最高和相隔最远的民族携起手来的时候，也会把它们两者之间的所有民族都带入一种更合乎理性的生活。"①

莱布尼茨所以萌生出在东西方之间建立和谐与理性世界的理想，首先是基于他自己的哲学认知体系。他的哲学思想的核心是"单子论"或"前定和谐论"。莱布尼茨认为，宇宙万物都是由"单子"构成的，但所有的"单子"在质上都是不同的，有着高低等级之分，从无机物到动物的灵魂、人类的心灵，直至"上帝"，莫不如此。而"上帝"是最高"单子"，它全知、全能、全善，并创造了其他一切"单子"。莱布尼茨特别强调，由"单子"构成的事物是相互作用的，并形成一个和谐的整体。这种"和谐"是上帝在创造"单子"时，便已预先确定了的，因而被他称为"前定和谐"。在莱布尼茨的理论体系中，"上帝"已不再是"人格神"，而只是世界万物的终极原因和逻辑起点。因此莱布尼茨认为，他的哲学体系与被称为"自然神论"的中国的哲学体系，两者非但不是对立与冲突的，相反，在两者之间可以相互协调一致。② 而且莱布尼茨把他的哲学体系与中国的哲学体系之间的"一致性"看作对真理的普遍有效性的确认。③

由此，莱布尼茨告诫那些关心中国问题的同人们，研究中国的历史文化，尤其是中国的哲学时，必须持一种慎重的态度，而不能轻易地下结论。这是因为，"中国是一个大国，它在版图上不次于文明的欧洲，并在人数上和国家的治理上远胜于文明的欧洲。在中国，在某种意义上，有一个极其令人赞佩的道德，再加上有一个哲学学说，或者有一个自然

---

① 莱布尼茨：《中国近事——为了照亮我们这个时代的历史》，梅谦立、杨保筠译，大象出版社，2005，"莱布尼茨致读者"，第1页。

② 刘立群：《最早研究中国文化和中国哲学的德国人——莱布尼茨》，载许明龙主编《中西文化交流先驱——从利玛窦到郎世宁》，东方出版社，1993，第190~203页。

③ 孟德卫：《莱布尼兹和儒学》，张学智译，江苏人民出版社，1998，第16页。

神论，因其古老而受到尊敬。这种哲学学说或自然神论是自从约三千年以来建立的，并且富有权威，远在希腊人的哲学很久很久以前；……因此，我们这些后来者，刚刚脱离野蛮状态就想谴责一种古老的学说，理由只是因为这种学说似乎首先和我们普通的经院哲学概念不相符合，这真是狂妄之极！"①

　　地理大发现以后所出现的东西方文化交流的大潮，实际上是东西方两个世界相互需要的体现。沙勿略尚只是初步感悟到了这一历史发展趋势的必然性，由此提出了"适应"策略的理念和一些基本原则。而利玛窦则更明确地认识到了东西方两种文化之间的"互补性"，进而抓住了他在华传教的历史机遇，终于促成了东西方文化代表性人物之间的相遇与对话，并在这一基础上，产生了一批反映中西文化交流成果的科学著作。莱布尼茨则高瞻远瞩地将东西方的文化交流上升到建立和谐和理性世界的高度来看待，这说明他已经敏锐地把握住了当时时代精神的脉搏。而且，事实上，在 16 世纪中叶至 18 世纪初叶这一历史时期，东西方文化的代表性人物，在对东西方文化交流重要性和互补性的认识，以及吸收对方优秀文明成果的渴望上，可以说都达到了一种令人惊异的一致性。

　　在中国，明代思想家和科学家李之藻便认为，吸收外来文化是促进本民族文化升华的重要条件。"一番新解，一番讨论，一番异同，一番凝辨，然后真义理从此出焉。如石击火出，玉砺而光显，皆借异己之物，以激发本来之真性。"②

　　而远在西方的莱布尼茨则提出了东西方两个世界要互相取长补短的主张："将中国人的学问，特别是他们的物理知识带给我们，亦是顺理成章的事情。数个世纪以来这个民族兴旺发达，传统没有中断，因此他们能够保存与增加这些知识。只有这种交换互利关系才是正确可取的。他们在观察方面强于我们，我们在抽象思维方面略胜一筹。何不让我们

---

① 莱布尼茨：《致德雷蒙先生的信：论中国哲学》，庞景仁译，载《中国哲学史研究》编辑部编辑《中国哲学史研究》总第 4 期，天津人民出版社，1981，第 23 页。
② 吴相湘主编《天主教东传文献》，台北：台湾学生书局，1965，第 472 页。

互相交换，用一盏灯点亮另一盏！"①

在晚明道德沦丧，社会动荡不定的情况下，为了再现"三代"那样的和谐社会和完善世人的伦理道德，明代另一位思想家和科学家徐光启认为，基督教可以对中国社会起到"补儒易佛"的积极功效。② 他甚至认为，人们只要恪守基督教的道德规范，"窃意数年之后，人心世道，必渐次改观，乃至一德同风，翕然丕变，法立而必行，令出而不犯，中外皆勿欺之臣，比屋成可封之俗，圣躬延无疆之遐福，国祚永万世之太平矣！"③

而莱布尼茨则希望欧洲人能从中国人那里获得有利于提高道德的学识，"特别是实践哲学和更加合理的生活方式，暂且不论他们的其他成就。不管怎样，我觉得鉴于我们目前面对的空前的道德没落状况，似乎有必要请中国的传教士到欧洲给我们传授如何应用与实践自然神学，就像我们的传教士向他们教授启示神学一样"。④

至于在东西方两个世界处于平行和独立发展的历史条件下，一方所取得的科学和技术上的成果，势必会引起另一方的极大兴趣，并希望在最大程度上吸取和融会对方的文明成果，以促进自身文明的发展。在引进西方科学知识上，徐光启就曾主张打破所谓"华夷"的界限，"苟利于国，远近何论焉"。⑤ 徐光启虽然非常重视吸收外来文化中的优秀成果，但他对本民族的文化更是充满着自信。而且他认为，西方文明所取得的优异成果，绝对不是中国人所不可企及的。因此在学习西方科学知识的同时，他很自然地怀抱着一种"超胜"于对方的心理。由此，他形成了如下的系统思维："欲求超胜，必须会通，会通之前，先须翻译。"⑥

莱布尼茨则同样急于了解中国在科学技术上的成果，他曾给意大利

---

① 莱布尼茨：《中国近事——为了照亮我们这个时代的历史》，第130页。
② 王重民辑校《徐光启集》上册，上海古籍出版社，1984，第66页。
③ 王重民辑校《徐光启集》下册，第433~434页。
④ 莱布尼茨：《中国近事——为了照亮我们这个时代的历史》，"莱布尼茨致读者"，第6页。
⑤ 王重民辑校《徐光启集》下册，第433页。
⑥ 王重民辑校《徐光启集》下册，第374页。

来华耶稣会士闵明我（Claudio Grimaldi）提出了 30 个涉及中国科学技术的问题，并希望能尽快得到闵明我的回答。① 同时莱布尼茨也暗含着绝不能让西方国家落后于中国的心理，即在相互交流的过程中，"注意我们的人不会完全失去自己的优势"。②

尤其是在尽可能短的时间内引进和吸收对方科学技术成果的愿望上，双方几乎表现出同样的急切心情！徐光启即曾希望"博求道艺之士，虚心扬榷，令彼三千年增修渐进之业，我岁月间拱受其成，以光昭我圣明来远之胜，且传之史册"。③ 而莱布尼茨也渴望"就像文明之光的交换"一样，"能在短时间内让我们掌握他们奋斗几千年才掌握的技能"。④

综上所述，可见，在 16 世纪中叶至 18 世纪初叶这一历史时期，东方正需要西方，西方也同样需要东方。华夏文明中世界大同的理想与西方文明中建立和谐与理性世界的理想在遥相呼应。

莱布尼茨曾就这样的一个文化多元互补思想的理论基础阐明了自己的观点："每个实体均是通过独特的创造而产生的。尽管如此，它们均是同一个宇宙、同一个普遍原因及上帝的不同表达。不同之处只在于表达的完美程度不同，如同从不同的角度观看同一座城市或者从不同的点观察一幅画那样。"⑤

（五）欧洲中心论的萌生与恶性膨胀

然而人类社会进入 18 世纪，东西方平行与平衡发展的格局逐渐被打破。地理大发现以后，欧洲在东西方文明交流的大背景下，不断吸收东方优秀的技术成果，又充分利用了世界市场的机制，通过殖民主义的征服与掠夺，在极短的时间内完成了资本主义的原始积累，并使

---

① 莱布尼茨：《中国近事——为了照亮我们这个时代的历史》，第 118 ~ 121 页。
② 莱布尼茨：《中国近事——为了照亮我们这个时代的历史》，第 130 页。
③ 王重民辑校《徐光启集》上册，第 74 页。
④ 莱布尼茨：《中国近事——为了照亮我们这个时代的历史》，第 2 页。
⑤ 李雪涛：《论莱布尼茨、黑格尔和雅斯贝尔斯对中国的认识——德国思想家对中国认识的范式转换》，载张西平主编《莱布尼茨思想中的中国元素》，大象出版社，2010，第 182 页。在本节的写作中笔者重点参阅上述文章和另一大作。除对李雪涛表示感谢外，对于延伸的讨论，如有错谬，当由笔者自负。

欧洲的生产力得到极大的提升。此时，欧洲在资产阶级革命的带动下，英国、法国和荷兰都相继建立了统一的民族国家。他们推行重商主义政策，引发了无情的商业战争，并以产业资本的优势从西班牙和葡萄牙这些老牌殖民国家的手中夺取了商业霸权，使世界的经济发展重心由地中海区间转移到大西洋沿岸地带。在国势蒸蒸日上的情势下，在西方新兴的殖民国家对东方文明的再评价中，一种"欧洲中心论""西方文明优越论"的思潮开始泛滥。在居高临下的俯视中，当年被视作欧洲效法榜样的中国，已经被看作一个处在专制统治之下的"停滞"的帝国。

1776 年英国思想家亚当·斯密（Adam Smith）在其名著《国民财富的性质和原因的研究》（被严复译作《国富论》）一书中指出，中国尽管一向被认为是世界上最为富裕的国家，但现在却是一个处于停滞状态的帝国，"今日旅行家关于中国耕作、勤劳及人口稠密状况的报告，与 500 年前视察该国的马可·波罗的记述比较，似乎没有什么区别"。①

当英法等西方国家国势蒸蒸日上之际，德国却远远落伍于英法等邻邦。历经拿破仑战争的动乱，德国并没能实现国家统一，经济落后，政治动乱。在这种危机的情势下，日耳曼民族的内部涌动着日益强烈的要求变革的呼声。这时一批优秀的德国思想家开始站到时代先锋的位置上，为了实现日耳曼民族的振兴，他们的策略之一，就是试图把对古老的中国的批判和贬低，当成他们获得自信和塑造民族优越感的手段和途径。德国哲学家赫尔德（Johann Gottfried Herder）将中国比为"一具木乃伊"，认为"它周身涂有防腐香料，描绘有象形文字，并且以丝绸包裹起来；他体内血液循环已经停止，犹如冬眠的动物一般"。② 其后，集抨击中国之大成者，就是德国唯心主义哲学大师黑格尔。他曾如此表述过他的历史观："一切历史都归于基督，又出自基督。上帝之子的出现乃

---

① 何兆武、柳卸林主编《中国印象——世界名人论中国文化》下册，广西师范大学出版社，2001，第 13 页。
② 夏瑞春编《德国思想家论中国》，陈爱政等译，江苏人民出版社，1997，第 89 页。

是世界历史的轴心。"① 他的这一特定的信仰势必不可能包容当年启蒙学派思想家对中国人曾经创造过光辉历史的那种积极评价。

专攻德国哲学史的李雪涛认为，要想了解黑格尔的中国观的形成路数，则不能离开黑格尔的德意志"情结"这个社会因素。拿破仑战争之后，德意志民族在欧洲处于极端落后地位的这种现时状况，极大地激发了日耳曼人的民族主义倾向和爱国主义热诚。在黑格尔的历史哲学中，他奉日耳曼人为"世界精神"的代表，理性的太阳从东方升起到达日耳曼时达到了顶峰。这反映出黑格尔本人期望德意志迅速成为近代民族国家的热望，而且为此他发出了带有鼓动性的呼唤，即他曾明示，"历史发展的本源是民族精神。在每一个时代，都有某一个民族受托担负起引导世界通过它已到达的辩证法阶段的使命。当然，在现代，这个民族就是德意志"。② 作为一个地地道道的普鲁士"爱国者"、国家的忠仆和普鲁士国家的官方哲学家，黑格尔身体力行地担负起引导世界通过它已到达的辩证法阶段的使命。所以在黑格尔的历史哲学中，他非常重视"民族精神"这一理念。他认为"民族精神"是客观精神的自我意识，为此提出了"历史地理基础"这一理论，并认为自然地理是"精神"发展所必需的场地，是必要的基础。他还将三种不同的地理形态与三种地域的历史文明相对应，即处于高地的非洲文明、位于平原的亚洲文明以及在海岸边的欧洲文明。在这三种文明当中，地中海沿岸是世界史的中心。黑格尔将平原流域居民的特征与海岸边区域居民的特征进行了比较，进而指出："平凡的土地、平凡的平原流域把人类束缚在土壤上，把他卷入无穷的依赖性里边；但是大海却挟着人类超越了那些思想和行动的有限的圈子。"③

根据"历史地理基础"这一理论，黑格尔用他的理性主义和严密的

---

① 李雪涛：《论莱布尼茨、黑格尔和雅斯贝尔斯对中国的认识——德国思想家对中国认识的范式转换》，载张西平主编《莱布尼茨思想中的中国元素》，第 199 页。
② 罗素：《西方哲学史》下卷，马元德译，商务印书馆，1982，第 186 页。
③ 黑格尔：《历史哲学》，第 134 页。

思辨哲学将中国文化严格地纳入他的理论框架，使之成为他的哲学体系中的一部分，从而以一种完全的哲学立场对中国文化的主要方面做出了全面的综合考察。

黑格尔认为，"世界历史"是精神在时间中发展的过程，它既是精神自我发展的过程，也是世界走向自我意识的过程。按照理性标准行动的自由是历史发展的终结，而尚处在自然意识阶段的东方君主专制制度当然只能处在世界历史的开端了。世界历史实际上就是自由意识进展的历史。由于精神的光明从亚洲升起，所以世界历史也就从亚洲开始："世界历史从'东方'到'西方'，因为欧洲绝对是历史的终结，亚洲是起点。"黑格尔认为，正如物质的太阳从东方升起，在西方落下一样，在西方沉没的那个自觉的太阳也是在东方升起的，但它在西方沉没的时刻却散播一种更为高贵的光明。①

黑格尔进而把世界历史的各个时期比作人生中的各个阶段，因为人各个阶段所具有的理性是各不相同的。黑格尔将东亚文化认定为"孩童时代"，其他依次是，中亚文化为"少年时代"，希腊文化为"青年时代"，罗马文化为"壮年时代"，而日耳曼世界的文化理所当然地属于"老年时代"。

在将世界历史的各个时期比作人生中的各个阶段时，黑格尔强调，"日耳曼世界的文化理所当然属于'老年时代'"。但人生的"老年时代"是何样的一种状态，是尽人皆知的。恐怕黑格尔担心人们会把人生的"老年时代"与"夕阳无限好，只是近黄昏"的这种末日状态联系在一起。于是他又加了一个"注"，即"自然界的老年时代是衰弱不振，但是'精神的老年时代'却是完满的成熟和力量"。② 那么，按照黑格尔的上述比喻，精神的"孩童时代"是否可以说充满朝气、满怀希望与理想呢？黑格尔对此却沉默了。

---

① 黑格尔：《历史哲学》，第 148～149 页。
② 黑格尔：《历史哲学》，第 154 页。

黑格尔断定，所有与思想有关的东西在中国都不存在，因为宗教、政治制度、伦理、法制、风俗、科学、艺术等无一不是民族精神的体现。基于这样的原因，他给中国下了一个著名的结论：中国还处在"世界历史的局外，而只是预期着、等待着若干因素的结合，然后才能得到活泼生动的进步"。其原因是"它客观的存在和主观运动之间仍然缺少一种对峙，所以无从发生任何变化，一种终古如此的固定的东西代替了一种真正的历史的东西"。①

黑格尔上述这类对中国文明本质的"定性"便成为西方形形色色"中国社会停滞论"的主要理论根据。

综上所述，可以说，黑格尔是以思辨的方式，从民族哲学的立场出发，将自己的立场绝对化，进而在其依据精神概念的逻辑而建立起来的哲学体系中，安排了一个从"低"到"高"的精神发展等级。被黑格尔视为东方代表的中国，其精神只作为自然精神存在，其宗教也是自然宗教。因此在黑格尔的精神哲学体系中，中国当然处在起点。黑格尔借用自然界物质的太阳从东方升起，在西方沉没的这一象征意义，表明他所谓的世界精神也是走了这样一条轨迹。处在亚洲的中国当然是处于世界历史的开端，就如同刚从失明到重获光明的人一样，对主体和客观世界还尚未分辨清楚，对人类的精神更缺乏内省和自觉。②

但黑格尔如此论及中国问题，显然是偏离了中国的历史经验，尤其是中国的经济发展历程和生活在这块大地上的整个民族创造历史的辉煌篇章。因此在他的思辨体系中，对中国文明所做的抽象与概括，并没有反映出中华文明的本质特征。其实黑格尔并非全面地了解中国的历史和文化。

黑格尔对中国历史和文化的实际认识的有限性，就曾遭到英国哲学家罗素的讥讽："关于中国，黑格尔除了知道它以外一无所知。"③ 而德

---

① 黑格尔：《历史哲学》，第 161 页。
② 李雪涛：《论莱布尼茨、黑格尔和雅斯贝尔斯对中国的认识——德国思想家对中国认识的范式转换》，载张西平主编《莱布尼茨思想中的中国元素》，第 190 页。
③ 罗素：《西方哲学史》下卷，第 762 页。

国汉学家傅吾康（Wolfgang Franke）也认为："毫无疑问，黑格尔当时不仅局限于对中国历史的偏见，也囿于信息的匮乏。但他却满足于此而不认为有对其资料来源提出疑问的必要。"① 罗素说黑格尔对中国毫无所知，当然是种情绪化的表述。事实上，据当代学者研究，黑格尔的确曾读过比利时来华传教士柏应理（Philippe Couplet）所著《中国哲学家孔子》、钱德明（Jean-Joseph-Marie Amiot）的《关于中国人的追述》（巴黎，1776）、《中国丛刊》、雷慕沙（Abel Rémusat）所著《关于老子生平与意见的追述》（巴黎，1823）和由他翻译的小说《玉娇梨》（1826），以及英国使臣马戛尔尼出访中国的回忆录等资料。当然还包括冯秉正（Joseph Anne Maria de Moyriac de Mailla）13 卷的《中国通史》。该书系以朱熹（1130～1200）的《资治通鉴纲目》为基础编译而成。朱熹的《资治通鉴纲目》共 59 卷，记事上自周威烈王二十三年（公元前 403），下迄后周世宗显德六年（959），主要是根据司马光《资治通鉴》浓缩而成。由于《资治通鉴纲目》中只简略地记述了朝代的更替，而没有总结出中国历史的发展轨迹和动因，因此该书很可能使某些西方人认为中国是一个"无时间限制的建立在有序而无变化的儒家伦理基础上的社会"的印象，致使中国社会被欧洲人认为是"停滞"的社会，尚处于低级的发展阶段。②

事实上，要想依据黑格尔所接触过的这些资料来研究中国的历史和文化，今人一定会视之为一个虚妄的玩笑。从根本上来说，黑格尔对中国认识上的偏见并不完全在于他有关中国的知识的有限性，问题的要害——正如李雪涛所分析——在于黑格尔是"用自己已形成的欧洲理性主义和思辨哲学的模式格中国哲学的义"。③ 当然更不应忽视他的"德意

---

① 傅吾康：《十九世纪的欧洲汉学》，陈燕、袁媛译，收入任继愈主编《国际汉学》第 7 辑，大象出版社，2002，第 69 页。
② 李雪涛：《论莱布尼茨、黑格尔和雅斯贝尔斯对中国的认识——德国思想家对中国认识的范式转换》，载张西平主编《莱布尼茨思想中的中国元素》，第 186 页。
③ 李雪涛：《论莱布尼茨、黑格尔和雅斯贝尔斯对中国的认识——德国思想家对中国认识的范式转换》，载张西平主编《莱布尼茨思想中的中国元素》，第 196 页。

志情结"所起到的关键性作用。

事实上黑格尔很早就认识到了自己思辨体系的局限性。在《法哲学原理》的序言中，他写道："哲学的任务在于理解存在的东西，因为存在的东西就是理性。就个人来说，每个人都是他那时代的产儿。哲学也是这样，它是被把握在思想中的它的时代。妄想一种哲学可以超出它那个时代，这与妄想个人可以跳出他的时代，跳出罗陀斯岛，是同样愚蠢的。"①

尽管黑格尔自己也承认他的理论体系有"局限性"，然而黑格尔的信从者，却出于对黑格尔的无限崇敬，使黑格尔上述有关中国的"论断"竟影响了两个多世纪西方主流思想界对中国的认知。直到 20 世纪，在人类历经两次世界大战之后，黑格尔的中国观才被一代具有世界视野的哲学家所颠覆，其中，德国哲学大师雅斯贝尔斯（Karl Jaspers）无疑起到了最为重要的作用。

（六）雅斯贝尔斯及其"轴心时代"理论

雅斯贝尔斯是 20 世纪著名的存在主义哲学家。由于二战期间他本人也曾遭受到纳粹法西斯政权的残酷迫害，因此他深刻认识到黑格尔所鼓噪的日耳曼人"种族优越论"的险恶本质和危害性，并很自然地把黑格尔所预设的日耳曼人处于人类文明"顶端"的体系，作为他批判的对象。事实上，欧洲的优秀知识分子经历两次世界大战的灾难，已经开始怀疑西方文明所谓的"优越性"。他们摆脱了一度陷于迷茫的精神状态，再度像启蒙时代的思想家一样，把中国视为"西方世界想象中的对应物和救世主选中的拯救对象，在骚动的欧洲知识界不时起着或永久或临时的振奋和拯救作用"。② 像《西方的没落》的作者斯宾格勒就建议欧洲的知识分子应当把视线转向东方，以摆脱自身的精神困境。③ 于是一些具有反思精神的知识分子开始重新对被黑格尔一再贬低的东方文明进行再

---

① 黑格尔：《法哲学原理》，范扬、张企泰译，商务印书馆，1961，"序言"，第 12 页。
② 傅海波：《欧洲汉学史简评》，胡志宏译，载任继愈主编《国际汉学》第 7 辑，第 82 页。
③ 斯宾格勒：《西方的没落》，陈晓林译，黑龙江教育出版社，1988，第 15 页。

评价。这也是时代的需要。

长久以来部分西方的学者偏执地认为："中国一直都在向后看，他们的全部理想都是从过去中吸取的，他们对未来不感兴趣。"德国汉学家鲍吾刚（Wolfgangauer）在《中国人的幸福观》一书中，对上述观点进行了批驳。他指出，"中国产生的几乎所有世界观中，与过去保持和谐一致的那种重要性广为人知。但是，这种现象最根本的含义却仍然没有被充分理解。很显然，其所扮演的角色和西方思想里的那种尚古——最显著的是在沙漏这种形象中——完全不同，它形成一种和未来的关联，而且永远和被压缩的、基于一点的'现在'相连。在中国，过去就像是现在的拓展；它几乎总是构成了某种基础，在此基础之上，将此时此世作为自己筹码的思想彼此冲突。在这种意义上，过去实际上就是现在。"①

尤其是雅斯贝尔斯作为新时代具有批判精神和全球性视野的哲学家的先锋人物，他不再像以往的哲学家那样强调人类存在的理性基础，而是专注于人的自由问题的探索。从而将人们的思想从在西方占正统地位的黑格尔－韦伯西方哲学至高无上论中解放出来。②

雅斯贝尔斯庄严地宣示说，他们这一代将告别"哲学一元论"的构想并将开启一个"文化多元的时代"；"我们是踏着欧洲哲学的晚霞出发的，穿过我们这一时代的朦胧而走向世界哲学的曙光。而这个出发点乃是基于承认这样一个事实，即在哲学精神领域存在着文化多元化。在这一多元化面前，没有哪一个纯粹的——无论是古典或现代科学哲学，还是小亚细亚或西方哲学——是有前途的"。③

在对待东方历史和文化的评价上，尤其是对待中国的历史与文化的评价上，从莱布尼茨到黑格尔，再到雅斯贝尔斯，可以说完成了一次"否定之否定"的历程，这是一次影响深远的转型！

---

① 鲍吾刚：《中国人的幸福观》，严蓓雯等译，江苏人民出版社，2004，"前言"，第5页。

② 卡尔·雅斯贝尔斯：《大哲学家（修订版）》（上），李雪涛等译，社会科学文献出版社，2010，第6页。

③ 卡尔·雅斯贝尔斯：《大哲学家（修订版）》（上），第2页。

首先，雅斯贝尔斯将人们的思想从西方占正统地位的黑格尔 - 韦伯西方哲学至高无上论中解放了出来，因而在涉及中国儒家文明的认识上，他取得了许多重大的突破，特别是在对孔子的历史评价上。

孔子是中华文明的代表性人物。在黑格尔的视野中，他不过是专制主义的代表、旧制度的维护者。然而雅斯贝尔斯却把孔子列入"思想范式的创造者"之列，进而将孔子与苏格拉底、佛陀、耶稣相提并论，这是因为雅斯贝尔斯认定孔子在人类历史上产生过巨大的影响，而且这一影响的深度与广度都是无与伦比的。雅斯贝尔斯论断道："孔子的根本思想是借对古代的复兴以实现对人类的救济。"① 而所谓的"复兴古代"实际上是希望借此建立一个新世界。想要恢复周礼的孔子是要将外在的礼建立在内在的礼的基础之上。也就是说，孔子并非像我们所认为的那样是一个想复辟周礼的守旧派，而是一个由于对礼崩乐坏感到失望，希望建立一个新世界的革新人士。② 因此雅斯贝尔斯充满激情地赞誉孔子，认为其有"一种一往无前的生命力"。③

其次，在对于儒家学说的意义的评价上，雅斯贝尔斯也提出了一系列颠覆性的见解。黑格尔将中国社会界定为一个停滞的社会，其根本原因之一就是他认为在中国社会中只有"国家"而没有"个人"的独立性，在"国家"和"个人"之间无法形成一种辩证的对立关系，致使缺失一种推动历史前进的动力："在中国，理性直接命令个体必须如何作为，而后者则顺从和遵守，并相应地放弃反思和个人的独立性……因此，就像个体全然缺乏主体心态的基础，主观性的因素也在这种政治极权中全然缺席。只有一个个体代表实体，那就是皇帝；他的法律规范了所有的面向。但是，这种对于道德层面的忽略，并不意味着他本人将随心所欲地化身为道德之指标——这样便流于主观性和变动性。在此，我们可以发现国家乃是至高无上的唯一存在——也就是坚定不移、无可比拟的实体——全

---

① 卡尔·雅斯贝尔斯：《大哲学家（修订版）》（上），第 5 页。
② 卡尔·雅斯贝尔斯：《大哲学家（修订版）》（上），第 201 页。
③ 卡尔·雅斯贝尔斯：《大哲学家（修订版）》（上），第 152 页。

然不含其他杂质。"①

对于黑格尔的上述论断，持批判态度的雅斯贝尔斯一派的哲学家则认为，轴心时期的哲学家们，恰恰因为他们鲜明的自我意识而引人注目。在历史上，儒家的君子唯有不断把问题交由"自我"来判断，才能摆脱他人的成见，寻得自我认同。在《诗经》这部经典著作中，"我"字（偶尔也作"我们"解）出现的频率在字词中竟占第三位，可见"个人"在社会中的关键地位。② 德国汉学家罗哲海进一步指出，对于儒家而言，道德的正路不可能是人皆殊途。"自我"不仅存在于自我中心者的意念之中，而且也存在于君子身上。罗哲海特别强调："儒家伦理学的行为者乃是真正为自我尊严负责的具体存在。这种自我主宰的存在个体，将会尽一切努力去扮演好他的社会角色。……我认为，大多数对于儒家'自我'概念的误解，乃是由于混淆了'个人主义'和'自主自律'所致，这是在讨论儒家伦理学时的根本缺失。儒家其实并不希望成为现代意义中的那种强调独创性和特殊性的个人主义者……而且也没有把道德当做〔作〕私人之事，但是他们通常坚持其判断的自主与行为的自律。"③

黑格尔在他的中国观中认为："中国未曾经历一种将思维从自然和习俗之中解放出来的启蒙新纪元。……在中国古代社会，因为社会结构的严密，使得任何事物连最微小的回旋空间都无法拥有，故而缺乏演化进展。"④

与黑格尔的看法相反，雅斯贝尔斯一派学者认为，中国社会进入轴心时代以后，社会内部的回旋余地已经更加开阔。铁器时代由于生产力的提高，社会财富的分配出现了新的变化，"原先因为恪遵长子继承制而向社会中下层流动的人口，如今首次有机会通过财富积累而得以向上攀升。地位陡升的新兴阶级与没落贵族们，共同形成一个新的中产阶级。

① 罗哲海：《轴心时期的儒家伦理》，陈咏明、瞿德瑜译，大象出版社，2009，第9~10页。
② 罗哲海：《轴心时期的儒家伦理》，第4~5页。
③ 罗哲海：《轴心时期的儒家伦理》，第192~193页。
④ 罗哲海：《轴心时期的儒家伦理》，第10、12页。

其中一些成员成为诸侯的食客，担任私人教师。那些新兴的政治中心也越来越依靠所谓的'贤'、'能'，而非蒙受庇荫的世袭贵族。这些发展变化不仅增强了社会的流动性，也改变了人们对世界的看法，而让昔日阶级森严的社会得以整合的礼制备受威胁。在新的时代中，必须追寻许多崭新的规范概念，此种探求便建构出中国哲学种种不同的面向。但是，哲学家们不仅是战胜了过去，而且也多多少少继承了它的遗产。"① 由于有了社会的流动性，因此在严密的社会结构中出现了回旋空间，故而促进了社会的演化与进展。事实上，没有这种社会的流动性，轴心时期学者之间的思想交流就不会发生，困扰社会的诸多问题也难以寻求到解决的途径。可以说，黑格尔有关"中国未曾经历一种将思维从自然和习俗之中解放出来的启蒙新纪元"的论断毫无根据。

黑格尔和他的信从者都热衷于这种预设，即儒家并没有意识到"抉择"的必要性，这与中国缺乏具有抉择能力之个体有关。

雅斯贝尔斯一派学者却认为，事实上信奉儒家学说的"个体"有着强烈的"独行"意识，也即自我抉择的意识。在中国古代文献中频繁出现如下的表述："自反而缩，虽千万人，吾往矣。"（《孟子·公孙丑上》）"居天下之广居，立天下之正位，行天下之大道；得志与民由之，不得志独行其道；富贵不能淫，贫贱不能移，威武不能屈，此之谓大丈夫。"（《孟子·滕文公下》）罗哲海对儒家的这种精神品质予以高度的赞扬，他说："孟子的这番话乃是毅然献身于普遍性道德准则之最骄傲和最有力的经典性宣言。在轴心时期，'独行'及其相关的表述：〔——〕'独立'、'寡立'或'特立独行'等等，已经成为追求自由而不屈不挠的知识分子特性。"② 轴心时期的儒者借由"仁"的原则而提出的对道德行为的高度要求使他们深刻感受到他们的理想与经验世界之间的紧张状态，而"抉择"则成为儒者人生道路上所无法避免的重要内容。认为中国缺

① 罗哲海：《轴心时期的儒家伦理》，第45页。
② 罗哲海：《轴心时期的儒家伦理》，第194、205页。

乏具有抉择能力之个体的概念界说有何根据？

从韦伯，甚至自黑格尔和谢林那时开始，"超越性"的命题就已经盛行了。在黑格尔的辩证逻辑中，"超越"是范畴间的过渡，是范畴不断丰富、发展的巧妙的杠杆，也可以说是黑格尔的辩证法的活的灵魂。黑格尔特别强调说："不断地超越自身，这种超越，康德形容为'令人恐怖的'。其实真正令人恐怖之处只在于永远不断地规定界限，又永远不断地超出界限。"① 事实上，这"真正令人恐怖之处"，正是黑格尔辩证法由"自身超越性"所规定了的革命性所在。而黑格尔他们均怀疑这样一种"突破"或是"超越性"是否存在于中国。②

所谓的"超越"实际上属于文化价值范畴，"永远不断地规定界限，又永远不断地超出界限"，这体现了黑格尔对价值超越性源头——上帝的永恒追求。人格化的上帝集中了这个世界的一切力量，上帝是万有的创造者，也是所有价值的源头。西方人一方面用这个超越世界来返照人间世界的种种缺陷与罪恶，另一方面又用它来鞭策人向上努力，因此这个超越世界和超越性的上帝表现出无限的威力。但是对一切个人而言，这个力量则总像是从外面来的，个人实践社会价值或道德价值也是听从上帝的召唤。由于这种"超越世界"外在于人，因此余英时称这种"超越"为"外在超越"。③

那么"超越"是否存在于中国？这要看指的是什么性质的"超越"。在中国思想的主流中，中国人的价值之源并不寄托在人格化的上帝观念之上，也不是上帝带来"启示"。孟子曾有言："尽其心者，知其性也。知其性，则知天矣。"（《孟子·尽心上》）余英时据此分析说，中国人进入超越价值世界，实际上是遵循着孟子的上述路数，即走的是"内在超越"的道路。此前孔子"为仁由己"的主张已经指出了"内在超越"的方向，但孟子特别提出"心"字，则在表述上更为具体，也更具可行性。也就是说，

① 黑格尔：《小逻辑》，贺麟译，上海人民出版社，2009，第219页。
② 罗哲海：《轴心时期的儒家伦理》，第348页。
③ 余英时：《中国思想传统的现代诠释》，江苏人民出版社，1995，第9页。

"中国的超越世界没有走上外在化、具体化、形式化的途径，因此中国没有'上帝之城'（City of God），也没有普遍性的教会（universal church）"。①

"内在超越"必然是每一个人自己的事，所以个人的修养或修持成为关键所在。② 那么一个儒者是如何实践自己的"内在超越"的呢？对此，德国汉学家罗哲海曾做过系统的分析。他指出，众所周知的事实是，儒家始终拥有平等、自律、社会责任感和相互尊重的观念。此外，它还设计出让这些观念得以实现的"大同"世界。不过，这些潜能几乎没有被投注于社会结构的改造，而是主要用来使现存的世界变得更人文化与道德化，并让传统责任之必要履行不致产生投机、腐败的偏差。作为儒家，他所期盼的是借由统治者的内省和人臣的劝谏，让道德在大体上——非绝对地——对权力加以约束。事实上在中国的历史中总会发现"仁君"的踪影，然而希望与现实总会有段距离。人格与制度这两种因素似乎都是不可或缺的，理当相互结合起来。这种结合势必要有个过程。而且在儒家看来，实现"超越"不是使自己的政治理想在另一种社会体制中实现，中国的儒家另有一个重要的"阿基米德支点"，也就是"不容然后见君子"（《史记·孔子世家》）的"内在自我"。这个"内在自我"并非通过与上帝的交谈，而是经由反省与修养来获得协助其拒绝顺应愚昧世界的沉静力量。③

罗哲海上面所描述的一个儒者所获得的"拒绝顺应愚昧世界的沉静力量"的过程，实际上也就是余英时所指出的"内在超越"的过程。由于希望与现实之间是有段距离的，因此作为一个实践"内在超越"的儒者，他的人生旅程同样是"永远不断地规定界限，又永远不断地超越界限"。所以说西方宇宙观中的"外在超越"和中国人社会实践中的"内在超越"是两种不同性质的概念。正如余英时所说，"这里并不是谁比

① 余英时：《中国思想传统的现代诠释》，第10页。
② 余英时：《中国思想传统的现代诠释》，第10页。
③ 罗哲海：《轴心时期的儒家伦理》，第349页。

谁高明的问题，而是彼此用心的对象不同"。① 因此用"内在超越"否定
"外在超越"或是用"外在超越"否定"内在超越"，可以说并无实际的
意义。所以雅斯贝尔斯站在人类整体文明的高度上提出这样一个能够被
广泛接受的观点，即"我们只有从各自的历史的处境出发、从自己的根
源处才能把握真理"。②

事实上，在人类的历史上，凡是对本民族文明独有的"优越性"的张
扬，均不为历史经验所支持。至今，尚没有一种文明堪称纯而又纯，以致
从不吸收与融会其他系统文明的因素。人类文明的发展史已经证明，东西
方的各自发展，均非按照其内在固有之潜能而得出必然之结果。以西方
文明来看，不可否认的是，如果没有古希腊文明和犹太－基督教的基础，
西方将不会呈现出今日的这种面貌。然而各式各样的偶然因素，例如有
利的地理位置、民族之间的融合，甚至包括意想不到的文明倒退，均对
其文明进程产生不少影响。欧洲的政治分裂状态促进了各种思想的交流
与传播，文化重心不断地转移，产生了频繁的竞争。不过，欧洲并不存
在直线型的发展进程，反而经历了巨大的挫折，而替后来的各种新突破
创造了先决条件。其中最大的挫折便是日耳曼民族的野蛮入侵，终结了
古希腊、罗马的文化。直到数百年之后，欧洲才又重现古风，接续传统，
终于超越了其曾经达到的水平。与此同时，浮现出一种对西方心灵的新
颖挑战，它涉及思想和哲学有待琢磨之处，也就是如何让基督教对于逻
辑和理性之可能阻碍变得可以趋近于理性。除了经济、政治和精神层面
的重要发展之外，甚至美洲的发现也以一种意外的方式扩大并开放了西
方的视野。③ 所以罗哲海对于西方学者自喻的所谓欧洲文明独有的优越
性的形成做了深刻的分析，并尖锐地指出："我在此处只是想点出，其
实西方的发展乃是诸多因素汇集而成的结果，其中某些是继承自古希腊

---

① 余英时：《中国思想传统的现代诠释》，第 23 页。
② 李雪涛：《论莱布尼茨、黑格尔和雅斯贝尔斯对中国的认识——德国思想家对中国认识的范式转换》，载张西平主编《莱布尼茨思想中的中国元素》，第 203 页。
③ 罗哲海：《轴心时期的儒家伦理》，第 351～352 页。

罗马文明，某些则是偶然因素所致，并非纯然为固有之文化基础的必然延展。而那些对于东方的贬抑，正是出自这种自觉无以伦比的幻想。"①

　　为了探求蕴藏在各个文化中的真理，雅斯贝尔斯构想出一种"经验性理解的普遍历史"，使不同的文明均能受到公平合理的对待。至于"经验性理解的普遍历史"则必须为历史经验所确认，而非只是基督教启灵信仰的命题而已。所以他主张依靠思想交流来克服民族和文化的排他性，并深信，"开阔视野，人类就能于其中把握住预期的团结契机"。他希望这种理论能唤起人们对启蒙时代有关"人类共识"（consensus gentium）的信念的认知。②

　　然而尽管黑格尔的思辨体系早已被雅斯贝尔斯一代人所颠覆，但在当今，相当一部分西方学者仍匍匐在黑格尔-韦伯西方哲学至高无上论的阴影之下，继续承受着黑格尔-韦伯西方哲学至高无上论的重压，并将这种重压转移到后继的学者身上。而且黑格尔的思辨系统的遗绪随着时代的新特点的纷呈而不断流变，并形成新的学术思想，抑或是新的学术思潮，而其中也有不变的因素，那就是对东方尤其是对中国的偏见。这种偏见集中地体现在对中国社会发展的性质的判断上，这就是中国社会停滞论！

　　这种二战以后所涌动不停的"新思潮"一方面透露出黑格尔思辨体系的遗绪，而更主要的另一方面则是通过大量的实证史学研究来承继和丰富黑格尔的思辨体系。康德在《什么是启蒙？》一文开头便标举，"有运用理性的勇气"是西方的背景。而宋明理学的一部分精神正在于此。③

　　我们写作《泉州与威尼斯轴心时代——宋元海外贸易与地中海商业革命相关关系研究（11—14世纪）》一书的苦难历程，使我们从雅斯贝尔斯的轴心时代的史学流派的独立思考的史学思想中受到激励，从而增加了运用理性思维的勇气，并直接对"中国社会停滞论"提出挑战。透过当代人类学和历史学的新认知，我们可以认识到，人类自古便生活在

----

　　① 罗哲海：《轴心时期的儒家伦理》，第352页。
　　② 罗哲海：《轴心时期的儒家伦理》，第32~33页。
　　③ 余英时：《中国思想传统的现代诠释》，第23页。

地球上不同的地区，他们遭遇到的自然界的挑战各异，因而应对这些挑战的方式、方法也是多种多样的，即每个社会在时空上都是独一无二的个体，或者说，每个社会都有自己的独特性。而且这种独特性集中体现在文明本质特征的稳定性上。除非自然环境发生了超出人类抗拒力的巨变，那么任何一种文明都从来不会不断地变换或偏离自己既定的发展轨道。

任何一个民族的"本位文明"都是特定时空的产物，因此都具有天然的合理性。它必然会随着适应自然环境的能力和手段的改进而不断有所发展和前进，即使一时陷入所谓的"停滞"状态，那也仅仅是下一个更大的发展时期的孕育。因此没有哪一个民族的"本位文明"可以被先验地界定为就是一种"停滞"的文明，而另一种文明则"命定"地独具优越性，只有这种文明才拥有无所不包的天启真理，以至于堪称"中心文明"并赋予其他系统的文明以示范和提供发展方向。

尽管任何一种文明都具有其自身发展的逻辑性和内在的方向性，但为了赢得自身的进一步的发展，也总要从其他文明系统中获取激励性因素。所以不同文明系统之间的交流与相互借鉴是种普遍的需求和普遍性规律。把某些文明体系界定为"封闭"的体系的观点并不为人类文明发展进程所支持。但一种文明从另一种文明体系中所吸取和融会的内容，基本上是高于自身文明发展水平而又属于人类共同精神财富的那部分内容。

人类文明的全球化进程和各民族文明的"寻根"进程是同步并行发展的，而且已经经历了漫长的历史过程，而不是仅仅起讫于当代。事实上，只有在人类文明全球化的总体进程中，民族文明才能不断地进步并使自身更具现代的形态。反之，也唯有各种不同类型的民族文明得到充分的发展，人类文明全球化的进程才能不断加快发展的速度，并使全人类的整体文明变得更加生动活泼、多姿多彩。

人类文明的全球化与各民族文明意欲寻求更大发展的倾向的互动是一个循环往复不已的进程。在上述这个漫长的循环过程中，不同民族的文明在不同的历史时期对人类的进步都曾也必将会做出各自独有的贡献，而不会有哪种文化永远独领风骚。

图书在版编目（CIP）数据

美国中国史研究／张铠著.--北京：社会科学文
献出版社，2025.4.--（中国社会科学院老年学者文库
）.--ISBN 978-7-5228-3286-9

Ⅰ.K207

中国国家版本馆 CIP 数据核字第 2025B50E39 号

中国社会科学院老年学者文库
美国中国史研究

著　　者／张　铠

出 版 人／冀祥德
责任编辑／李期耀
文稿编辑／卢　玥
责任印制／岳　阳

出　　版／社会科学文献出版社·历史学分社（010）59367256
　　　　　 地址：北京市北三环中路甲 29 号院华龙大厦　邮编：100029
　　　　　 网址：www.ssap.com.cn
发　　行／社会科学文献出版社（010）59367028
印　　装／三河市尚艺印装有限公司

规　　格／开 本：787mm×1092mm　1/16
　　　　　 印 张：15　字 数：213 千字
版　　次／2025 年 4 月第 1 版　2025 年 4 月第 1 次印刷
书　　号／ISBN 978-7-5228-3286-9
定　　价／89.00 元

读者服务电话：4008918866